Doze ensaios sobre o ensaio

antologia *serrote*

IMS

Doze
ensaios
sobre
o ensaio

antologia
serrote

**organização:
Paulo Roberto Pires**

apresentação

Paulo Roberto Pires

Na história do ensaísmo, o Brasil primeiro aparece como cenário, e o brasileiro, personagem. Em "Sobre os canibais", capítulo dos mais conhecidos dentre os 131 *Ensaios*, o livro que fundou o gênero, Michel de Montaigne usa a paisagem carioca e seus moradores do século 16, os tupinambás, para refletir sobre o novo mundo, viajantes e relativismo cultural. Nos três tomos publicados entre 1580 e 1695, estão os elementos que até hoje fazem a graça do ensaísmo: a mistura de referências, narrativas e reflexões, a escrita livre que interpela diretamente o leitor e, por fim, um insuspeito senso de humor – como no comentário final de "Sobre os canibais" a respeito dos nativos levados a Rouen em 1562: "Mas, ora! Eles não usam calças."

Ainda se passariam mais de três séculos até que os brasileiros, já devidamente vestidos, envergassem com propriedade o figurino do ensaísta. Há algumas hipóteses para explicar por que só em fins do século 19, início do 20, o gênero começou a ser praticado por aqui com plena consciência. A melhor delas é a de Alexandre Eulalio, que atribui essa condição retardatária a uma herança histórica. A ideia de um texto que estende a mão ao leitor e relativiza a autoridade de quem escreve teria, segundo ele, passado ao largo da península Ibérica, onde vigia a combinação de uma cultura de privilégios – sintetizada na imagem da "livraria do erudito ciumento" – com a inexistência de uma imprensa livre.

Em março de 2009, quando aparece o primeiro número da **serrote**, o ensaio tem que, uma vez mais, ser apresentado ao leitor. Na Carta dos Editores, Matinas Suzuki Jr., titular da revista até sua quinta edição, lamenta que entre nós o ensaio "tomou forma acadêmica, o que é uma pena, pois fica sem o que tem de bom, a espontaneidade". De fato, o "gênero sinuoso", assim definido no mesmo texto, vinha desde os anos 1960 sendo submetido à geometria dos métodos e ao léxico opaco do jargão. Nascido como conversa inteligente e solta, o ensaio é muitas vezes confundido com o que nunca foi, coisa de especialista – em descompasso com sua retomada na imprensa e nos meios intelectuais anglo-saxões, seu melhor e mais natural habitat.

Trinta *serrotes* e dez anos mais tarde, o ensaio ainda está longe de ser popular no Brasil. Voltou, no entanto, a despertar interesse num lugar intermediário entre a universidade, por demais engessada e autorreferente, e a imprensa, inegavelmente esvaziada de discussões substantivas. A *serrote*, revista que parece livro, livro editado como revista, deliberadamente explora essa ambiguidade em forma e fundo – e dela se alimenta.

De lá para cá, publicamos 379 ensaios brasileiros e estrangeiros, assinados por conservadores e progressistas, com ênfase em literatura, política, estética ou filosofia. Quando é preciso, e cada vez mais essa necessidade tem se imposto, buscamos flagrar os imponderáveis movimentos da vida política no Brasil e no mundo. No extremo oposto do que é deliberadamente datado, garimpamos os clássicos esquecidos ou que ainda não tenham sido traduzidos. A variedade não traduz um gosto pelo ecletismo, mas é consequência direta da curiosidade, bússola do ensaísta, e da liberdade, seu horizonte de trabalho.

Nesse universo, as tentativas de classificação resultam numa enciclopédia borgiana, infinita. No mundo real, a *Encyclopaedia of the Essay*, organizada em 1997 por Tracy Chevalier, dá conta de 18 subgêneros – e eu mesmo já acrescentaria a eles tantos outros. Dentre eles, o do ensaio sobre o ensaio, momento autorreflexivo em que o ensaísta busca explicar o que faz aos outros e a si mesmo. Pode fazê-lo em busca de uma teoria mais geral, como um comentário a sua própria escrita, ou ainda buscando contextualizar o ensaísmo na história. Um tipo de ensaio que difundimos ao longo dessas 30 edições com mal disfarçada pretensão didática – agora cristalina nos cinco blocos temáticos dessa antologia.

O primeiro, "Conceitos", aproxima dois caminhos bem distintos de definir o gênero. Médico de formação e ensaísta por convicção, o suíço Jean Starobinski investiga fontes clássicas da origem do ensaísmo para caracterizá-lo, em contraste com as exigências acadêmicas que dele tanto desconfiam. John Jeremiah Sullivan, um dos principais nomes na renovação do gênero, demonstra, em audaciosa incursão na história, porque se diz que o francês inventou o ensaio, e o inglês, o ensaísmo.

"À inglesa", a seção seguinte, detalha como, ao cruzar o canal da Mancha, o *essai* virou *essay* para ganhar o mundo. Na introdução a uma antiga antologia, Lucia Miguel Pereira expõe o que vê como perfeita concordância entre a "índole" do ensaio e o "gênio inglês". William Hazlitt define em seus próprios termos sua obra e a de seus contemporâneos no fundamental "Sobre os ensaístas de periódico". Sob a rubrica "Teoria", estão dois dos três ensaios teóricos essenciais do gênero – o terceiro, "O ensaio como forma", de Theodor Adorno, está disponível em outras edições. O próprio Adorno, aliás, refere-se em seu texto essencial a "Sobre a essência e a forma do ensaio", que György Lukács escreve como carta a Leo Popper, e "O ensaio e sua prosa", reflexão de Max Bense por mais de seis décadas inédita em português.

Em "Latitudes", o colombiano Germán Arciniegas associa o ensaio à própria constituição da América Latina, um mundo novo que pede, para defini-lo, um gênero inventivo. Alexandre Eulalio, fundamental para entender a recepção brasileira do gênero, faz um *tour de force* para reconstituir 200 anos de relações mais ou menos diretas e mais ou menos bem-sucedidas entre o intelectual brasileiro e o ensaio. Eulalio é, finalmente, personagem principal do texto em que procuro mostrar suas relações com toda uma linhagem de autores, Antonio Candido e Roberto Schwarz à frente, que levou o gênero à universidade sem comprometer sua libérrima origem.

Finalmente, "Variações" reúne três contemporâneos no manejo virtuoso de recursos estilísticos. "Retrato do ensaio como corpo de mulher" é um exercício em que Cynthia Ozick tenta explicar o que determina o movimento "de uma mente quando brinca". César Aira defende, em "O ensaio e seu tema", a escrita como lugar de encontro inusitado entre saberes diferentes que, unidos pelo ensaísta, provocam a fagulha da inteligência. Professora de Princeton, Christy Wampole propõe um olhar sobre "A ensaificação de tudo", em que o ensaísta atua como um DJ, sampleando, mixando e tirando o novo do já visto e ouvido.

A principal ambição de *Doze ensaios sobre o ensaio*, número quebrado para celebrar uma data redonda, é tão simples quanto seu título: oferecer uma sequência de reflexões que busquem cercar, sem imobilizar, um objeto que vive de escapar às definições.

conceitos

12 É possível definir o ensaio? Jean Starobinski
28 *Essai, essay,* ensaio John Jeremiah Sullivan

à inglesa

46 Sobre os ensaístas ingleses Lucia Miguel Pereira
60 Sobre os ensaístas de periódico William Hazlitt

teoria

86 Sobre a essência e a forma do ensaio: carta a Leo Popper György Lukács
110 O ensaio e sua prosa Max Bense

latitudes

128 Nossa América é um ensaio Germán Arciniegas
144 O ensaio literário no Brasil Alexandre Eulalio
202 Viagem à roda de uma dedicatória
Paulo Roberto Pires

variações

224 Retrato do ensaio como corpo de mulher
Cynthia Ozick
234 O ensaio e seu tema César Aira
242 A ensaificação de tudo Christy Wampole

conceitos

É possível definir o ensaio?

Jean Starobinski

Receber o Prêmio Europeu do Ensaio me leva a uma interrogação: seria possível definir o ensaio, uma vez admitido o princípio de que o ensaio não se submete a nenhuma regra? Que poder atribuir a essa forma de escrita; e quais são, no fim das contas, suas condições, deveres e chaves?

Embora o que importe seja a eficácia atual que podemos atribuir ao ensaio, as obras futuras que criaremos no teclado, não é inútil lançar um olhar retrospectivo na direção das etimologias e das origens. Em primeiro lugar, de onde provém o termo em si? Sua história comporta aspectos suficientemente notáveis para que venhamos a desprezá-la. (Interrogarei apenas o termo "ensaio", deixando de lado, não sem lamentar, as palavras latinas que os contemporâneos de Montaigne utilizaram para traduzir o título de seu livro: *conatus, tentamina* etc.)

Essai [ensaio], conhecido em francês desde o século 12, provém do latim tardio *exagium*, "balança"; "ensaiar" deriva de *exagiare*, que significa "pesar". Nas vizinhanças desse termo, encontramos "exame": agulha, lingueta do fiel da balança e, consequentemente, pesagem, exame, controle. Mas outra acepção de "exame" aponta para o enxame de abelhas, a revoada de pássaros. A etimologia comum seria o verbo *exigo*, empurrar para fora, expulsar, depois exigir. Quantas tentações se o sentido nuclear das palavras de hoje resultasse do que elas significaram num passado longínquo! Dizer "ensaio" é o mesmo que dizer "pesagem exigente", "exame atento", mas também o "enxame verbal" cujo impulso liberamos. Por uma singular intuição, o autor dos *Ensaios* mandou cunhar uma balança em sua medalha, acrescentando-lhe como divisa o famoso *Que sais-je?* [Que sei eu?]. Esse emblema – decerto destinado, quando os pratos se encontram na mesma altura, a simbolizar a suspensão do espírito – representava também o próprio ato do ensaio, o exame da posição do fiel. É recorrendo à mesma metáfora ponderal que Galileu, fundador da física experimental, intitulará *Il saggiatore* [O ensaiador] a obra que virá a publicar em 1623. Se continuarmos a interrogar os léxicos, aprenderemos que *essayer* [ensaiar] foi emulado por *prouver* [provar, testar] e *éprouver* [experimentar] nos falares do leste e do sul, emulação enriquecedora que torna o ensaio sinônimo de uma colocação à prova, de uma busca da prova. Essas são, não há como negar, autênticas cartas de nobreza semântica, que nos fazem admitir que a melhor filosofia há por bem manifestar-se na forma do ensaio.

Avancemos um pouco mais na história da palavra. Sua fortuna atravessará as fronteiras da França. Por sorte, os *Ensaios* de Montaigne foram traduzidos e publicados em inglês por John Florio em 1603 e impuseram seu título, quando não seu estilo, na Inglaterra. A começar por sir Francis Bacon, passa-se a escrever *Essays* do outro lado do canal da Mancha. Quando Locke publica seu *Essay Concerning Human Understanding*, a palavra "ensaio" não anuncia a prosa vivaz de Montaigne, ela assinala um livro no qual são propostas ideias novas, uma interpretação original de um problema controverso. E é nesse valor que a palavra será no mais das vezes empregada. Ela alerta o leitor e o faz esperar uma renovação das perspectivas, ou pelo menos o enunciado de problemas fundamentais a partir dos quais um pensamento novo será possível. Voltaire subverte a abordagem dos fatos históricos em seu *Ensaio sobre os costumes*; o ato inaugural da filosofia de Bergson intitula-se *Ensaio sobre os dados imediatos da consciência*.[1]

Não devemos, contudo, julgar que a história da palavra "ensaio" e de seus derivados seja uma marcha uniformemente triunfal. Celebrei até o presente a eminente dignidade do ensaio. Cumpre, no entanto, admitir que ela não é universalmente reconhecida. O ensaio possui igualmente, pelo menos aos olhos de alguns, suas manchas, sua indignidade, e a própria palavra, numa de suas acepções, é responsável por isso. O "ensaio", o "balão de

---

[1]. Diderot, cujo pensamento acha-se tão amiúde no diapasão do pensamento de Montaigne, corrobora: "Prefiro um ensaio a um tratado; um ensaio, no qual me lançam algumas ideias de gênio quase isoladas, a um tratado, em que esses germes preciosos são sufocados sob um amontoado de repetições" (*Sur la diversité de nos jugements*, in *Œuvres complètes*, t. 13. Paris: Club Français du Livre, 1972, p. 874).

ensaio", não passa de uma abordagem preliminar. Quem deseja triunfar não precisaria fazer mais que isso? Não é o francês, mas o inglês, que, no início do século 17, cria a palavra "ensaísta". E esta, desde suas primeiras atestações, não se acha isenta de uma nuance pejorativa. Lemos sob a pena de Ben Jonson: "*Mere essayists, a few loose sentences, and that's all!*" [Meros ensaístas, algumas frases descosidas, e só!]. Tudo indica que a palavra "ensaísta" só veio a ser transplantada para a França tardiamente. Ela é encontrada em Théophile Gautier na acepção de "autor de obras não aprofundadas". Note-se que uma suspeita de superficialidade pespegou-se ao ensaio. Até Montaigne oferece armas aos detratores do ensaio. Ironiza, ou finge ironizar, o próprio livro (pois as estratégias de Montaigne são sutis), declarando não pretender senão "aflorar e agarrar pela cabeça" as matérias escolhidas: não o tomemos por erudito, por elaborador de sistemas, por autor de tratados enormes! A *cabeça* é a flor, não as raízes. Existem especialistas, *artistas* para lhes dar atenção. Ele, por sua vez, só escreve por prazer, sem procurar sufocar com citações e comentários. Impossível, contudo, deixar de constatar: os eruditos de fato lhe voltaram o rosto, ou melhor: fizeram questão de demarcar a diferença dos gêneros e defender um profissionalismo do saber do qual Montaigne, talvez por orgulho nobiliárquico, não pretendia ser suspeito. A universidade, no apogeu de seu período positivista, tendo fixado as regras e os cânones da pesquisa exaustiva séria, repelia o ensaio e o ensaísmo para as trevas exteriores, correndo o risco de banir ao mesmo tempo o brilho do estilo e as audácias do pensamento. Visto da sala de aula, avaliado pela banca examinadora de uma tese, o ensaísta é um simpático diletante fadado a juntar-se ao crítico impressionista na zona suspeita da cientificidade. E não deixa de ser verdade que, perdendo às vezes algo de sua substância, o ensaio metamorfoseou-se em crônica de jornal, panfleto polêmico, conversa atropelada. E note-se que nenhum desses subgêneros merece ser execrado pelo que é! A crônica pode virar *pequeno poema em prosa*; o panfleto, se escrito por Constant, pode intitular-se

"Do espírito da conquista"; a conversa pode falar com a voz de Mallarmé. Certa ambiguidade, contudo, persiste. Sejamos francos: se alguém declarasse que pratico o ensaísmo, eu ficaria ligeiramente ressentido, tomaria como uma recriminação.

Observemos com a imaginação a página de rosto do livro, tal como pode ser lida em 1580: *Essais de messire Michel, seigneur de Montaigne, chevalier de l'ordre du roi et gentilhomme ordinaire de sa chambre*. Montaigne ostenta todos os seus nomes e títulos e deles se vangloria. *Messire Michel* aparece em caracteres bem mais encorpados que a palavrinha *Essais*, isolada na linha de cima. Esse título revela conjuntamente um subterfúgio e uma provocação: um subterfúgio, considerando que naqueles tempos de intolerância não era de bom alvitre atiçar, com teses por demais afirmativas, a acusação de heresia ou impiedade. Dessa forma, adiou sua entrada no índex por várias décadas. Que pretexto pode oferecer à censura religiosa um pensamento cujos produtos se definem, em sua pluralidade aparentemente díspar, como esboços, tentativas, fantasias e imaginações *vacilantes*? Dizer que se está apenas ensaiando pensar, ou: "Vou, inquiridor e ignorante", ou ainda: "Eu não ensino nada, eu conto", é anunciar que não se deve buscar naquele volume matéria de litígio doutrinal. A humildade, pura fachada, não passa de um artifício. Montaigne também sabe que denominam "ensaio" o uso de uma pedra de toque que permite determinar inapelavelmente a natureza – e a classificação de um metal. Declarando-se autor de ensaios, Montaigne lança mais um desafio. Sugere que vale a pena publicar um livro ainda que este permaneça em aberto, ainda que não alcance nenhuma essência, ainda que não consista senão de exercícios preliminares – contanto que ele se relacione intimamente a uma existência, à existência singular de *Messire Michel, seigneur de Montaigne*. Não sou o primeiro a apontar: é preciso que a importância do indivíduo, da pessoa (para usar a palavra na qual Denis de Rougemont injetou tanto sentido), ganhe respeitabilidade, independentemente de qualquer validação religiosa, histórica ou poética, para que um fidalgo surgido do nada conceba comunicar-nos seus *ensaios*, revelar-nos suas *condições* e seus *humores*. Sobre que objetos e realidades Montaigne praticou o ensaio e como o fez? Esta é a pergunta que devemos fazer com insistência se quisermos compreender o que está em jogo no ensaio. Constatemos desde logo que o que caracteriza o ensaio são a pluralidade e a multiplicidade – o que legitima o plural do título *Ensaios*. Não se trata mais de *tentativas reiteradas*, de *pesagens* recomeçadas, de *balões de ensaio* ao mesmo tempo parciais e incansáveis: esse perfil de começo, esse aspecto *incipiente* do ensaio, é seguramente capital, uma vez que pressupõe a abundância de uma energia alegre que jamais se esgota em seu jogo. Porém, além disso, seu campo de aplicação é ilimitado, e sua diversidade, proporcional à envergadura da obra e da atividade de Montaigne, nos dá, desde a criação do gênero, um apanhado bastante preciso dos direitos e privilégios do ensaio.

À primeira vista, seria possível discernir duas vertentes do ensaio: uma objetiva, outra subjetiva. E acrescentemos desde logo que o trabalho do ensaio visa a estabelecer uma relação indissolúvel entre essas duas vertentes. O campo da experiência, para Montaigne, é em primeiro lugar o *mundo* que lhe resiste: são os objetos que o mundo oferece à sua percepção, é a fortuna que faz pouco dele. Esta é a matéria ensaiada, a substância submetida à pesagem, a uma pesagem que em Montaigne, a despeito do emblema da balança, é menos o ato instrumental que Galileu virá literalmente a praticar do que uma ponderação manual, uma modelagem, um manuseio. "Pensar com as mãos", Montaigne era especialista nisso, ele, cujas mãos estavam sempre em movimento, embora se declarasse inapto para quaisquer trabalhos manuais; convém saber conjuntamente *meditar* e *manusear* a vida. Desnecessário lembrar estas linhas maravilhosas: "Para que as mãos? Para requerer, prometer, chamar, despedir, ameaçar, rezar, suplicar [...]." (Paro no início da prodigiosa lista na qual Montaigne enumera os atos de que nossas mãos são capazes.) Apesar de certas declarações, que uma interpretação intimista privilegia além da conta, Montaigne não é um abstencionista. Evitando o arrebatamento e as imprudências, esse homenzinho, cujo passo é célere e firme, cujos espírito e corpo não conseguem permanecer facilmente em repouso, expôs-se às pessoas, às acusações públicas e aos perigos. Sem ser exaustivo: ele teve a experiência do parlamento de Guyenne, da corte do rei de Navarra e da prefeitura de Bordeaux; percorreu, numa época em que as estradas não eram seguras, os caminhos da França, Suíça, Alemanha e Itália; viu Roma e a Cúria Pontifícia. Assistiu, bem de perto, às devastações da fome e da peste, conheceu brevemente a prisão dos *Ligueurs*,[2] em Paris; juntou-se aos exércitos reais em campanha e não recuou diante dos perigos onipresentes: guerra civil, emboscadas, assaltos etc. Quanta extroversão, de fato, nesse escritor cuja pretensão paradoxal é pintar a si próprio! Manteve os olhos constantemente abertos para as desordens do mundo. Soube ver claramente que as divergências metafísicas e teológicas não têm solução, a não ser mediante o gládio e a fogueira, e que a realidade evidente que urge dissecar é constituída pelo conflito violento entre os adeptos das crenças e os partidos antagônicos. O "Que sei eu?", de Montaigne, diz respeito ao nosso poder de verificar a verdade dos dogmas e atingir as essências ocultas, e não ao nosso dever de fazer prevalecer leis protetoras que concedam a cada pessoa e a cada comunidade a liberdade de honrar a Deus segundo as exigências da convicção íntima. Montaigne não eludiu o teatro que o cercava. Se eventualmente foi mais espectador que ator, falou disso com tamanha lucidez que fez que sua palavra agisse *a posteriori*, no sentido da comiseração ativa, da tolerância religiosa e da moralidade política. Alinhou-se ao lado do rei e dos católicos, mas sem fechar os olhos para os excessos do próprio partido e sem romper com Henrique de Navarra e os protestantes. Muitos intelectuais de hoje, para quem se alinhar consiste em assinar manifestos e sair sem grande risco à rua, não souberam dar provas da mesma equidade.

2. Membros da liga católica durante as guerras de religião. [N. do T.]

Montaigne faz o ensaio do *mundo* com suas mãos e com seus sentidos. Mas o mundo lhe resiste, e lhe é forçoso perceber essa resistência em seu corpo no ato da "apreensão". E, nesse ato, Montaigne sente, naturalmente, e em primeiro lugar, o objeto, mas ao mesmo tempo percebe o esforço da própria mão. A natureza não está fora de nós, ela nos habita, dá-se a sentir no prazer e na dor. É no próprio corpo que Montaigne ensaia os *assaltos* da doença. Às vezes, a natureza, tão benevolente em sua maternal solicitude, nos lembra o limite que nos impôs. É este o outro aspecto de sua lei, da lei de Deus, a quem, nas palavras de Shakespeare (tão próximo de Montaigne), "devemos uma morte". Montaigne deu grande atenção a esse ponto. Quando padece de cólicas atrozes devido a pedras no rim, procura decerto *distrair* seu pensamento (é o método que preconiza num de seus ensaios), mas não sem se curvar à curiosidade de encarar a dor de frente, em seu próprio âmago, ali onde ela crava seu aguilhão mais pungente. "Tateio-me no cerne da doença... Se me impuserem uma cauterização ou incisão, quero sentir." Quando, após uma queda de cavalo, perde os sentidos, é para espionar, assim que se vê em condições, cada um dos estados de semiconsciência em que se imagina já à beira da morte, desempenhando o papel do moribundo. Dessa forma, não morrerá sem ter feito seu ensaio geral, o *exercício*. Chegou a pedir que perturbassem seu sono, a fim, diz ele, "de que eu a entreveja". O ensaio em Montaigne, portanto, é também o olhar vigilante com o qual ele se devora, com o qual espreita os acontecimentos da doença, o que lhe permite revestir cada *afecção corporal* de seu eco consciente. Montaigne não se esqueceu de experimentar a vida, dispensando-lhe a mesma atenção que dispensava ao mundo e aos livros, à voz dos amigos mais próximos e à das queixas mais distantes. Escutou seu corpo com a mesma intensidade apaixonada de nossos contemporâneos, que reduzem o universo a esse último refúgio de angústia ou gozo viscerais.

Mas o campo do ensaio ainda não termina aí. O que é posto à prova, principalmente, é o poder de ensaiar e experimentar, a faculdade de julgar e observar. Para satisfazer plenamente a lei do ensaio, convém que o "ensaísta" ensaie a si mesmo. Em cada ensaio, voltado para a realidade externa ou para seu corpo, Montaigne experimenta não só as próprias forças intelectuais como seu vigor e insuficiência: são esses o aspecto reflexivo e a vertente subjetiva do ensaio, em que a consciência de si desperta como uma nova instância do indivíduo, instância que julga a atividade do juízo, que observa a capacidade do observador. Desde sua "advertência ao leitor", não faltam declarações de Montaigne atribuindo o papel primordial ao estudo de si, à autocompreensão, como se o "proveito" buscado pela consciência fosse lançar luzes sobre e para si. Na história das mentalidades, a inovação é tão importante que se julgou por bem elogiar nos *Ensaios* o advento da *pintura do eu*, pelo menos na linguagem vulgar. (Montaigne fora precedido pelos autobiógrafos religiosos e por Petrarca, mas em latim.) Viram nisso seu principal mérito, sua novidade mais impressionante. Mas é importante observar que Montaigne não nos oferece nem um diário íntimo nem uma autobiografia. Ele se pinta olhando-se no espelho, decerto; mas, ainda mais amiúde, define-se indiretamente, como que se esquecendo – exprimindo sua opinião: ele se pinta espalhando pinceladas quando trata de questões de interesse geral: a presunção, a vaidade, o arrependimento, a experiência. Pinta-se falando de amizade e educação, pinta-se meditando sobre a razão de Estado, evocando o massacre dos indígenas, recusando as confissões obtidas mediante tortura nos processos criminais. No ensaio segundo Montaigne, o exercício da reflexão interna é inseparável da inspeção da realidade exterior. É só depois de ter abordado as grandes questões morais, escutado a sentença dos autores clássicos, deparado com os dilaceramentos do mundo presente que, buscando comunicar suas cogitações, ele se descobre consubstancial a seu livro, oferecendo de si mesmo uma representação indireta, que só pede para ser complementada e enriquecida: "A matéria-prima do meu livro sou eu mesmo".

Àqueles que criticam Montaigne por sua condescendência egocêntrica (e, com efeito, não escreveu ele: "Eu me enrolo em mim mesmo", bela imagem do retraimento narcísico?), cumpre observar que em geral eles se esquecem de reconhecer a contrapartida desse interesse voltado para o espaço interior: uma curiosidade infinita pelo mundo exterior, pelo fervilhar do real e pelos discursos contraditórios que pretendem explicá-lo. Foi por esse viés que ele se sentiu remetido a si mesmo, isto é, às certezas imediatas da vida pessoal – espírito, sentidos e corpo intimamente misturados. Ele definirá seu livro como "um registro dos ensaios de minha vida", como se não tivesse outra preocupação senão escutar, viver, sofrer, gozar, numa interrogação contínua; mas os ensaios de sua vida, extrapolando sua existência individual, concernem à vida dos outros, a qual ele não é capaz de separar da sua. Eu gostaria que nossos contemporâneos se lembrassem da injunção de Montaigne: "É preciso tomar partido por aplicação de desígnio... E minha palavra e minha fé são, tudo bem pesado, peças deste corpo comum: seu melhor efeito é o serviço público; considero isso um pressuposto." Entretanto, Montaigne esclarece, estabelecendo condições: "Nem todas as coisas são factíveis a um homem de bem pelo serviço de seu rei ou da causa geral e das leis". Ou ainda: "É deveras atribuir um preço muito alto a suas conjecturas quando se manda cozinhar um homem ainda vivo". Estas são, pronunciadas em alto e bom som, lições de comprometimento, de resistência civil, de tolerância. O que está em jogo, aqui, não é a verdade do autorretrato: é a obrigação cívica e o dever de humanidade. Entretanto, nessas proposições tão genéricas, que tanto impressionam o leitor, que nos comprometem ainda hoje com a decisão moral, o próprio Montaigne exprime a si mesmo, e sabe disso. Tudo se amarra da seguinte forma. Da mesma maneira como eu detectava a experiência do mundo na própria origem do olhar introspectivo, nós reconhecemos a voz, o passo, o gesto de Montaigne e, sobretudo, sua experiência interior da insuficiência da razão especulativa, quando ele enuncia de maneira tão persuasiva uma regra de conduta que concilia "a amizade que cada um se deve" com a amizade que devemos a todos os homens e, ainda mais amplamente, com tudo que vive.

Montaigne teria exercido – eu pergunto – tamanha sedução ao longo das gerações sobre tantos leitores e escritores se não tivesse encontrado o segredo de conjugar a confidência pessoal, a experiência dos livros e dos autores e, acima de tudo, mediante provas diretamente ensaiadas, o incentivo à compaixão, à valentia sem bravata, à legítima e grata alegria do viver? Reunir assim a vertente objetiva e a vertente subjetiva do ensaio não é algo óbvio, e Montaigne não chegou a isso de uma hora para outra. Julgo-me em condições de mostrar que pelo menos três tipos de relação com o mundo foram experimentadas, ao sabor de um movimento repetido como a cadência de uma *passacaglia* ou de uma *chaconne*: a dependência sofrida; depois, a vontade de independência e reapropriação; e, por fim, a interdependência aceita e os *deveres mútuos*.

Para concluir, há um último ensaio que devo mencionar, um ensaio cumulativo. O último teste é o ensaio da fala e da escrita, que reúne os três tipos de ensaio que acabo de evocar, que lhes dá forma, que os agrupa. Escrever, para Montaigne, é ensaiar de novo, com forças sempre jovens, num impulso sempre primeiro e espontâneo, tocar o leitor na carne, arrastá-lo a pensar e sentir mais intensamente. É às vezes também surpreendê-lo, escandalizá-lo e incitá-lo à réplica. Ao escrever, Montaigne queria reter algo da voz viva, e sabia que "a fala é metade o que fala e metade o que escuta".

O ensaio em Montaigne culmina, portanto, nos abandonos e astúcias da linguagem, nos emaranhados dos achados e menções, nos acréscimos que afluem e enriquecem, na bela cunhagem das sentenças, no descosido, na displicência controlada das digressões, que formam *allongeails* [desdobramentos] multiplicáveis.

Julgou-se, muito erradamente, que era possível abrir "seu" Montaigne em qualquer lugar, ler alguma frase, uma, duas ou três, em pequenos sorvos, sempre com surpresa e proveito. Montaigne, contudo, não é um autor que, mais que qualquer outro, peça para ser ciscado. Cada um de seus capítulos e – Butor mostrou isso claramente – cada um dos três livros e a obra em sua íntegra possuem uma estrutura, um plano arquitetônico dissimulado. Porém, em cada página, em cada parágrafo, é verdade, a aresta é tão viva, o estilo é tão franco que nos julgamos no instante de uma partida, de um começo. Esta é, de fato, a merecida sorte dos livros nos quais nenhuma frase foi escrita sem prazer.

Eu gostaria de insistir, para completar minhas definições, num ponto capital. O ensaio é o gênero literário mais *livre* que há. Seu princípio básico poderia ser a frase de Montaigne que já citei: "Vou, inquiridor e ignorante". E acrescento que apenas um homem livre, ou libertado, pode inquirir e ignorar. Os regimes autoritários proíbem inquirir e ignorar, ou pelo menos relegam essa atitude à clandestinidade. Esses regimes tentam impor em toda parte um discurso infalível e seguro de si, que nada tem a ver com o ensaio. A incerteza, a seus olhos, é um indício suspeito.

Roger Caillois, a quem foi concedido há alguns anos esse mesmo Prêmio do Ensaio, falando das dificuldades encontradas em suas atividades como redator-chefe de *Diogène*, revista internacional de filosofia e ciências humanas, me contava que recebia, procedentes dos países totalitários, textos que, em sua maioria, podiam ser definidos como relatórios, autos estereotipados, declarações de princípios, variantes do dogma. Tudo, menos verdadeiros ensaios, com o que o ensaio pode comportar de arriscado, de insubordinado, de imprevisível, de perigosamente pessoal. Creio que a condição do ensaio, e seu desafio igualmente, é a liberdade do espírito. Liberdade do espírito: a fórmula pode parecer um tanto enfática, mas a história contemporânea se encarrega, ai de nós, de ensinar que se trata de um bem escassamente compartilhado.

Passo a algumas interrogações mais prementes. (Elas vão no mesmo sentido que as de Denis de Rougemont.) Pascal, ao mesmo tempo que critica Montaigne, ao mesmo tempo que nele encontra seu mel, o dizia incomparável, e é verdade que Montaigne aceitou o desafio de parecer único. Contudo, ele não nos dispensa de nos comparar a ele e nos perguntar mui humildemente se nós, modernos, que escrevemos ensaios literários –

e, por que não?, ensaios sobre Montaigne –, soubemos conservar, ao praticar o ensaio, a preocupação com as questões, as aberturas e os sentidos múltiplos de que ele nos oferece o exemplo. Interrogo a mim mesmo: fui ao encontro do mundo presente, como fez Montaigne em sua época? Seguramente tive esse desejo, seguramente, mas só falei do meu mundo de maneira indireta, por "reação", por meio de Kafka, Rousseau e Montaigne, ou ainda dos emblemas da revolução e da idade neoclássica. Julguei ser possível ajudar os homens de hoje falando de suas obras, já distantes, esquecidas, traídas, das quais, não obstante, nosso mundo se originou. Será que tive a ousadia de me apresentar, como Montaigne, de pé e deitado, de frente e de costas, pela direita e pela esquerda, e em todos os meus inatos recônditos? Aqui também, confesso, hesitei em seguir seu exemplo, salvo na maneira, mais uma vez indireta, como é inevitável, falando de outrem, manifestar-se pessoalmente. Montaigne não dizia: "Qualquer movimento nos desvenda"? Mas eu penso em Marcel Raymond, que soube trocar o ensaio crítico pela autobiografia, pelo diário íntimo e pela poesia. A obra crítica, tributária de uma obra a ser comentada, permanecia numa moldura muito estreita para o que ele tinha a dizer em seu próprio nome e segundo a autoridade de sua experiência íntima.

Montaigne "alegava" à vontade, citando alternadamente, às vezes sem nomear, autores que lera: não se prendia a nenhum, livre para compará-los quando julgasse por bem, para avaliar em poucos parágrafos seus respectivos méritos. Há em Montaigne literatura comparada, crítica literária. Montaigne serviu-se de Plutarco e Sêneca sem escrever um livro, sequer um capítulo que fosse, sobre Plutarco e Sêneca. Sua estética é a da mistura. Mas o ensaio literário, como é costume em sua prática atual, faz outro uso disso: ele vai atrás de um único escritor, acompanha-o em seu movimento, instala-se em sua consciência, escuta-o de maneira privilegiada... A comparação, decididamente, não nos é favorável. Não haveria, de nossa parte, uma vitalidade menor, uma inclinação mais compulsória à ordem e à unidade intelectual?

É forçoso reconhecer que o ensaio crítico contemporâneo deriva, em certos aspectos, da glosa, do comentário, dessa "interpretação das interpretações" de que Montaigne já debochava, não sem uma pitada de autoironia. Contudo, é bem verdade, nossa paisagem é outra. Como o autor de um ensaio crítico ignoraria hoje a presença maciça das ciências humanas, linguísticas, sociologias, psicologias (no plural), ocupando a maior parte da cena intelectual? E, ainda que eu tenha minhas dúvidas não só quanto à plena cientificidade de seus procedimentos, mas também quanto à sua aptidão para propiciar a apreensão adequada do sentido de uma existência ou de uma obra poética, não posso fazer abstração do que elas me ensinam e do que, num esforço mais livre e mais sintético, almejo ao mesmo tempo conservar e superar. Trata-se, como vemos, de tirar o melhor partido dessas disciplinas, de tirar proveito de tudo o que elas estão em condições de oferecer, e então tomar a dianteira sobre elas, uma dianteira de reflexão e liberdade, em sua própria defesa e na nossa. O que está em jogo, portanto, é não ficar com o que as ciências humanas, em sua linguagem impessoal, ou aparentemente assim, são capazes de revelar ao estabelecer relações controláveis, desvelando estruturas exatas. Em todo caso, não convém se limitar a isso. Essas relações e estruturas constituem a matéria-prima que deveremos orquestrar em nossa língua pessoal, com todos os riscos e perigos inerentes. Nada dispensa elaborar o saber mais sóbrio e escrupuloso, mas com a condição expressa de que esse saber seja substituído e encampado pelo prazer de escrever, e sobretudo pelo vivo interesse que sentimos diante de determinado objeto do passado, para confrontá-lo com nosso presente, no qual não estamos sozinhos, no qual não queremos ficar sozinhos. A partir de uma liberdade que escolhe seus objetos e inventa sua linguagem e seus métodos, o ensaio, no limite ideal no qual não faço senão ensaiar concebê-lo, deveria saber aliar ciência e poesia. Deveria ser, ao mesmo tempo, compreensão da linguagem do outro e invenção de uma linguagem própria; escuta de um sentido comunicado e criação de relações inesperadas no âmago do presente. O ensaio, que lê o mundo e se dá a ler, exige a instauração simultânea de uma hermenêutica e de uma audácia aventureira. Quanto melhor ele percebe a força atuante da fala, melhor ele atua por sua vez... Daí resulta uma série de exigências quase impossíveis de satisfazer plenamente. Para terminar, contudo, tentemos formulá-las, nem que seja à guisa de um imperativo que nos oriente: o ensaio nunca deve perder de vista a resposta precisa que as obras ou os acontecimentos interrogados enviam a nossas perguntas. Nunca deve romper seu compromisso com a clareza e a beleza da linguagem. Finalmente, chegada a hora, o ensaio deve soltar as amarras e, por sua vez, ser ele mesmo uma obra, a partir de sua própria e trêmula autoridade.

Tradução de André Telles

Essai, essay, ensaio

John Jeremiah Sullivan

para Scott Bates (1923-2013)

Uma pequena curiosidade etimológica que encontramos em alguns dicionários é que a palavra *ensaísta* aparece em inglês antes de ter sido registrada em francês. Por algum motivo nós a dissemos primeiro – e não apenas alguns anos, mas séculos antes. A França pode ter inventado o ensaio moderno, porém a ideia de alguém se dedicar, como meio de vida, à produção desses textos aparentemente fugidios era improvável demais para ter um nome. Afinal, Rabelais tinha escrito *Pantagruel*, e as pessoas não ficavam chamando umas às outras de pantagruélicas por causa disso (na verdade até ficavam, a começar pelo próprio Rabelais, mas a palavra significava alguém cheio de uma desajuizada *joie de vivre*). Um tal de Michel Eyquem, de Bordeaux, no entanto, não tinha intitulado em 1580 seus livros de *Essais*? Certo – Montaigne era Montaigne, uma montanha, não só no nome. Ninguém mais se atreveu a perpetuar seu papel. A França irá celebrar seu exemplo, mas a influência exercida por ele é um tanto intimidadora. Na França, o ensaio se retrai depois de Montaigne. Vira algo menos íntimo, mais opaco, se transforma nas meditações de Descartes e nos pensamentos de Pascal. Dizem que um século e meio depois da morte de Montaigne, o marquês d'Argenson escolheu como subtítulo de seu livro esta palavra, "Ensaios", e foi repreendido pela impertinência. De fato, nesse contexto ninguém se sentiria tentado a identificar-se como "ensaísta". Quando os franceses finalmente começaram a usar o termo, no começo do século 19, era apenas para se referir aos autores ingleses que tinham levantado a bandeira, mais especificamente àqueles que escreviam para revistas e jornais. "Os autores de ensaios em periódicos", escreveu um crítico francês em 1834, "ou, como eles são mais conhecidos, *ensaístas*, representam nas letras inglesas uma classe inteiramente distinta, como a dos *novellieri* na Itália." Outra curiosidade: o ensaio é francês, mas o ensaísta é inglês. O que isso pode querer dizer?

29

Consideremos que a aparição da palavra em inglês – o que significa a primeira aparição da palavra em qualquer língua – tenha acontecido no inverno de 1609 ou no início de 1610, mais provavelmente em janeiro de 1610. Uma comédia era encenada na corte do rei James I da Inglaterra, no palácio de Whitehall, em Londres, ou talvez no St. James, onde o príncipe morava. Não sabemos ao certo. Os teatros estavam fechados por causa da peste, mas na temporada do Natal a diversão é necessária. Ben Jonson tinha escrito uma peça nova, *Epicœne ou A mulher silenciosa*, para sua companhia favorita, a Children of Whitefriars, meninos atores com "vozes intactas", muitos dos quais "pressionados" – basicamente sequestrados (às vezes literalmente, quando voltavam para casa da escola) – a servir o teatro. Para a maioria deles, era uma honra fazer parte dos Children of the King Revels. Desfrutavam de privilégios especiais.

Janeiro de 1610: James tem 43 anos. As traduções da Bíblia patrocinadas por ele estão quase prontas. John Donne segura um exemplar de seu primeiro livro publicado, *Pseudo-Martyr*, e o entrega a James, de certa maneira esperando que ele esquecesse antigas desavenças. "Ouso nesta dedicatória", escreve, "implorar humildemente a sua majestade que aceite este pedido de perdão, pois, observando o quanto sua majestade se dedica a conversar com seus súditos por meio dos livros, também ambiciono ascender à sua presença do mesmo modo." Galileu espia Júpiter com um telescópio feito por ele mesmo e encontra luas (sua visão era tão difusa que pareciam "estrelinhas") que evidentemente obedecem apenas à gravidade de Júpiter, provando que nem todos os corpos celestes circundam a Terra, um triunfo para os proponentes da então controversa teoria copernicana do heliocentrismo, e além disso sugere uma importante modificação. Afinal, Copérnico tinha colocado o sol no centro do mundo, mas Galileu começou a perceber que talvez não existisse centro algum, muito menos um centro tão facilmente perceptível. James é informado sobre isso por seu embaixador em Veneza. "Envio aqui à sua majestade a notícia mais estranha", diz a mensagem, "que jamais terá recebido de qualquer outra parte do mundo", pois um "professor de matemática de Pádua derrubou toda a astronomia anterior". Era a multiplicidade dos mundos que se abria. Sentado na torre, sir Walter Raleigh escrevia sua *História do mundo*, implorando para ser enviado de volta à América, dizendo que preferia morrer lá a perecer dentro de uma cela. Estamos na corte da Companhia Virginia, que dias antes havia publicado um panfleto, uma *Declaração verdadeira e sincera*, exaltando as virtudes da nova colônia, aquela "terra fértil", tentando abafar as histórias horríveis que começavam a circular. Do outro lado do Atlântico, em Jamestown, acontecia o que chamavam de "tempo da fome". Dos quase 500 colonos, 440 morreram durante o inverno. Os sobreviventes comiam cadáveres ou sumiam na floresta.

James nos interessa aqui não por ter sido rei – ou seja, não me refiro a ele assim, pelo nome, só para encurtar a frase –, mas pelo fato de ter desempenhado um papel significativo, ainda que pouco mencionado, na evolução desta palavra e desta coisa escorregadia que é o ensaio. A vida inteira, ele sempre adorou aprender. Podemos imaginá-lo como um homem parrudo que, de manto e coroa e com o polegar levantado, aprova a *Versão autorizada* de sua *Bíblia* antes de desaparecer em aposentos acolchoados, mas James foi um homem das letras muito sério. Ele gostava de parecer um homem das letras – e de fato foi um deles. Talvez não tivesse sido bom o suficiente para ser lembrado se não fosse quem fosse, mas, sendo quem era, foi muito melhor do que precisava ter sido. Tinha o trabalho intelectual em alta conta, ainda que se permitisse levar a sério temas como o poder de demônios e bruxas. Na juventude, em Edimburgo, e no castelo Stirling, estava no centro de um permissivo e vertiginosamente homoerótico bando de poetas eruditos da corte, dedicados ao verso formal e ao refinamento do Middle Scots,[1] dialeto escocês que era sua língua nativa. A maior parte do que o rei James escreveu foi

---

1. Língua céltica falada no sul da Escócia entre meados do século 15 e o começo do 17. [N. do E.]

traduzida para o inglês comum antes de ser publicada, mas um texto – que tratava, entre outros temas, do uso poético do Middle Scots – circulou no original. Ainda que reunisse basicamente poemas, seu trecho mais citado é o "Tratado", 20 páginas de não ficção expondo "algumas *reulis* e *cautelis*" – regras e cautelas – "a serem observadas e encontradas na *Poesie Scottis*". O título do livro de James? *Essayes of a Prentise* [Ensaios de um aprendiz].

Esse livro foi publicado em 1584, 13 anos antes dos famosos *Ensaios* de Francis Bacon, de 1597, tradicionalmente considerados o marco da introdução do ensaio como conceito formal na escrita inglesa. Verdade seja dita, Bacon não se sustenta como primeiro ensaísta inglês nem se omitirmos James: alguém – não sabemos com certeza quem, mas é quase certo que tenha sido um clérigo anglicano chamado Joseph Hall – já tinha publicado uma reunião de ensaios um ano antes de Bacon, em um livro chamado *Remedies against Discontentment* [Remédios contra descontentamento],[2]

---

[2]. A autoria desses *Remedies* é questionada desde que o livro foi escrito, e sua obscuridade se deve em grande parte ao nosso fracasso em desfazer sua máscara de "Anonym[o]us". Mas um linguista de Princeton, Williamson Updike Vreeland, natural de Nova Jersey, descobriu há mais de um século que o livro é de Joseph Hall, e publicou a informação em seu *Study of Literary Connections between Geneva and England up to the Publication of* La Nouvelle Héloïse [Estudo das relações literárias entre Genebra e Inglaterra até a publicação de *La Nouvelle Héloïse*] (1901). Vreeland não se importava muito com o bispo Hall – ele estava interessado mesmo no tradutor do livro, o cuidadoso calvinista suíço Théodore Jacquemot, que vertera ao menos uma dúzia de livros de Hall para o francês –, mas Vreeland encontrou numa biblioteca em Genebra o único exemplar francês conhecido dos *Remedies*, intitulados por Jacquemot *Remèdes contre les mécontentements*, e leu ali mesmo na página do título: "*Traduit nouvellement de l'anglais de révérend Seigneur Joseph Hall... 1664*". Mil seiscentos e sessenta e quatro: o bispo Hall já estava morto havia sete ou oito anos nessa época – Jacquemot não precisava proteger a identidade de seu amigo. Além disso, depois que se apresenta a prova de Vreeland, outras coisas começam a se encaixar: Hall, conforme se descobriu, usara a expressão "*Remedies against*" como título de capítulos de outros livros posteriores, cuja autoria ele reivindicava; e conhecia muito bem o homem a quem o livro é pessoalmente dedicado, sir Edward Coke, o procurador-geral de Elizabeth I. É praticamente certo que os *Remedies* sejam de autoria de Joseph Hall. Porém, Vreeland, não sendo grande admirador de Hall e talvez nem sequer sabendo que os *Remedies* há muito tempo são considerados um livro frustrantemente misterioso, não divulgou a descoberta,

e é provável que um ou dois escritores "mais recentes" – William Cornwallis ou Robert Johnson ou ainda Richard Greenham – já tivessem começado a escrever os seus ensaios quando o livro de Bacon saiu. Mesmo assim, Bacon é o maior naquele pequeno grupo de ensaístas ingleses do final do século 16, e aparentemente foi quem teve maior reputação na língua. Ainda assim, o livro do rei James precedeu a todos esses em mais de uma década. A bem dizer, quando James publicou seus *Essayes of a Prentise*, Montaigne ainda estava publicando os seus *Essais* (o francês estava entre os volumes I e II).

A melhor conclusão a que podemos chegar é que James usa a palavra no sentido geral. Um "ensaio", como frequentemente dizemos, é uma tentativa, um *golpe*. Talvez o rei James quisesse dizer, autodepreciativamente, "sou um mero aprendiz [*prentise*] aqui, e esses são meus *ensaios*, minhas tentativas de iniciante". Faz sentido.

e pode-se dizer que raríssimos estudiosos da literatura inglesa vieram a conhecer seu estudo, e esse minúsculo dado mantém-se escondido desde 1901, esperando a mágica da combinação entre banco de dados e a busca correta por termos para aparecer de novo. Mas aí você pode dizer, quem se importa? Pois bem. Provavelmente ninguém. Só que às vezes um pequeno fato como esse acende uma constelação de coisas, como toda uma fileira de luzes de árvore de Natal volta a funcionar quando se troca apenas uma lâmpada queimada. Falando de maneira mais direta, eis como a coisa fica intrigante: o bispo Joseph Hall, embora quase esquecido, é grande. Não vou entediá-lo aqui citando panegíricos de 400 anos. Basta dizer que o impacto e a influência que ele causou foram enormes em seu tempo. Chamavam-no de "Sêneca inglês". Ele discutiu com Shakespeare em tavernas e contestou Milton por escrito. Resolveu controvérsias espirituais. Foi um dos pioneiros das múltiplas formas da prosa inglesa, entre elas a sátira, a distopia, o esboço de personagem teofrástico e a meditação neoestoica. Na década de 1650, quando estava velho, distante do poder e doente – sofrendo, entre outras coisas, de estrangúria (constrição urinária dolorosa) –, sua vida foi prolongada graças a um jovem amigo e admirador, o médico-escritor sir Thomas Browne, que passou a citar Hall em suas obras. Thomas Browne fechou os olhos de Hall. Alexander Pope leu o bispo Hall. Laurence Sterne conhecia os sermões do bispo Hall e fez uso deles. E o mais significativo de tudo: Francis Bacon conhecia Hall, e é muito provável que tenha lido seus *Remedies*. No ano seguinte, Bacon publicaria seus próprios *Ensaios*. De fato, Hall não usa essa palavra em seu livro. Ele usa "discursos". Mas a sobreposição formal e estilística entre as duas produções é imensa. O que significa que precisamos levar em conta a probabilidade de que Joseph Hall seja, se não o pai, ao menos um dos pais do ensaio inglês. Há mais coisas para se saber sobre ele.

33

O problema é que não se usava "ensaio" dessa maneira nem nos anos 1580. Se atribuirmos esse significado ao uso que James fez da palavra, seria a primeira ocorrência desse sentido específico em inglês (ou no Middle Scots), o que não quer dizer que não devêssemos fazê-lo. É provável que seja exatamente isso que está acontecendo aqui. Mas seja lá o que James queria dizer com "ensaio", trata-se de uma coisa nova, nova em inglês. Disso sabemos.

Seria possível que James quisesse dizer algo próximo ao que Montaigne pretendia? Diante dos fatos, a ideia parece improvável. O livro de Montaigne tinha sido publicado poucos anos antes de James terminar o dele. Uma tradução em inglês só apareceria dali a 20 anos. Sem dúvida alguns homens e mulheres da Inglaterra tinham ouvido falar do livro, talvez até o tivessem visto, mas qual a probabilidade de uma dessas pessoas ser o jovem rei da Escócia aos 18 anos?

Uma probabilidade alta, acredite ou não. O tutor de James na década de 1570, período em que Montaigne se dedicava ao primeiro volume de seus escritos, por acaso era um homem chamado George Buchanan, classicista escocês e um dos gigantes da Renascença que passou parte de sua vida na França, onde sua poesia era muito admirada ("Certamente o maior poeta de nossa época", disseram seus editores franceses, uma opinião partilhada, entre outros, por Montaigne). Buchanan fora encarregado da educação do jovem James e provocou em seu pupilo uma duradoura impressão tanto de respeito como de medo, tão profunda que, décadas mais tarde, quando James viu um homem parecido com Buchanan aproximar-se dele na corte, chegou mesmo a tremer (Buchanan, embriagado, espancou o menino James pelo menos uma vez).

Qual a importância disso? Acontece que James não foi o único aluno de Buchanan a jamais esquecê-lo. Houve outro antes dele, na França, entre os anos 1530 e o começo dos 1540. Por vários anos, George Buchanan deu aulas no Collège de Guyenne, em Bordeaux, e um de seus alunos, um jovem interno a quem também deu aulas particulares, era um menino da cidade chamado

Michel Eyquem. O menino, cuja precocidade em latim causara espanto nos professores, era também um ator talentoso e interpretaria papéis em algumas peças de Buchanan, que o tinha como um de seus alunos favoritos. Anos mais tarde, ao encontrar Montaigne na corte francesa, Buchanan o elogiou, dizendo que o tempo que passaram juntos tinha inspirado algumas de suas teorias sobre a pedagogia humanista. Montaigne devolveu a lisonja elogiando o ex-professor mais de uma vez em seus *Essais*. Conheciam-se bem, esses dois homens, e continuaram em contato. E justamente quando o mais jovem começou a publicar na França, o mais velho se tornou, na Escócia, o tutor do rei James. Que, quatro anos depois da publicação dos *Essais* de Montaigne, publicaria seus próprios *Essayes*.

O que, afinal, terá acontecido? Seria a aparição de dois livros intitulados *Ensaios* – os dois primeiros assim intitulados em qualquer língua e com um intervalo de poucos anos entre eles, e escritos por dois homens que tiveram o mesmo professor na infância – mera coincidência? Ou seria o caso, como parece muitíssimo mais plausível, de ambos estarem ligados de alguma forma – de o rei James ter conhecido Montaigne, ou pelo menos seu livro (mas provavelmente as duas coisas), e se apropriado da sua palavra? E se isso for verdade, por que James raramente, ou nunca, é citado na história do ensaio, tanto na Inglaterra quanto na França?

Em parte porque sua obra é, basicamente, poesia, de modo que não ocorreria a ninguém associá-la à de Montaigne, a não ser pelo título. Por outro lado, o livro inclui, como mencionei, um texto que hoje (ou em 1600) seria classificado como ensaio, o tratado *Reulis and Cautelis*. E esse texto tornou-se de longe a parte mais conhecida do livro – o que não é surpresa, dada a qualidade, sofrível, da poesia do rei. Na verdade, em algum momento posterior do século 16, parece que a obra foi publicada (ou reeditada) não mais como *Essayes of a Prentise*, mas como *Reulis and Cautelis*, de modo que seu verdadeiro título permaneceria desconhecido até mesmo para quem se deparasse com o livro em bibliografias ou catálogos.

Eu gostaria ainda de argumentar – ou deveria dizer, sendo isto um ensaio, lançar a sugestão – que não foi por coincidência ou apropriação que James usou a palavra como título. Trata-se, isto sim, de uma interpretação equivocada. Ou talvez seja mais correto dizer uma única interpretação. James tinha, afinal, um reconhecido dom para línguas e os melhores professores do mundo. Ninguém aqui o está acusando de não saber o que "*essai*" queria dizer em francês. O problema é que queria dizer muitas coisas – em francês e, já na época, em inglês também –, mas o rei parece ter insistido em enfatizar um sentido em detrimento de todos os outros quando escolheu a palavra como título, recorrendo a um uso ligeiramente diferente daquele pretendido por Montaigne. Essa escolha, como se sabe, teve um efeito invisível, porém crucial, no desenvolvimento da concepção inglesa do ensaio.

Há meio milênio, *scholars* franceses têm debatido o que Montaigne pretendia dizer exatamente com "*essai*", e não me sinto qualificado a me meter nessa discussão. Li um bocado a respeito, mas como um interessado e enviesado praticante, não como linguista. É certo que quando os franceses nos veem na frente de uma turma dando a conhecida explicação "Um ensaio... que vem do francês, *essai*... significa 'tentativa'" (como já vi professores fazerem, como eu mesmo já fiz diante dos alunos), pode-se ouvir em algum nível uma cruel gargalhada gaulesa.

Você pode ler sobre as raízes latinas da palavra, *exagere*, *exagium*, palavras que vêm do contexto da cunhagem de moedas romanas, que têm a ver com medir e pesar. Uma ideia de "expulsão" ou de "enxame" também está supostamente subentendida em algum ponto (um enxame de pensamentos, como de abelhas, rápido e breve?). Existia aquela expressão "*coup d'essay*", que significa, segundo um dicionário bilíngue contemporâneo, a "obra-prima de um jovem trabalhador". E, sim, havia também, ao mesmo tempo, o sentido em que o rei James a empregou, de "um início, entrada, começo, tentativa... Um florescimento, ou preâmbulo, por meio do qual provamos um pouco de alguma coisa". Sem dúvida esse sentido estava presente, tanto na França de Montaigne quanto em seu título – mas não era sua primeira acepção, nem o que a princípio Montaigne tinha em mente (ou nos ouvidos) quando escolheu esta palavra, *essais*, para descrever sua obra.

Sabemos qual era a principal acepção da palavra não porque é a primeira a aparecer nos dicionários do período (ainda que seja), nem porque era a mais usada na época (ainda que fosse), mas também porque é nesse sentido que o próprio Montaigne, quando usa a palavra além do título – ou seja, em outros momentos de seus livros –, costuma empregá-la, não em todas, mas na grande maioria das vezes. É o sentido de "prova, processo, experimento". Testar alguma coisa – pela pureza, pelo valor (voltando à cunhagem de moedas, o *essayeur* era um "funcionário da casa da moeda que testa todos os tipos de novas moedas antes que entrem em circulação"). Havia também o *essay de bled*, a "prova do trigo", quando os grãos eram cuidadosamente pesados, costume que Montaigne podia ter em mente quando escreveu: "*Je remets à la mort l'essay du fruict de mes estudes*" [Deixo que a morte se pronuncie sobre minhas ações].[3] E.V. Telle, estudioso de Rabelais, em um ensaio de 1968 intitulado, com deliciosa transparência, "À propos du mot 'essai' chez Montaigne" [A propósito da palavra "ensaio" em Montaigne], mostrou que o sentido mais imediatamente associado pelos leitores de Montaigne viria do contexto universitário, quando, diante do candidato examinado para determinado título, seriam colocadas placas com os dizeres ESSAI DE JEAN MARIN ou seja lá quem fosse o candidato. Os alunos eram testados, examinados, provados, *ensaiados*, para se descobrir se realmente entendiam aquela porcaria toda. Montaigne também estava brincando com essa acepção – ele se poria à prova, a si mesmo e a seu próprio "julgamento" (como repetidamente escreveu);

---

[3]. Esta é a versão de Sérgio Milliet para o ensaio XIX, "Somente depois da morte podemos julgar se fomos felizes ou infelizes em vida", *Ensaios*, v. I, Brasília: UNB/Hucitec, 1987. [N. do E.]

ele se tornaria seu próprio ensaísta. Não foi essa sua grande pergunta orientadora, "*Que say-je?*", que sei eu?, que para ele deveria ter um sentido tanto literal quanto de uma expressão idiomática? ("Você realmente acha que eu vou morrer? Acho que sim, mas o que sei eu?")

A questão não é afirmar que Montaigne quis dizer isso e não aquilo com *Essais*, mas entender que a polissemia da palavra, esboçada acima, era precisamente o que ele almejava e o verdadeiro motivo pelo qual ele a escolheu, pois, se um livro é mesmo um espelho, deve sempre refletir de volta na direção em que é olhado. Ele deixará não apenas uma, mas muitas portas abertas a seus leitores. Você pode acessá-lo pelas suas adoráveis tagarelices, sua intimidade confessional, conspiratória (ele continua sendo até hoje um dos poucos escritores da história que teve coragem de dizer que tinha pênis pequeno), pela sua erudição, pela profundidade psicológica talvez jamais superada, pelo consolo que ele oferece em momentos de tristeza – por onde quer que você chegue, a porta está lá, nos escritos, e no título.

E, se não bastasse, no centro de tudo isso, quando você remove todas as camadas visíveis, lá está a alternância binária, yin/yang, heisenberguiana, entre as duas acepções principais, entre uma definição mais estrita de "ensaio" (a prova, o processo, o exame) e uma mais frouxa (a obra amadora, intempestiva, realizada com desenvoltura, seja-lá-o-que-for). A dualidade foi observada e formulada por um dos primeiros e mais importantes leitores de Montaigne, François Grudé, ou, como ficaria mais conhecido, *sieur* de La Croix du Maine. Em seu influente *Bibliothèques*, uma espécie de seleta literobiográfica, ele incluiu Montaigne, com elogios. Isso em 1584, quando o autor ainda estava vivo e escrevendo (mesmo ano em que saiu o livro do rei James). Grudé tinha lido apenas o primeiro volume de Montaigne, mas foi o suficiente para colocá-lo na companhia de Plutarco. Grudé tem o crédito de ter sido um dos primeiros a se dar conta de que Montaigne era Montaigne. Em 1584, entre os letrados, a opinião dominante sobre o escritor era: ligeiro, tagarela e – o que é interessante para nós – um autor para mulheres.[4] Mas Grudé o reconhece, reconhece que algo de muito sério estava acontecendo nos *Essais*, que ali estava um homem inspecionando a própria mente como um meio de inspecionar a mente humana. Para nossa sorte, Grudé aborda o significado da tal palavra, do título, poucos anos depois de Montaigne apresentá-la (a primeira coisa em que eles reparam é na ambiguidade!). Ele escreve:

> Em primeiro lugar, este título ou inscrição é bastante modesto, pois, se alguém toma a palavra "Essay" no espírito de "coup d'Essay", ou aprendizado, soa bastante humilde e autodepreciativo, e não sugere nada de excelência ou arrogância; no entanto, se a palavra for tomada como se significasse, em vez disso, "provas" ou "experimentos", isto é, um discurso que neles se modela, o título permanece bem escolhido.

O que é maravilhoso de se observar é como essa dicotomia original, que estava plenamente clara na mente de Montaigne, entre a acepção mais frouxa e a mais estrita do ensaio – o florescente e o bem-acabado, a tentativa e o processo – foi transposta para a dicotomia entre a França e a Inglaterra. Se, no rastro de Montaigne, o francês iria, em geral, se ressentir das qualidades mais casuais e íntimas do ensaio (e até de seu nome), a Inglaterra as acolheu de braços abertos.[5] Algo na dicção de Montaigne, a textura particular

---

[4] Entre os primeiros leitores de Montaigne, havia um número aparentemente desproporcional de mulheres, o que fazia dele objeto de zombaria. Diversos de seus ensaios eram dedicados a mulheres, e ele se gabava de conhecer mais sobre aquele sexo do que qualquer outro homem antes dele, pois seu livro se tornaria um minúsculo cavalo de Troia que o levaria até o leito de suas leitoras, até suas *toilettes*. Entre seus primeiros defensores mais apaixonados, e sua primeira editora póstuma, estava a grande Marie le Jars de Gournay, a quem ele chamava de sua *fille d'alliance* (algo entre uma afilhada e aprendiz). Sobre esse assunto, há o ótimo livro de Grace Norton, *Montaigne: His Personal Relations to Some of His Contemporaries, and His Literary Relations to Some Later Writers* [Montaigne: suas relações pessoais com alguns de seus contemporâneos e suas relações literárias com autores posteriores], que menciona o "peculiar interesse que Montaigne inspirou em todas as gerações de mulheres".
[5] Sobre isso, ler o estudo de Pierre Villey, *Montaigne en Angleterre,* tanto pelo empenho na abordagem do tema como por um curioso exemplo da atitude francesa

de sua introspecção, abriu uma veia que latejava prestes a estourar. Ben Jonson descreve assim um candidato a escritor da época: "Tudo o que faz na vida é impresso, e seu rosto é todo um volume de ensaios". Repare como desde o início fica claro que a definição de ensaio usada pelo inglês é a mais frouxa, a que tem a ver com aprendizado. Uma nota no mesmo diapasão do rei James. Ou talvez devêssemos dizer que há uma ênfase naquela definição, trocando-a de lugar com o outro sentido, o do ensaio como algo mais sério, e fazendo deste uma espécie de subfrequência. Não se trata de uma definição nacional unificada ou de nada parecido com isso; há muitas definições, assim como havia na França, mas todas no mesmo tom apologético. Na verdade, na primeira tentativa inglesa de classificar o ensaio, essa nova e estranha criatura – William Cornwallis em "Sobre ensaios e livros", que faz parte dos *Discursos sobre Sêneca*, publicado em 1601 (ano em que Robert Johnson define seus próprios *Essais* como "oferendas imperfeitas") –, o autor argumenta, com humor voluntário ou não, que Montaigne tinha na verdade *usado equivocadamente* o termo. Enquanto isso, os ingleses o utilizam corretamente, é claro. "Defendo", ele escreveu,

> que nenhuma dessas formas antigas de prosa curta, nem as de Montaigne nem essas mais recentes, possam ser definidas apropriadamente como ensaios, pois, embora sejam breves, ainda assim são fortes e capazes de sobreviver ao exame mais minucioso; porém, os meus, sim, são ensaios, afinal não passo de um novato aprendiz.[6]

a esse respeito, que é (ou foi por um longo tempo) aquilo que nós ingleses receávamos um pouco em Montaigne. Todos os países gostavam dele, mas a Inglaterra o amava. No século 19 tentamos reivindicá-lo, observa Villey, valendo-nos de uma alegação que Montaigne fez, a certa altura dos *Essais*, de que a família do pai descendia de uma família da Inglaterra e de que ele se lembrava de ter visto, quando menino, relíquias inglesas nas casas da família Eyquem. Foram feitas genealogias, com mais ansiedade que cuidado, remontando *Eyquem* a *Ockham*. Isso explicaria a fixação em Montaigne, nosso impulso de emulá-lo. *Ele era nosso mesmo.*
6. Repare na dupla autonegação em sua sintaxe. Aqueles outros escritos não podiam ser "ensaios" (sentido mais frouxo) porque são fortes, e capazes de resistir ao

A partir desses primeiros ensaístas que brotaram na ilha por volta de 1600, a infestação se espalhou. Depois veio a explosão da Grub Street,[7] e o ensaio passou a ser a forma pop do século 18. Há milhares de páginas de gazetas e diários e semanários para demonstrá-lo. A palavra vira um brasão do início do Iluminismo. É a época daqueles que Thackeray definirá como "os ensaístas de periódicos do século 18". A Inglaterra se torna um país de ensaístas, assim como sempre foi de lojistas, e o ensaio vira... qualquer coisa que quisermos. Nas palavras de Hugh Walker – cujo The English Essay and Essayists continua sendo o livro mais lúcido sobre o gênero um século depois de sua publicação –, o ensaio se torna o "território comum" da literatura inglesa, "pois assim como antes do cercamento de terras o gado solto ia pastar na terra sem cercas, assim também os esforços desgarrados da literatura tenderam na direção do campo mal definido do ensaio".

Mas sempre – é isso que estou tentando dizer – com aquela nota original pairando no ar, ao mesmo tempo uma chamada ao ataque e um toque de recuar. Não a nota do rei James, veja bem. Mas a de Montaigne. A singularidade. A palavra em sua ambiguidade mais plena, mais rica, tiresiana, e o exemplo do escritor, em sua coragem e seu rigor, sua insolência. O ensaio moderno não se desenvolve em um país específico, mas em um campo de vibração transnacional que vai além do canal da Mancha. Ele assume muitas formas duplas: processo/tentativa, alto/baixo, literatura/jornalismo, formal/familiar, francês/inglês, Eyquem/Ockham. O vital é que a vibração esteja lá. Sem ela, não existiriam "ensaios", apenas os Essais.

James estava sentado ali. Era janeiro de 1610. Donne e Bacon e Joseph Hall e o restante da gangue também estavam na plateia – eles podiam ter estado, então digamos que estiveram. E os meninos estavam representando Epicœne, de Jonson. É um

---

"exame" mais minucioso (sentido mais estrito). Cornwallis parece piscar para nós aí, mostrando que ele sabe que todo o problema da palavra é um ouróboro linguístico. E, o mais importante, 1601 já tinha o ensaio irônico sobre ensaios.

7. Grub Street era uma rua em Londres conhecida por ser o reduto de aspirantes a escritores, poetas e editores até o começo do século 19. [N. do E.]

rapaz quem faz o papel, pela primeira vez, de sir John Daw, um cavaleiro. John Daw = Jack Daw = *jackdaw*, uma espécie de gralha que, como uma pega, gosta de bicar e colecionar coisas brilhantes, como citações clássicas. Jack Daw pode ser uma representação satírica do próprio Bacon – como mais de um especialista suspeitou. Na história, ele é forçado (não foi preciso muito esforço) a recitar um trecho de sua lavra. A obra é ridícula. Mas seus ouvintes, querendo lisonjeá-lo para que fizesse mais palhaçadas, dizem que o texto tem "algo em si de raro engenho e razão". De fato, eles dizem – soando como nós, quando começamos a falar sobre a origem do ensaio – "é um Sêneca... é um Plutarco".

Jack Daw, na tolice de sua vaidade, toma a comparação como um insulto. "Tenho minhas dúvidas", ele diz, "se aqueles sujeitos têm algum crédito entre cavalheiros!".

"São autores sérios", a pequena plateia lhe garante.

"Asnos sérios, isso sim!", ele diz. "Meros ensaístas, de umas poucas frases soltas e só."

Ensaístas: foi aí que a palavra veio ao mundo, com essa frase. A primeira coisa que notamos: que a palavra é usada com escárnio e desdém. Ainda que o personagem que a pronuncia seja alguém em relação a quem devemos sentir escárnio e desdém. Um asno pretensioso. Que pode ter sido jocosamente baseado no inventor do ensaio, Francis Bacon. Para coroar isso tudo, o momento se passa diante dos olhos do mesmo monarca que primeiro importou a palavra, dando início a esse longo diálogo, e que está ele mesmo irrevogável e indubitavelmente implicado de alguma forma na boneca dentro da boneca da inteligência de Jonson.

Como podemos acreditar em uma criatura que vem ao mundo coberta com a placenta da ambiguidade? Esses são os "ensaístas". Quatrocentos e quatro anos depois, eles continuam a florescer.

Tradução de Alexandre Barbosa de Souza

Sobre os ensaístas ingleses

Lucia Miguel Pereira

O ensaio não nasceu na Inglaterra, mas nela encontrou a pátria de adoção, onde melhor floresceu do que em qualquer outro lugar. E a razão de tão fecundo transplante estará sem dúvida na íntima, profunda e substancial concordância que existe entre a sua índole e o gênio inglês. Ensaísta é, afinal, qualquer escritor que se coloque diante das ideias como o legítimo britânico diante da vida – deixando-se guiar mais pelo senso comum, essa mistura de instinto e experiência, do que por leis e regras, prezando a liberdade mais do que a autoridade, sem contudo desrespeitar esta última quando bem assente, conciliando com o espírito de aventura uma prudência realista, evitando com igual cuidado os exageros e a gravidade.

O adjetivo a que mais frequentemente se recorre para qualificar o inglês – excêntrico – significa, em seu sentido primitivo, um traço característico do ensaio, que, sendo uma busca, não sofre a limitação do ponto de vista único, e não tem por isso, rigorosamente, um centro. O ensaísta escreve como o inglês viaja: pelo gosto da aventura, pelo prazer de descobrir novos horizontes.

Filho tardio do Renascimento, a maior época do mundo ocidental, o ensaio representa, no plano literário, o mesmo impulso humanista e experimental de que resultaram a Reforma e o descobrimento da América. Todos os problemas foram então postos em debate, com uma liberdade desconhecida. Nenhum limite se opunha mais às indagações, às verificações. Pelo livre exame, pela necessidade de observar, o homem viu alargarem-se maravilhosamente a terra e o seu poder, o conhecimento da natureza e de si próprio, do mesmo passo que, pelas espantosas novidades que presenciava, e que lhe destruíam antigas noções, aprendia as vantagens da dúvida e adquiria um critério relativista.

O universo e o indivíduo como que se tornaram mais atraentes, e de certo modo, paradoxalmente, mais misteriosos, para os que, tendo-lhes desvendado tantas faces novas, não ousavam mais afirmar que fossem as únicas desconhecidas. Outros segredos poderiam ainda ser revelados. E já que se tornavam letra morta o definitivo e o intransponível, já que tudo poderia mudar e se transformar, tudo deveria ser reexaminado, desde as questões metafísicas até os menores gestos cotidianos. Nada escaparia mais à percepção do homem, que se sentia afinal a medida de todas as coisas, senhor de si e do mundo.

Tantos aspectos novos, tantas novas concepções não deixariam de suscitar uma nova posição espiritual, que aliava a humildade diante dos fatos e da natureza, de "*notre mère nature en son entière majesté*", como disse Montaigne, ao orgulho de quem se descobria capaz de decifrar-lhe os enigmas; a curiosidade alvissareira ao ânimo crítico; a gratuita vontade de indagar, de compreender, a uma certa tendência julgadora e, portanto, moralista.

Essa nova atitude mental, encontrou-a Michel de Montaigne, e genialmente a batizou. Com ele, surgiram na literatura o gênero e a palavra "ensaio", empregada no plural, como para melhor marcar as aproximações sucessivas, as tentativas de apreensão que significa, a mobilidade, a diversidade, o ecletismo que permite.

No ano de 1580, na cidade de Bordeaux, Simão de Millanges, impressor do rei, editava uma obra em dois volumes in-oitavo: os *Essais de Messire Michel, seigneur de Montaigne, chevalier de l'ordre du roi e gentilhomme ordinaire de sa chambre*. Nesse livro "*de bonne foi*", de autor que se propõe a falar apenas de si, mostrando-se "*tout entier et tout nu*", cabem todos os temas porque "*il n'y a point de fin en nos inquisitions*".[1] Dos dogmas religiosos aos prazeres da mesa, do governo dos homens ao dos cavalos, das virtudes e dos vícios da natureza humana ao trato dos livros, dos costumes dos selvagens à maneira de trajar, tudo parece interessar igualmente a esse primeiro ensaísta.

---

[1]. Lucia cita no original dois trechos do célebre prólogo "Ao leitor" – livro de "boa-fé" e a referência ao autor que se mostra "por inteiro e totalmente nu" – e outro de "Sobre a experiência", o último capítulo do terceiro e último "Livro" dos *Ensaio* – "Não há fim em nossas investigações". Usamos aqui a tradução de Rosa Freire d'Aguiar de *Os ensaios – Uma seleção* (Clássicos Penguin – Companhia das Letras, 2010). [N. do E.]

Na sua obra está, como pretendeu, em todas as suas feições, o indivíduo Montaigne, cujos contornos, entretanto, se fazem mais precisos pelo fundo em que se destacam, constituído pelo panorama da época. Vemo-lo em sua biblioteca solitária, mas debruçado para fora, atento ao espetáculo da vida.

Porque meditou e opinou sobre tudo, sem a ninguém tentar impor as suas opiniões, abriu aos escritores um caminho inexplorado, mais de acordo com a mentalidade reinante, facultando abordar sem cerimônia qualquer assunto, numa atitude por assim dizer esportiva, em que o homem se empenha numa luta com as ideias, a fim de lhes surpreender todos os aspectos e todas as consequências. Luta sem violência nem crispação, antes brincalhona e branda, cuja única regra é afinal o *fair play*, isto é, no caso, a sinceridade.

E basta atentar aos anglicismos necessários à exposição dos métodos do ensaio para se ver como se ajusta ao feitio britânico. Foi certamente por isso – e também pela universalidade da língua francesa – que os *Essais* atravessaram tão velozmente a Mancha, que as obras de Shakespeare, pouco posteriores, levariam mais de um século a percorrer em sentido contrário, só sendo introduzidas na França por Voltaire, em 1731. Lidos logo no original e, a partir de 1603, na versão de John Florio, eles tornaram Montaigne tão familiar na Inglaterra que de seu nome forjou Charles Blount um verbo, "*to montaignize*".

Deve ter tido logo contato com os *Essais* o primeiro ensaísta inglês, Francis Bacon, cujo irmão, Anthony Bacon, conhecera Montaigne na França e com ele se carteava. Existe até a lenda de um encontro entre o autor dos *Essais* e o dos *Essays*, que se teria realizado em Poitiers, em 1577, coisa possível, já que o futuro grande chanceler de Jaime I passara algum tempo na França, ao terminar os estudos; mas, ainda a se haver dado, não poderia essa aproximação pessoal exercer influência sobre Bacon, que, nascido em 1561, era então apenas um adolescente. Saindo 17 anos após a de Montaigne, a sua obra de ensaísta, que foi retocada e aumentada em edições posteriores, revela, já pelo título, já pelo método "informal", a sedução exercida por Montaigne. A esses ensaios, simples notas e sumários de capítulos destinados a ulterior desenvolvimento, chamava Bacon as suas "recreações", parecendo não lhes dar maior importância. Os mais longos e completos são os que neste volume figuram. As ideias que lhe pareciam dignas de serem conservadas e difundidas, Bacon as transpunha para o latim ciceroniano, certo de que representaria sempre "a bancarrota dos livros" a sua língua pátria, que entretanto manejou como ninguém em seu tempo. Mas é pelos *Essays*, e por *The Advancement of Learning*, o primeiro livro de crítica escrito em inglês, que se pode ter hoje uma noção do espírito tão agudo e ágil de Bacon. Em latim, poucos o lerão.

"Os *Essays*, embora escritos como um descanso de trabalhos mais fatigantes", observa um biógrafo de Bacon,

> representam a sua maior contribuição para a literatura. Impregnados de sabedoria, claros e profundos, a um tempo morais e mundanos, revelam-lhe a extraordinária acuidade mental. O seu estilo oferece um refrescante contraste com os rebuscamentos de quase toda a prosa elisabetana. As frases límpidas, concisas, simples e pejadas de significação, as seguras observações, o vigor dos conceitos, a finura do raciocínio e a cadência do ritmo, tudo concorre para tornar os *Essays* uma obra-prima da literatura inglesa.

Autêntico gentil-homem do Renascimento, ambicioso e sem grandes escrúpulos, Bacon possuiu um puro título de nobreza: a sua sede de saber, o seu respeito pela inteligência. Precisou intrigar para ser feito lorde Verulam, mas nenhum deslize cometeu para escrever os *Essays*. E é por eles que sobrevive.

Seguindo-se a Bacon, numerosíssimos foram os escritores britânicos que assumiram posição de ensaístas. Nem de todos escolheram trechos os organizadores deste livro, que os não poderia de fato abranger a todos sem desdobrar-se em vários tomos.[2]

---

2. Lucia Miguel Pereira refere-se aos editores da coleção Clássicos Jackson, cujo volume 27, no qual este texto foi publicado como prefácio, é dedicado ao ensaísmo clássico inglês. [N. do E.]

Até na filosofia, então em regra normativa e dogmática, se insinuou a livre especulação do ensaio: o *Ensaio acerca do entendimento humano*, por sua serenidade, sua imparcialidade, sua tolerância, seus apelos ao senso comum, evidencia em John Locke uma legítima mentalidade de ensaísta.

Mas fiquemos nos autores aqui reunidos. Indo de Bacon a Bagehot, de um fidalgo elisabetano, ávido de tirar da vida todos os gozos que reserva aos privilegiados, a um respeitável banqueiro vitoriano, democrata e quase republicano, eles bastam para dar uma ideia da prosa crítica inglesa durante quase 300 anos. Digo prosa crítica porque no ensaio existe, mais ou menos ostensiva, uma crítica em regra impressionista, exercendo-se de modo espontâneo e se estendendo a todas as atividades, espirituais ou práticas.

Larga fama teve em seu tempo Abraham Cowley, aqui representado pelo mais popular de seus *Essays in Verse and Prose*, cujo tom de conversa constituiu, no momento, discutida novidade. Dele diria Hazlitt que era um grande homem, mas não um grande poeta; sem, de fato, poder aspirar a tanto, manejou com atraente destreza a prosa e o verso, e, muito mais do que seu predecessor Bacon, impregnou-se do tom confidencial de Montaigne. Sob esse aspecto, representa um ponto de partida na literatura inglesa. Filho de um confeiteiro de Londres, fez carreira, e se viu envolvido em graves sucessos políticos. Durante a revolução de Cromwell, permanecendo fiel a Carlos I, teve que fugir para a França no séquito da rainha Henriqueta. Longos anos durou o seu exílio, que certa vez interrompeu indo clandestinamente a Londres, onde foi preso e só conseguiu a liberdade mediante uma caução de 25 mil francos. Feita a Restauração, julgou-se Cowley no direito de esperar alguma prova da gratidão real, mas esperou em vão. A sua única recompensa foi ser enterrado em Westminster, ao lado de Chaucer.

John Dryden, de quem T.S. Eliot acredita descender quase tudo o que de melhor houve na poesia do século 18, aparece aqui como autor dos ensaios literários que escrevia para apresentar os seus dramas heroicos. Grande importância emprestava o poeta a esses trabalhos, em que se nota a influência de Corneille, cujas tragédias eram sempre precedidas por uma longa explicação. Tanto se arraigou tal hábito, na França e na Inglaterra, que um crítico afirmou ser mais fácil faltar gravata a um cortesão do que prefácio a um drama. Igual êxito tinham, no momento, os ensaios e as peças de Dryden, que se aproveitava da espécie de renascimento operado em Londres pela Restauração; depois do governo puritano de Cromwell, a volta dos Stuart trouxe a alegria, o desejo de divertir-se, o interesse pelo teatro. Os dramas de Dryden se sucediam no cartaz, o seu renome crescia sempre. Foi poeta laureado e historiógrafo do rei. Espírito profundamente religioso, pertenceu primeiro à Igreja Anglicana, convertendo-se no fim da vida ao catolicismo, e, quer numa quer noutra posição, sempre defendeu vigorosamente a sua fé. Como, na Inglaterra, a religião se mistura à política, e como, também nesta, teve as suas polêmicas, Dryden pode ser considerado, além de poeta e ensaísta, o criador da sátira política em sua terra.

Com Richard Steele e Joseph Addison surge pela primeira vez em Londres, e, salvo engano, no mundo, o ensaio destinado à imprensa. Em 1709 aparecia na capital inglesa o periódico *The Tatler*, que circulou até princípios de 1711, sendo então substituído por *The Spectator*, de vida ainda mais curta, pois não chegou a durar um ano. Os redatores de ambos, Steele e Addison, pretendiam "vivificar a moral pelo espírito [empregada a palavra no sentido de aliança entre o chiste e a inteligência] e temperar o espírito pela moral". Os costumes e os sucessos do tempo, as notícias mundanas e a poesia, as modas e as ciências, tudo era comentado com finura e graça, tudo fornecia pretexto para observações cujo tom ligeiro não empanava a clarividência. Inseparáveis amigos, influindo um sobre o outro – embora descambasse para a boêmia Steele e fosse mais sisudo Addison, que chegou a secretário de Estado –, é hoje difícil estabelecer com certeza a parte que a cada qual cabe na sua colaboração; Steele parece ter sido mais inventivo e vigoroso, Addison, mais elegante e correto; o impulso criador partiria antes do primeiro, os acabamentos seriam dados pela pena lesta do segundo. Assim é que as figuras do "Spectator Club", que retratam os londrinos de então, foram ideadas, segundo consta, por Steele, mas a Addison devem a sua minuciosa perfeição.

Não é, porém, a nova aplicação do ensaio o único título de glória dos dois colaboradores, que muito contribuíram para a popularização da cultura; com efeito, escreviam sobretudo para a classe média, em cujos hábitos iam incluindo a leitura, tornada acessível pela disseminação de sua folha divertida e instrutiva.

Henry Fielding, de quem aqui se traduziu o sutilíssimo "Ensaio sobre o nada", é, com seu adversário Samuel Richardson, o criador do romance moderno. Descendente de família fidalga, que pretendia entroncar-se nos Habsburg, versado em letras clássicas, ele foi a princípio mais inclinado ao teatro, escrevendo também para jornais, a fim de aumentar as rendas depois que dilapidara a fortuna da rica herdeira que desposara. Cada ano dava duas ou três peças, comédias ou farsas. Tendo porém atacado em duas destas a corrupção política do tempo, deu ensejo ao *Licensing Act*, isto é, a uma lei que submetia a censura prévia as peças de teatro, lei que, datando da primeira metade do século 18, ainda subsiste e determina protestos dos escritores ingleses.

Privado de compor as suas peças, empreendeu Fielding uma novela, *Joseph Andrews*, destinada a ridicularizar a *Pamela* de Richardson, cujo aparecimento fora um grande acontecimento literário. Com isso se revelou a sua verdadeira vocação – de romancista, do romancista que, com *Tom Jones*, atingiu a obra-prima. Houve porém sempre em Fielding, no seu realismo tocado de *humour*, na sua lúcida ironia, na sua narrativa caprichosa, algo de ensaísta.

A seguir depara o leitor deste volume com a imponência de Samuel Johnson, tão respeitado pelos contemporâneos e pósteros que raramente se lhe pronuncia o nome sem o título de doutor, banalizado no Brasil, mas muito significativo na Inglaterra. Mestre-escola na mocidade, mais tarde jornalista, Johnson viveu, entretanto, apesar da consideração que o cercava, a lutar contra a miséria, só tendo tido tranquilidade no fim da vida, quando o governo lhe concedeu uma pensão.

Sua fama assenta menos nas suas obras, escritas de modo demasiado pomposo e solene, do que na sua inteireza, na sua honestidade, na sua bondade, o que equivale a dizer que só chegou até nós graças a seu discípulo James Boswell, que dele deixou a melhor biografia jamais escrita. Aí o vemos como um admirável tipo humano – e um perfeito inglês –, corrigindo sempre pelo senso comum o que pode haver de inumano na inteligência, pela ternura o que pode haver de duro nas convicções.

Mais amigo de falar do que de escrever – dizia que se fosse rico não escreveria uma única linha –, o dr. Johnson não realizou uma obra correspondente à sua longa carreira literária de perto de 50 anos, nem à tutela que em seu tempo exerceu sobre as letras britânicas, embora, além de um dicionário de valor e de uma acurada edição de Shakespeare, houvesse composto um romance, um livro de viagem, poemas, sermões e numerosos artigos. Mas em *The Lives of the Poets* patenteia larga, ainda que algum tanto inflexível, visão crítica, e em *The Idler* e *The Rambler*, jornais que fundou, se mostra ensaísta penetrante, apesar de inclinado a uma excessiva gravidade.

Pertencia ao círculo dos amigos do dr. Johnson o fino e elegante Oliver Goldsmith, que, poeta e ficcionista, encontrou também no ensaio uma forma de expressão da sua sensibilidade, na verdade rara e profunda. É de fato necessário possuir grandes e complexos dons para escrever um poema como "The Deserted Village", uma comédia como *She Stoops to Conquer*, um romance como *The Vicar of Wakefield*, e ensaios nos quais a ternura sentimental não excluía uns ligeiros toques de *humour*. Se pela forma polida, de clássico sabor, Goldsmith pertenceu ao seu tempo, pelo espírito foi um predecessor do romantismo.

Esse homem que soube tão bem escrever parece entretanto nunca ter aprendido a viver. Nascido pobre, de humilde família irlandesa, paupérrimo morreu, não obstante ter tentado a carreira eclesiástica, a de leis, a de medicina, a de teatro e finalmente a das letras, que lhe deu a glória, mas não o bem-estar.

Filósofo e historiador – o primeiro na Inglaterra a fazer da história uma realização literária –, é sobretudo como autoridade em questões de estilo que aqui aparece David Hume, cujo sereno ceticismo marcou fundamente a mentalidade de seu tempo. O autor de *An Enquiry Concerning Human Understanding*, continuador dos estudos de Locke e de Descartes, praticou, segundo Lytton Strachey, "como ninguém a divina arte da imparcialidade", porque possuiu no mais alto grau a tolerância e a isenção, o dom de desinteressar-se e como que se esquecer de si mesmo. Talvez o levasse a isso a certeza a que chegara da incapacidade da razão humana para apreender a verdade, e da fragilidade do eu, constituído apenas de sucessivos estados de consciência.

Escocês de origem, Hume tentou o comércio em Bristol, foi, em Paris – onde se ligou aos intelectuais, tendo ficado amigo de Jean-Jacques Rousseau –, secretário do embaixador inglês, mas passou em Edimburgo, como bibliotecário da Corporação dos Advogados, a maior e a mais produtiva parte de sua vida.

Em tudo muito diverso de Hume, procurou também – mas sem conseguir – alhear-se de si o admirável Charles Lamb, autor dos *Tales from Shakespeare* e dos *Essays of Elia*, páginas das mais perfeitas da literatura inglesa. Pelo menos assim faz crer a disparidade entre a penetrante sensibilidade que revela como crítico e os assuntos triviais que, com finuras dignas de melhor emprego, escolhia para a sua prosa criadora. "Capaz de compreender e analisar o *Rei Lear*", dirá dele um crítico, "quando fala por si mesmo põe-se a fazer uma dissertação sobre porco assado". A impressão de que receava deixar perceber as suas íntimas preocupações se fortalece quando se sabe da tragédia desse escritor discretamente risonho: a loucura de uma irmã que, num acesso furioso, matara a mãe e ferira o pai, e a cujo cuidado Lamb se devotou inteiramente.

Já seu amigo William Hazlitt não conheceu as mesmas dolorosas limitações; temperamento espontâneo, os escritos lhe refletem as paixões, as simpatias e antipatias. Os seus ensaios críticos, que abrangeram praticamente todos os escritores desde a época de Elizabeth até a sua, contribuíram largamente para o entendimento de Shakespeare, assim como para o movimento romântico na Inglaterra.

Ao seu grupo e às suas tendências aderiu Leigh Hunt, cujo ensaio "Que é poesia?" expõe com extrema clareza os credos estéticos da escola romântica. Editor, diretor de revistas literárias, a ação de Hunt foi decisiva para a renovação literária que então se operava na Inglaterra, especialmente para a compreensão de Coleridge, Keats, Shelley e Byron. Espírito liberal, o seu jornal *The Examiner* se tornou um dos principais órgãos do Partido Whig,[3] e a sua franqueza de opiniões lhe valeu perseguições e até, uma vez, a prisão, por irreverência para com o príncipe de Gales.

Embora tenha escrito ensaios, e aqui por isso figure, será dar de Thomas Carlyle uma ideia absolutamente falsa chamá-lo de ensaísta. Longe dele ficaram sempre o equilíbrio, a delicadeza, a medida, a flexibilidade que tal título sugere. Ao contrário, tudo nele foi excessivo. O seu estilo enfático não se adaptava a serenos comentários, a sua grande voz, de hebraico timbre profético, exigia a exaltação, a sua visão do mundo, grandiosa e severa, procurando no homem traços quase divinos, não se ajustava ao relativismo do ensaio. De imensa influência no momento, tendo imposto o seu cunho à prosa vitoriana, o seu pensamento foi todavia logo ultrapassado porque, em seu reacionarismo, defendeu a aristocracia quando se fortalecia a democracia, e louvou as virtudes da guerra quando estas se iam tornando cada vez mais catastróficas.

O ensaio estava muito mais próximo da personalidade de Thomas Babington Macaulay, nome que comumente se associa ao de Carlyle, por terem sido tão concordantes as suas atividades como discordantes os seus feitios. Pouco imaginativo, tranquilo nas suas convicções, de calma acuidade nas suas observações, escrevendo de modo tão preciso que alguém lhe qualificou a "metálica exatidão" de "um dos mais notáveis produtos da Revolução Industrial", Macaulay, dedicado à história, embora tentasse também a poesia, deixou todavia alguns sólidos ensaios em que uma certa frieza é grandemente compensada pela clareza e pelo lógico encadeamento

---

3. Referência ao partido que, entre os séculos 16 e 18, reunia na Inglaterra os liberais, em oposição aos conservadores do Tory Party. [N. do E.]

da exposição. O que neste volume se lê, sobre Frederico, o Grande, apresenta os sucessos históricos com um vívido interesse de ficção.

A Carlyle liga-se também James Anthony Froude, que, dominado na mocidade pela influência do cardeal Newman, se deixou depois empolgar pelo autoritário e puritano escocês, de quem foi, judicialmente, testamenteiro, mas intelectualmente herdeiro. Tinha alguma coisa do ímpeto furibundo do mestre – cuja figura foi entretanto acusado de deformar, em polêmica famosa – e, seguindo-lhe o exemplo, interpretou a história, na qual se especializou, de modo idealista, como fonte sobretudo de ensinamentos morais. O ensaio com que aqui comparece, excelente e sempre oportuno, mostra-o todavia muito vivo e ágil, melhor dotado para o gênero do que o seu tão admirado amigo.

Com John Ruskin, tão amado por Proust, e Walter Pater – que tentou "exprimir o romanesco em forma clássica" nos seus admiráveis ensaios sobre a Renascença –, vemos o ensaio tomar uma feição mais estética, tanto na maneira de escrever como nos temas tratados, servir às sutis análises críticas a que tão bem se harmoniza. Em busca não mais da natureza humana, como Montaigne, mas da beleza e da emoção artística, Ruskin e Pater usaram, com arte talvez um pouco requintada, da sua finura de ensaístas para sugerir maravilhosas perspectivas de felicidade, abertas pelo bom uso dos sentidos. Mas, embora algum tanto aristocrata pela cultura, Ruskin, que conquistou fama sobretudo como crítico de arte e campeão dos pré-rafaelistas, não se contentou com a pregação intelectual. Sonhando com uma vida mais simples e próxima da natureza, confiou a um jovem operário de talento a direção de uma tipografia e de uma editora que custeava, fundou uma corporação de trabalhadores, tentou restabelecer as indústrias manuais de fiação, e nisso despendeu toda a sua fortuna. Como escritor, entretanto, os motivos estéticos foram sempre os que mais o atraíram.

É possível que provenham primacialmente das épocas diferentes em que viveram as diferenças entre os primeiros e os últimos ensaístas aqui apresentados. Entre a Inglaterra de Elizabeth e a de Vitória, entre a era dos descobrimentos e a industrial, o homem há de ter aprendido que não lhe basta o conhecimento do mundo e de si mesmo, que não lhe basta a liberdade de discernir e julgar; é necessário também, por vezes, fugir de si mesmo, do cotidiano, e encontrar abrigo na admiração. O homem do século 19 já não era, como o do século 16, a medida de todas as coisas; com o progresso técnico, novas forças, tão avassaladoras como as do obscurantismo, o ameaçavam e tornavam hostil o mundo.

O encontro com Walter Bagehot, tão louvado pelo nosso Joaquim Nabuco, que explicou com magistral clareza o funcionamento das instituições britânicas, parece nos fazer voltar ao confortável bom senso, o bom senso que é a base do gênio britânico e do ensaio. Mas, atentando melhor à personalidade desse economista que foi, como os nossos estadistas da Independência, um monarquista de razão, veremos que também ele temia os riscos do capitalismo; é pelo menos o que se conclui da sua advertência contra a rapidez do progresso técnico, do seu conselho de seguirem as nações ocidentais, sob certos aspectos, o exemplo da China.

Apontados perfunctoriamente os traços principais dos autores neste livro reunidos, logo ressalta a sua diversidade; que todos se possam, com maior ou menor rigor, dizer ensaístas é prova segura da mobilidade e complexidade do ensaio, antes atitude mental do que propriamente gênero literário. Atitude mental que, em última análise, significa o desejo de tudo compreender, de captar a realidade, seja ela espiritual ou material, em todas as suas faces. Filósofos e críticos, historiadores e jornalistas, todos serão ensaístas na medida em que tratarem os seus temas de modo mais inquiridor do que normativo. Essa posição, tão frequentemente assumida pelos historiadores no longo período aqui evocado através de algumas das suas principais figuras, talvez sofra um recuo em nosso século, que vai revelando uma perigosa tendência afirmativa e até dogmática.

Sem dúvida, e para não sairmos da Inglaterra, vimos em nossos dias um G.K. Chesterton, polemista, e polemista católico, demonstrar em muitas ocasiões a tolerância do ensaísta, vimos um Lytton Strachey renovar a biografia pelo tom de ensaio que lhe emprestou. Mas não nos esqueçamos de que ambos ainda vieram da centúria passada.

Sobre os ensaístas de periódicos

William Hazlitt

É pelo homem que se estuda a humanidade.
ALEXANDER POPE

Passo agora a falar sobre essa espécie de escrita que tem sido cultivada com tanto êxito neste país pelos nossos ensaístas de periódico, e que consiste em aplicar os talentos e recursos intelectuais em toda aquela variada gama de assuntos humanos que, apesar de não pertencerem a nenhuma arte, ciência ou profissão habituais, são do conhecimento do escritor e "afetam profundamente os afazeres e o âmago dos homens".[1] *Quicquid agunt homines nostri farrago libelli*[2] é o mote geral deste tipo de literatura. Não trata de minérios ou fósseis, dos efeitos das plantas ou da influência dos planetas; tampouco se intromete nas formas de crença ou nos sistemas filosóficos, nem mesmo no mundo espiritual; mas torna familiar o mundo de homens e mulheres; registra suas ações; assinala seus motivos; exibe seus caprichos; caracteriza suas atividades em toda a sua singular e infinita variedade; ridiculariza seus absurdos; expõe suas inconsistências, "exibe um espelho à natureza, mostra ao corpo e à idade do tempo a impressão de sua forma";[3] toma nota de nossas vestimentas, ares, fisionomias, palavras, pensamentos e ações; mostra-nos o que somos e o que não somos; exibe diante de nós todo o teatro da vida humana e, ao nos tornar espectadores esclarecidos de suas cenas multicoloridas, nos dá (quando possível) a capacidade de nos tornarmos agentes razoavelmente sensatos nas cenas em que temos um papel a representar.

1. Francis Bacon, "Dedication to Buckingham", *in Complete Essays*. Todas as notas se referem à edição da Dover Publication, Mineola: Nova York, p. 1. [N. do T.]
2. "Que entre na compilação do meu livro o que os homens fazem", das *Sátiras de Juvenal*. Essas palavras serviram de lema para os primeiros 40 números de *The Tatler*. [N. do T.]
3. William Shakespeare, *Hamlet*, ato III, cena 2. *Teatro completo: tragédias*. Trad. Carlos Alberto Nunes. Rio de Janeiro: Agir, 2008, p. 574.

"A parte prática da vida/ aqui domina tudo o que é teórico."[4] É o melhor e o mais natural campo de estudo. Ele está para a moral e os costumes assim como o experimento está para a filosofia natural, em oposição ao método dogmático. Não negocia com cláusulas severas sobre proscrições e anátemas, mas com distinções sutis e criações liberais. Suas apreciações gerais são feitas a partir de detalhes, suas poucas teorias a partir de fatos diversos. Não tenta provar, como bem entende, que tudo é preto ou branco, antes espalha aquelas cores intermediárias (que na maioria das vezes não são desagradáveis), pois as encontra "na teia de nossa vida, que é composta de fios misturados: de bens e de males".[5] Investiga a vida humana como ela é e como tem sido, para então mostrar como deveria ser. Antes de se atrever a distinguir o certo do errado, isto daquilo, ele persegue a vida nas cortes e nos acampamentos; na cidade e no campo; nos divertimentos rurais e nas disputas entre eruditos; nos muitos matizes do preconceito ou ignorância, do refinamento ou barbárie; nos refúgios privados e nos cortejos públicos, em sua fraqueza e pequeneza, em suas ocupações e práticas. De fato, como poderia ser diferente?

> *Quid sit pulchrum, quid turpe, quid utile, quid non,*
> *Plenius et melius Chrysippo et Crantore dicit.*[6]

Os escritores sobre os quais me proponho a falar, se não são filósofos morais, são historiadores morais, o que é melhor. Ou, quando são as duas coisas, têm o caráter de um moldado sobre o do outro. Suas premissas precedem suas conclusões; e damos créditos aos seus testemunhos, pois sabemos que são verdadeiros.

---

4. *Idem, Henrique v*, ato I, cena I. Trad. Barbara Heliodora. Rio de Janeiro: Lacerda, 2006, p. 22. [N. do T.]
5. *Idem, Bem está o que bem acaba*, ato IV, cena 3. *Teatro completo: comédias, op. cit.*, p. 510. [N. do T.]
6. "Melhor, mais fácil/ Que Crantor, ou Crisippo, ele me ensina/ O que é útil, nocivo, torpe e honesto". Horácio, *Epístola II*. Trad. António Luís de Seabra. [N. do T.]

Montaigne foi o primeiro que, com seus *Ensaios*, abriu caminho entre os modernos a esse gênero de escrita. O grande mérito de Montaigne foi o de ter sido o primeiro a ter a coragem de dizer, como autor, o que sentia como homem. E, já que a coragem frequentemente é o efeito de uma força consciente, ele provavelmente foi levado a se expressar desse modo pela riqueza, verdade e vigor de suas próprias observações sobre livros e homens. Foi, no sentido mais verdadeiro, um homem de mente original, isto é, dotado do poder de ver as coisas por si mesmo ou como elas realmente são, em vez de confiar e repetir cega e credulamente o que os outros lhe disseram a respeito delas. Descartou o palanquim de preconceitos e afetações, com os cacarecos de erudição aderidos ao calcanhar, porque podia caminhar com os próprios pés. Ao segurar a pena, não se pretendeu filósofo, homem de espírito, orador ou moralista, mas foi um pouco de tudo isso pela simples ousadia de dizer, em sua pura simplicidade e força, o que quer que lhe passasse pela cabeça e que considerasse digno de ser comunicado. Não se incumbiu da tarefa de dizer, por intermédio da figura abstrata de um autor, tudo o que pode ser dito sobre um tema, mas disse tudo o que sua habilidade de inquiridor da verdade lhe fez conhecer. Não foi pedante, tampouco fanático. Não se supunha conhecedor de todas as coisas, tampouco acreditava que todas as coisas devessem se conformar à sua fantasia ou ao que supostamente devessem ser. Ao falar dos homens e de suas maneiras, tomou-os tais como os encontrou, e não segundo uma noção preconcebida ou dogmas abstratos; e começou nos ensinando quem ele era. Ao examinar os livros, ele não os comparou a regras e sistemas, mas nos contou seus gostos e aversões. Seu padrão de excelência não seguia "a escala exata"[7] de Aristóteles, tampouco se afastava de uma obra que serve para algo, porque "nenhum dos ângulos, nos quatro cantos, era um ângulo reto".[8]

7. Laurence Sterne, *A vida e as opiniões do cavalheiro Tristram Shandy*. Trad. José Paulo Paes. São Paulo: Companhia das Letras, 1998. [N. do T.]
8. *Ibidem*.

Em outras palavras, Montaigne foi o primeiro autor não fazedor de livros e o primeiro que escreveu não para converter os outros a crenças e preconceitos estabelecidos, mas para satisfazer a própria mente com a verdade das coisas. Sob esse aspecto, ficamos na dúvida de quem tem mais charme: o autor ou o homem. Há uma indizível franqueza, uma sinceridade e um poder naquilo que ele escreve. Não há ali nenhum esforço de se impor ou de dissimular; nenhum malabarismo ou palavreado solene; nenhuma tentativa laboriosa de afirmar que está sempre certo e os outros, errados; diz o essencial, expõe tanto o que paira na superfície quanto o que se oculta na profundeza de seus pensamentos, e merece a descrição que Pope fez dele quando disse que:

– Extravasa tudo francamente
 Direto como Shippen ou como o velho Montaigne.[9]

Ele não conversa conosco como um pedagogo conversa com seu pupilo, a quem deseja transformar num cabeça-dura igualzinho a si mesmo, mas como um filósofo e amigo que passou pela vida com pensamentos e observações e que agora se dispõe a ajudar os outros a passar por ela com contentamento e proveito. Um escritor desse timbre, devo dizer, parece-me muito superior ao simples rato de biblioteca, assim como uma biblioteca de livros reais é superior a uma mera estante de livros pintados com os títulos de obras célebres gravados nas lombadas. Por ter sido o primeiro a abrir caminho nessa nova maneira de escrever, o mesmo impulso forte e natural que o impeliu a dar início ao seu empreendimento o conduziu ao fim de sua caminhada. A mesma força e honestidade de espírito que o urgiu a se libertar dos grilhões do costume e do preconceito fez com que triunfasse sobre eles. Deixou muito pouco a ser alcançado por seus sucessores

---

[9]. Alexander Pope, "Epistle to Cobham", ll. 146-147, *The First Satire of the Second Book of Horace*. [N. do T.] Não é fácil dizer o porquê de Pope ter dito a seguinte frase em referência a Montaigne: "Ou o mais sábio Charron". [N. do A.]

em matéria de especulação justa e original sobre a vida humana. Quase tudo o que se pensou nos dois últimos séculos sobre aquilo que os franceses chamam de *morale observatrice* já estava nos *Ensaios* de Montaigne; ao menos o germe já estava lá, mas em geral havia bem mais do que isso. Semeou e limpou o terreno mesmo onde outros haviam colhido o fruto; ou cultivou e embelezou o solo com mais esmero e perfeição. A mais ninguém o antigo adágio latino se aplica melhor do que a Montaigne: "*Pereant isti qui ante nos nostra dixerunt*".[10] Não houve novo impulso para o pensamento desde sua época. Entre os exemplos de crítica a autores que ele nos deixou, as de Virgílio, Ovídio e Boccaccio se encontram nas apreciações de livros que ele considera dignos de leitura ou (o que dá na mesma) que acredita poder ler na velhice, e elas devem ser consideradas entre as poucas críticas dignas de serem lidas em qualquer época.[11]

---

10. "Pereçam os que expressaram as nossas ideias antes de nós". Dito atribuído ao gramático Élio Donato. Trad. Paulo Rónai, *in Não perca o seu latim*. Rio de Janeiro: Nova Fronteira, 2002. [N. do T.]

11. Como exemplo de seu poder geral de raciocínio, cito o ensaio intitulado "De como o que beneficia um prejudica o outro", no qual ele praticamente antecipa o célebre paradoxo de Mandeville sobre os vícios privados e os benefícios públicos. "Dêmande, de Atenas, condenou um homem de sua idade que comerciava com coisas necessárias aos enterros, acusando-o de tirar disso lucro excessivo, somente auferível da morte de muitas pessoas. Tal julgamento não me parece muito equitativo, pois não há benefício próprio que não resulte de algum prejuízo alheio e, de acordo com aquele ponto de vista, qualquer ganho fora condenável. O mercador só faz bons negócios porque a mocidade ama o prazer; o lavrador lucra quando o trigo é caro; o arquiteto, quando a casa cai em ruínas; os oficiais de justiça, com os processos e disputas dos homens; os próprios ministros da religião tiram honra e proveito de nossa morte e das fraquezas de que nos devemos redimir; nenhum médico, como diz o cômico grego [Filêmon] da Antiguidade, se alegra em ver seus próprios amigos com saúde; nem o soldado, seu país em paz com os povos vizinhos. Assim tudo. E o que é pior, quem se analisa a si mesmo verá no fundo do coração que a maioria de seus desejos só nascem e se alimentam em detrimento de outrem. Em se meditando a propósito, percebe-se que a natureza não foge, nisso, a seu princípio essencial, pois admitem os físicos que toda coisa nasce, se desenvolve e cresce em consequência da alteração e corrupção da outra: 'Logo que uma coisa qualquer muda de maneira de ser, disso resulta imediatamente a morte do que era antes'." *In* Michel de Montaigne, *Ensaios*, livro I, XXI. Trad. Sérgio Milliet. Rio de Janeiro: Globo, 1961, p. 180. [N. do A.]

Os *Ensaios* de Montaigne foram traduzidos para o inglês por Charles Cotton, um perspicaz poeta que viveu durante o reinado de Carlos II.[12] Lorde Halifax, um nobre crítico daquele tempo, declarou que "nenhum outro livro do mundo lhe dava maior prazer".[13] Esse modo familiar de escrever ensaios, livre das amarras das escolas e do ar professoral da autoria, foi imitado com êxito, quase na mesma época, por Cowley e sir William Temple em suas miscelâneas de ensaios, que são como conversas agradáveis e eruditas sobre o papel. Lorde Shaftesbury, pelo contrário, embora pretendesse alcançar o mesmo modo natural e *degagé* de comunicar seus pensamentos ao mundo, estragou sua matéria, por vezes valiosa, com suas maneiras, isto é, com um estilo extremamente insolente, florido, figurativo, fugaz e de uma amável condescendência para com o leitor; o que é ainda mais torturante do que a mais engomada e ridícula formalidade do reinado de Jaime I.[14] Nada aborrece mais que afetação de naturalidade ou liberdade por afetação.

Uma vez quebrado o gelo e rompida a barreira que mantinha o autor à distância do senso e do sentimento comuns, não foi difícil a transição de Montaigne aos seus imitadores, nossos Ensaístas de Periódico. Estes últimos fizeram o ajuste da livre expressão de seus pensamentos às cenas mais imediatas e passageiras da vida, a tópicos temporários e locais; e com o intuito de exercer mais livremente e com menos responsabilidade o ofício

---

12. A tradução de Montaigne feita por Charles Cotton foi publicada em três volumes entre 1685 e 1686. Há, contudo, uma tradução inglesa anterior, de John Florio (1603).
13. A tradução de Cotton foi dedicada a George Savile, marquês de Halifax (1633-1695), político e escritor, em cuja resposta à dedicatória disse sobre os *Ensaios*: "Nenhum outro livro do mundo me causa um prazer maior".
14. A edição das obras de Cowley, publicada em 1668, um ano após a morte do autor, inclui o livro *Several Discourses by Way of Essays, in Verse and Prose*, obra que faria a fama do autor. *Miscellanea*, de sir William Temple (1628-1699), foi publicada nos anos de 1680, 1690 e 1701. Anthony Ashley Cooper, terceiro conde de Shaftesbury (1671-1713), publicou seu *The Moralist* em 1709 e *Characteristics of Men, Manners, Opinions and Time* em 1711.

desagradável de *Censor Morum*, eles adotaram disfarces fictícios e humorísticos, os quais, no entanto, correspondiam em grande medida aos seus hábitos e caráter peculiares. Assim, ao ocultar seus nomes e personalidades sob os títulos de *The Tatler*, *The Spectator* etc., foram capazes de nos informar melhor o que se passava no mundo; ao mesmo tempo, o contraste dramático e o ponto de vista irônico ao qual tudo era submetido adicionavam jovialidade e tempero às suas descrições. O filósofo e homem de espírito encontra o fofoqueiro, faz de si mestre "do instante mais propício à empreitada"[15] e, de suas muitas andanças e voltas da vida, traz de volta para casa pequenos espécimes curiosos de humores, opiniões e costumes de seus contemporâneos, assim como o botânico traz de volta para casa diferentes plantas e sementes, e o mineralogista, diferentes conchas e fósseis, para ilustrar suas respectivas teorias e ser úteis à humanidade.

A primeira tentativa de lançar um desses folhetins neste país foi a de Steele no começo do século passado,[16] e, de todos os ensaístas de periódico, *The Tatler*[17] (pois foi este o nome que adotou) sempre me pareceu o mais divertido e agradável. Montaigne, que propus ser o pai fundador desse tipo de escrita pessoal entre os modernos – em que o leitor é admitido nos bastidores e se senta com o escritor vestido de camisolão e chinelos –, foi o mais magnânimo e sincero egotista; mas Isaac Bickerstaff, Esq.,[18] foi o linguarudo mais desinteressado dos dois. O autor francês se limita

---

15. William Shakespeare, *Macbeth*, ato III, cena I. Trad. Manuel Bandeira. São Paulo: Cosac Naify, 2009, p. 82. [N. do T.]
16. Século 18. [N. do T.]
17. *The Tatler* ("o mexeriqueiro" ou "o fofoqueiro") é a matriz de todas as revistas de ensaios, inclusive da **serrote**. Criado por Richard Steele, o periódico semanal circulou por Londres de 12 de abril de 1709 a 2 de janeiro de 1711. Sob a *persona* literária de Isaac Bickerstaff, os ensaios foram escritos por Steele, Joseph Addison e, em menor número, Jonathan Swift. Em 1711, apareceu a primeira edição em livro do *Tatler*, e desde então a obra vem sendo reeditada. [N. do T.]
18. Abreviação de Esquire, título de cortesia que se acrescenta a um nome quando precedido de sr., dr. etc. Outro sentido da palavra, raro hoje em dia, corresponde a um acompanhante de mulher. [N. do T.]

a descrever a peculiaridade de sua própria mente e constituição, e o faz com mãos copiosas e pródigas. O jornalista inglês bondosamente revela aos seus leitores o segredo dos seus afazeres, assim como o dos outros. Uma jovem senhorita, do outro lado de Temple Bar, não pode ser vista acompanhada à sua janela por metade do dia, mas sr. Bickerstaff tomou nota disso; ele é o primeiro a entender os sintomas da *belle* paixão que se manifestam nos jovens cavalheiros de West End. As chegadas e partidas de viúvas com suas generosas heranças, seja para enterrar seus pesares no campo ou para conseguir um segundo marido na cidade, eram registradas com pontualidade em suas páginas. Ele conhece bem as célebres beldades mais antigas, do tempo da corte de Carlos II; e o velho cavalheiro (como ele finge ser) com frequência se faz romântico ao contar "algum sucesso triste por que passara sua mocidade",[19] com um movimento oblíquo dos olhos e seus incontáveis caprichos. Ele se demora com satisfação ao recordar um de seus amores em especial, uma jovem que o deixou por um rival mais rico, em cujas frequentes censuras ao marido, por ocasião de alguma briga entre eles, dizia: "Eu, que poderia ter me casado com o famoso sr. Bickerstaff, sendo tratada desta maneira!". O clube de Trumpet era frequentado por um grupo de pessoas quase tão dignas de nosso conhecimento quanto ele. A cavalgada da justiça e da paz, o cavaleiro do condado, o fidalgo rural e o jovem cavalheiro, seu sobrinho, que o esperou em seu gabinete com tanta presteza e cerimônia, não parecem ter fixado a ordem de suas prioridades até o momento; e eu gostaria de imaginar que o estofador e seus companheiros – que costumavam aquecer-se ao sol no Green Park e que arruinaram sua tranquilidade e suas fortunas para manter a balança do poder na Europa – tivessem a mesma chance de ser imortais do que alguns políticos de hoje. Sr. Bickerstaff é ele próprio um *gentleman* e um douto, um humorista e um homem do mundo, com um alto grau de sincera

---

19. William Shakespeare, Otelo, ato I, cena 3. *Teatro completo: tragédias, op. cit.*, p. 616.

naïveté em torno de si. Se saísse à rua e fosse apanhado pela chuva, compensava o infeliz acidente com uma referência sobre o tema em Virgílio e concluía com um número de versos burlescos sobre a chuva na cidade. Ele nos entretém, quando escreve de seu próprio apartamento, com uma citação de Plutarco ou uma reflexão moral; com política, no Grecian Coffee-House; com poetas e jogadores, elegantes e agradáveis homens que passeiam pela cidade, em Wills' ou em Temple. Ler as páginas do *Tatler* é como se tivéssemos sido subitamente transportados à época da rainha Ana, de peruca longa, cacheada e branca. Toda a nossa indumentária e nossas maneiras passam por uma agradável metamorfose. Homens finos e beldades eram muito diferentes naqueles tempos em comparação com os de hoje; reconhecemos os elegantes, os espertos e os garbosos passando pelas vitrines da loja de sr. Lilly, na rua Strand; somos apresentados a Betterton e a sra. Oldfield por detrás do pano; tornamo-nos íntimos da personalidade e das atuações de Will Estcourt ou de Tom Durfey;[20] ouvimos uma briga na taverna sobre os méritos do duque de Marlborough ou do marechal Turenne; assistimos ao primeiro ensaio de uma peça de Vanbrugh ou à leitura de um novo poema de sr. Pope. O privilégio de ser assim virtualmente transportado a épocas passadas é ainda maior do que o de visitar lugares distantes e reais. Mais valeria ver Londres de 100 anos atrás do que Paris nos tempos de hoje.

Alguns dirão que encontramos tudo isso, em igual ou em maior grau, no *Spectator*.[21] Quanto a mim, não penso dessa maneira; ou, pelo menos, há neste um número proporcionalmente

---

20. Richard Estcourt (1688-1712), ator e dramaturgo, e Thomas D'Urfey (*c.* 1653-1723), dramaturgo e compositor. Ver *The Tatler*, n. 20 (26.05.1709) e n. 11 (05.05.1709).
21. *The Spectator* foi um periódico diário lançado por Richard Steele e Joseph Addison logo após o término do *Tatler*. De duração mais curta que este, *Spectator* circulou de 1 de março de 1711 a 6 de dezembro de 1712. Todavia, seu impacto foi ainda mais decisivo na cultura ocidental. Em 1712-1715, os ensaios foram reunidos em livros e, em pouco tempo, traduzidos para outros idiomas ou imitados em vários países da Europa. [N. do T.]

maior de lugares-comuns. Por isso, sempre preferi *The Tatler* a *The Spectator*. Talvez por ter conhecido antes ou melhor um do que o outro, meu prazer ao ler essas duas admiráveis obras não é proporcional às respectivas reputações. *The Tatler* tem apenas metade dos números do *Spectator* e, arrisco-me a dizer, quase a mesma quantidade de humor autêntico e inteligência. "Os primeiros refluxos alegres"[22] já estão lá; nele se sente mais o espírito original, o frescor e a marca da natureza. As indicações de personalidade e as tiradas de humor são mais verdadeiras e mais frequentes; as reflexões se insinuam mais espontaneamente e não se prolongam em habituais dissertações. Parecem-se mais com os comentários que surgem numa conversa inteligente do que com uma palestra. O leitor divide a tarefa da compreensão com o escritor. Steele parece ter se fechado em seu gabinete sobretudo para colocar no papel o que observou do lado de fora. Addison parece ter passado boa parte de seu tempo trancafiado em seu estúdio, prolongando e esticando ao máximo as sugestões que tomou emprestadas de Steele ou de suas próprias observações da natureza. Longe de querer depreciar os talentos de Addison, quero apenas fazer justiça a Steele, que, em minha opinião, foi de modo geral um autor menos artificial e de maior originalidade. As descrições humoradas de Steele lembram *sketches* ou fragmentos de uma comédia; as de Addison são antes comentários ou paráfrases engenhosas do texto original. Os personagens do clube, tanto no *Tatler* quanto no *Spectator*, foram delineados por Steele. Entre eles, sir Roger de Coverley. No entanto, Addison obteve honra imortal pelo modo como preencheu as linhas desse personagem. Quem poderia esquecer ou ficar insensível aos incontáveis e inomináveis gracejos e aos numerosos traços de sua natureza e de seu caráter inglês antigo – sua modéstia, generosidade, hospitalidade e seus caprichos excêntricos –, ao respeito pelos vizinhos e o afeto pelos criados; à paixão secreta, obstinada e irrealizável que nutria pela bela inimiga, a viúva, em quem se

---

22. John Dryden, *Aureng-zebe*, ato IV, cena I, ll. 41-42.

encontra mais do verdadeiro romance e da sincera delicadeza do que em mil contos de cavalaria (podemos ver o rubor febril em seu semblante, o balbucio de sua língua ao falar do jeito encantador dela e da "alvura de suas mãos"[23]); ao estrago que causou na caça no terreno dos vizinhos; ao discurso na bancada, para mostrar ao *Spectator* o que pensavam a seu respeito no campo; à sua relutância em aceitar que fosse usado como uma placa de sinalização e em ver seu semblante transformado num rosto sarraceno; à reprovação cordial a uma cigana atrevida quando esta lhe dissera que "ele teria uma viúva em seu encalço pelo resto da vida";[24] às dúvidas sobre a existência de feitiçaria e a proteção de algumas bruxas de grande renome; à descrição de retratos familiares e da escolha de um capelão; ao dia em que, tendo dormido na igreja, reprovou John Williams, após despertar do cochilo, por conversar durante o sermão? Will Wimble e Will Honeycomb não ficam nem um pouquinho atrás de seu amigo sir Roger, em delicadeza e graça. A simplicidade encantadora e a intromissão bem-humorada de um são realçadas pela afetação graciosa e a presunção cortês do outro. Há quanto tempo travei contato com esses dois personagens no *Spectator*! Quão antigos são esses meus amigos, e, no entanto, nunca me cansei deles como me cansei de tantos amigos reais, nem eles se cansaram de mim! Quão etereamente essas abstrações não flutuam da pena do poeta, acima do alvorecer do nosso conhecimento da vida humana!, como fulguram nas cores mais belas na paisagem diante de nós!, como nelas permanecem puros até o fim, como um arco-íris sobre a nuvem ao entardecer, que as mãos rudes do tempo e da experiência não podem manchar ou dissipar! Uma pena que a realidade nos seja inacessível, mas, se não o fosse, o sonho acabaria. Acreditei outrora ter conhecido um Will Wimble e um Will Honeycomb, mas com o tempo eles se mostraram indiferentes; os originais, no *Spectator*, continuam, palavra por palavra,

---

23. *The Spectator*, n. 113, 10.07.1711.
24. *Idem*, n. 130, 30.07.1711.

os mesmos de sempre. Basta virar as páginas e os encontramos ali onde os deixamos! – Deve-se observar que muitas das peças mais requintadas do *Tatler* foram escritas por Addison, como a "Corte de Honra",[25] a "Personificação dos Instrumentos Musicais", e decerto quase todos aqueles artigos que formam conjuntos ou séries completas. Não sei ao certo se pertence a Steele ou a Addison, porém creio que a Steele, o retrato de família, no *Tatler*, de um antigo companheiro de colégio, no qual as crianças correm para receber sr. Bickerstaff à porta, e aquela que perde a corrida se vira para o pai e anuncia a chegada do amigo com todas as amáveis nuances de incredulidade de um garoto às voltas com Guy of Warwick e Seven Champions,[26] e balança a cabeça descrente das improbabilidades nas *Fábulas* de Esopo. São inquestionavelmente de Steele os relatos de duas irmãs, uma que mantinha a cabeça empinada mais do que o normal graças a um par de cintas-ligas floridas, e a da senhorita casada que se queixou ao *Tatler* da negligência do marido, como resposta a questões *domésticas* a ela endereçadas. Se *Tatler* não é inferior a *Spectator* enquanto registro dos costumes e personagens, ele o supera em interesse por suas incontáveis histórias. Muitos dos incidentes narrados ali por Steele, de partir o coração com o infortúnio alheio, jamais foram superados. Poderia me referir, por exemplo, àquele dos amantes que estavam no teatro que pegou fogo; do noivo que matou acidentalmente a noiva no dia do casamento; do caso de sr. Eustace e sua mulher; e dos adoráveis sonhos que ele tinha com sua própria amada quando jovem. A reputação de superioridade de *Spectator* se deve à maior seriedade de suas pretensões, suas dissertações morais e seus raciocínios críticos, motivos pelos quais me considero menos edificado por esta obra do que por outras mais leves. Sistemas e opiniões mudam, mas a natureza

---

25. Addison criou a "Corte de Honra" em *The Tatler*, n. 250 (14.11.1710).
26. Guy of Warwick é o herói inglês de uma narrativa romanesca que foi popular na Inglaterra e na França entre os séculos 13 e 17. *The Seven Champions of Christendom* conta a história dos santos patronos da Inglaterra, Escócia, Irlanda, França, Espanha, Portugal e País de Gales. [N. do T.]

é sempre verdadeira. É o tom moral e didático de *Spectator* que nos torna predispostos a ver Addison (segundo o sarcasmo de Mandeville) como "um pároco de peruca".[27] Muitos de seus ensaios morais são, contudo, extremamente belos e bastante felizes. Por exemplo, as reflexões sobre a alegria, sobre a Abadia de Westminster, sobre a Royal Exchange e, sobretudo, aquelas muito comoventes, do quarto volume, sobre a morte de uma jovem dama. Esses exemplos, devemos admitir, são a perfeição na arte do sermão elegante. Seus ensaios críticos não são assim tão bons. Prefiro as ocasionais seleções de Steele de belas passagens poéticas, sem qualquer afetação em analisar suas belezas, às teorias excessivamente sutis de Addison. O melhor ensaio crítico no *Spectator*, aquele sobre os *Cartões de Rafael*, do qual sr. Füssli tirou proveito com grande espírito em suas *Lições*, foi escrito por Steele.[28] Devo esse reconhecimento a um escritor que com frequência me deixava de bom humor comigo mesmo e com as coisas que me cercavam, quando quase nada era capaz disso e quando os tomos de casuística e de história eclesiástica – dos quais o pequeno volume em duodécimo do *Tatler* encontrava-se rodeado e esmagado na única biblioteca à qual eu tinha acesso nos meus dias de menino – colocavam à prova seus efeitos tranquilizantes sobre mim em vão. Não faz muito tempo, tive em mãos, graças a um amigo, uma cópia original da edição in-quarto do *Tatler* com a lista dos assinantes. É curioso encontrar ali alguns nomes que jamais poderíamos imaginar (entre eles, o de sir Isaac Newton), e também observar o grau de interesse despertado por nomes tão diferentes; interesse esse que não era determinado segundo as regras da Herald College. Um nome literário perdura

---

27. Bernard Mandeville (1670-1733), autor da *Fábula das abelhas*. O sarcasmo em questão aparece em *Life of Addison* [A vida de Addison], de Samuel Johnson. (Hill, v. II, p. 123).
28. Creio que o estilo antitético e os paradoxos verbais de que Burke tanto gostava, nos quais o epíteto está em aparente contradição com o substantivo, como em: "A submissão orgulhosa e a obediência digna" [Burke, *Reflections on the French Revolution*], apareceram primeiro no *Tatler*. [N. do A.]

tanto tempo quanto toda a raça de heróis e seus descendentes! *The Guardian*, periódico que sucedeu *Spectator*, é inferior a ele, como se poderia imaginar.

O fraseado dramático e coloquial que constitui o traço distintivo e o maior charme do *Spectator* e do *Tatler* desapareceu em *The Rambler* de dr. Johnson.[29] Sobre a vida humana, não incide nem uma luz refletida de um personagem fictício, nem uma luz direta da exibição do próprio autor. *Tatler* e *Spectator* foram, por assim dizer, compostos de notas e memorandos dos eventos e incidentes de sua época, com estudos irretocáveis de acordo com a natureza, e personagens recém-saídos da vida, sobre os quais o escritor faz reflexões morais e dos quais tira proveito assim que aparecem diante dele; *Rambler*, por sua vez, é uma compilação de ensaios morais ou de teses escolásticas escritas sobre um conjunto de temas nos quais os personagens e os incidentes individuais atendem ao mero propósito artificial da ilustração, recolhidos para supostamente dar alívio à aridez de suas discussões didáticas. *Rambler* é um esplêndido e imponente *commonplace book* de tópicos gerais e declamação retórica sobre a conduta e as ocupações da vida humana. Nesse sentido, será difícil encontrar alguma reflexão que já não tenha sido sugerida nessa obra célebre, assim como dificilmente se encontrarão nela reflexões que já não tenham sido sugeridas e desenvolvidas por outro autor ou ao longo de uma conversa. O volume de riqueza intelectual ali reunido é imenso, todavia é mais o resultado de acumulação gradual, o produto do intelecto geral, mais trabalhado nas minas do conhecimento e da reflexão do que escavado da pedreira e trazido a lume pela indústria e sagacidade de uma única mente. Não digo que dr. Johnson tenha sido um homem desprovido de originalidade, sobretudo quando

---

29. *The Rambler* foi um periódico escrito quase inteiramente por Johnson e publicado em Londres todas as terças-feiras e sábados entre 20 de março de 1749 e 14 de março de 1752. Ao lado de *The Idler*, o periódico foi a principal contribuição do autor na escrita de ensaios, os quais tratam de temas diversos, como filosofia moral, política, religião, literatura e sociedade. [N. do T.]

o comparamos à classe costumeira de outras cabeças, mas ele não foi um homem de pensamento original ou um gênio como Montaigne ou lorde Bacon. Não abriu nenhum veio novo para uma mina preciosa, nem topou com pedras de tamanho e lustre incomuns. Raramente deparamos com algo que "nos põe suspensos";[30] ele não nos obriga a pensar logo de saída. Suas reflexões estão mais para reminiscências; não perturbam a marcha comum de nossos pensamentos; prendem nossa atenção pela pompa de sua aparência e pela suntuosidade de seus trajes, mas seguem seu curso e se misturam à multidão de nossas impressões. Após fecharmos um volume do *Rambler*, não lembramos de nada como uma nova verdade obtida pelo espírito, nenhuma marca indelével se imprime na memória; tampouco encontramos uma passagem que encarne algum princípio ou observação com tal força e beleza que só poderíamos fazer justiça à ideia do autor citando-o com suas próprias palavras. Muitas passagens assim podem ser encontradas, por exemplo, em Burke, passagens que brilham por luz própria, que não pertencem a classe alguma, sem igual, nem cópia, e das quais dizemos que ninguém além do autor teria sido capaz de escrevê-las! Não há em Johnson nem a mesma ousadia de propósito, nem a mesma maestria de execução. Em um, o lampejo de gênio parece ter se encontrado com sua matéria compatível: a seta é lançada; o relâmpago bifurcado veste a face da natureza com sorrisos fantasmagóricos, e o trovão estrondoso retumba bem longe da ruína que ele causou. O estilo do dr. Johnson, pelo contrário, mais se parece com a imitação do ribombar do trovão em um dos nossos teatros; a luz que ele projeta sobre um tema tem o efeito deslumbrante do fósforo ou de *ignis fatuus*[31] de palavras. Há, contudo, uma ampla diferença entre a perfeita originalidade e o perfeito lugar-comum; não se diz que as ideias e as expressões são gastas ou vulgares quando não são inteiramente

---

30. William Shakespeare, *Hamlet*, ato III, cena I. *Teatro completo: tragédias, op. cit.*, p. 572.
31. Expressão latina que se traduz por "fogo-fátuo". [N. do T.]

novas. A menos que se tornem inteiramente comuns, elas ainda têm valor e merecem ser repetidas; e tanto o estilo de raciocínio quanto as imagens de Johnson situam-se a meio caminho entre a originalidade surpreendente e o lugar-comum enfadonho. No pensamento, Johnson é tão original quanto Addison; mas lhe faltam a familiaridade de ilustrações, o conhecimento do caráter e o humor delicioso. O que mais distingue dr. Johnson de outros escritores é a pompa e a uniformidade do seu estilo. Todos os seus períodos foram forjados no mesmo molde, têm o mesmo tamanho e forma e consequentemente pouco ajuste para a variedade de coisas das quais ele se propõe tratar. Seus temas são familiares, mas ele caminha por entre eles em pernas de pau. Faltam-lhe leveza e simplicidade, e seus esforços para parecer divertido nos fazem lembrar, de certa maneira, estes versos de Milton:

O elefante,
Pesadão, p'ra alegrá-los fez mais força.[32]

Suas *Letters from Correspondents* [Cartas dos correspondentes], em particular, são mais pomposas e pesadas do que aquilo que escreve segundo sua própria pessoa. A meu ver, após se extinguirem os primeiros efeitos da novidade e da surpresa, essa falta de descontração e a variedade de maneiras foram prejudiciais à matéria. Elas provêm do poder geral não só de agradar, mas de instruir. A monotonia de estilo produz uma aparente monotonia de ideias. O que é verdadeiramente revelador e valioso se perde na ostentação e na circunlocução da expressão; pois se vemos que o mesmo esforço e a mesma pompa na dicção são concedidos tanto às partes mais triviais quanto às mais importantes de uma oração ou discurso, nós nos cansamos de distinguir entre presunção e realidade e

---

32. John Milton, *Paraíso perdido*, livro IV. Trad. Daniel Jonas. São Paulo: Editora 34, 2015, p. 281.

ficamos propensos a confundir a fraseologia bombástica e de ornamentos com a falta de densidade de pensamento. Assim, devido à natureza imponente e oracular de seu estilo, as pessoas são tentadas, num primeiro momento, a imaginar que as especulações do autor são feitas inteiramente de sabedoria e profundidade; até que, descobrindo seu erro, supõem que ali não há nada mais do que lugares-comuns ocultos sob a verborragia e o pedantismo; e, nos dois casos, elas se enganam. O defeito do estilo do dr. Johnson está em reduzir todas as coisas ao mesmo nível artificial e insignificante. Ele destrói todos os matizes da diferença, a associação entre as palavras e as coisas. São infinitos paradoxos e inovações. Sua condescendência para com o familiar envergonha-nos de nosso próprio interesse sobre ele, que expande o pequeno até parecer grande. "Se escrevesse uma fábula sobre peixinhos", disse Goldsmith a seu respeito, "eles soariam como imensas baleias".[33] Somos tão incapazes de distinguir os objetos mais familiares que ele descreve quanto seríamos de identificar um rosto conhecido encoberto por uma enorme máscara pintada. A estrutura de suas orações, que ele mesmo inventou e que depois foi amplamente imitada, é uma espécie de prosa rimada, na qual uma frase responde a outra na mesma medida e quantidade, como as sílabas ao final de cada verso; o fim de um período oscila com o mesmo movimento mecânico do pêndulo, o sentido está em equilíbrio com o som; cada oração, girando ao redor de seu centro de gravidade, está contida em si mesma como um dístico, e cada parágrafo forma uma estrofe. Dr. Johnson também foi um perfeito equilibrista em tópicos de moralidade. Nunca encoraja a esperança, antes a contrapõe ao medo; nunca deduz uma verdade, antes sugere alguma objeção em resposta a ela. Ele segura e larga, alternadamente, a chave da razão, com receio de se enredar num labirinto de erros sem fim; falta-lhe confiança em si mesmo e em seus companheiros. Não ousa confiar nas impressões imediatas das coisas, por medo de

---

33. *The Life of Samuel Johnson*, v. II, p. 231.

comprometer sua dignidade; tampouco as acompanha em suas consequências, por medo de comprometer seus preconceitos. Sua timidez é resultado não da ignorância, mas de uma apreensão mórbida. "Percorre o globo todo, e ainda está em casa."[34] Não há em seus escritos um único avanço no modo de sentir ou de raciocinar. Fora dos ditames da autoridade e dos dogmas aceitos, tudo é cético, frouxo e desconexo: na imaginação ele parece reforçar o domínio do preconceito, enquanto enfraquece e dissipa o da razão; ao redor da rocha da fé e do poder, em cuja beira ele cochila de olhos vendados e inquieto, as ondas e os vagalhões da opinião incerta e perigosa rugem e se elevam sem parar. Seu *Rasselas* é a especulação moral mais melancólica e debilitada já escrita. Incerto das faculdades de sua mente, bem como de seu órgão da visão, Johnson confiava apenas nos seus sentimentos e nos seus medos. Cultivou uma crença em bruxas como salvaguarda às evidências da religião; abusou de Milton e prestigiou Lauder, a despeito de sua aversão por seus conterrâneos, apenas para assegurar a preservação da Igreja e do Estado. O que não é nem sentimento verdadeiro, nem lógica sã.

O registro mais triunfante dos talentos e do caráter de Johnson se encontra em *Life of Samuel Johnson* [A vida de Samuel Johnson], de Boswell. O homem era superior ao autor. Quando punha de lado sua pena, que considerava um estorvo, ele se tornava não apenas um homem erudito e reflexivo, mas também afiado, espirituoso, bem-humorado, natural, honesto, cordial e determinado, "rei dos boas-praças, e cinta dos anciãos".[35] Nesse "inventário de tudo o que disse",[36] escrito por Boswell, há tantas respostas mordazes, tantas observações profundas e tantos insultos afiados como jamais foram registrados sobre nenhum homem célebre. A vida e a encenação dramática de sua conversa contrastam com sua obra escrita. Seus poderes naturais e suas opiniões

---

34. William Cowper, *The Task*, IV, p. 119.
35. Robert Burns, *Auld Rob Morris*, v. 2.
36. Ben Jonson, *The Alchemist*, ato III, cena 2, p. 121.

indisfarçadas afloravam nas relações de convívio. Em público, praticava com o florete na mão; no âmbito privado, sacava da bainha a espada da controvérsia, "temperada em água fria".[37] A ansiedade o despertava de sua morosidade natural e da timidez adquirida; respondia a um golpe com outro; caso se tratasse de uma disputa de argumentos ou de ditos chistosos, nenhum de seus rivais era páreo para o combate. Burke parece ter sido a única pessoa que tinha alguma chance contra ele; o único pecado imperdoável da obra de Boswell foi o de ter omitido propositadamente os seus combates de força e de habilidade. Goldsmith se perguntava: "Ele serpenteia pelo assunto como uma cobra, tal como Burke?".[38] E, quando prostrado pela doença, ele mesmo disse: "Se o camarada Burke estivesse aqui agora, ele teria me trucidado". Deve-se observar que o estilo coloquial de Johnson era tão indelicado, direto e inequívoco quanto era complicado e tortuoso o estilo de seus escritos. Como quando Topham Beauclerk e Langton bateram à sua porta, as três da madrugada, e ele a abriu com o atiçador de brasa na mão, mas, vendo-os, exclamou: "Ora! São vocês, meus caros? Então vamos nos divertir um pouco!"; logo depois, censurou Langton, homem de letras, maricas, por deixá-los para ir ao encontro "de moças não ideais". Que palavras para vir da boca de um grande moralista e lexicógrafo! Seus bons atos são tão numerosos quanto suas boas palavras. Seus hábitos domésticos, a ternura para com seus criados, a presteza em servir os amigos; a quantidade de chá forte que ingeria para refrear pensamentos melancólicos; os muitos trabalhos que relutantemente começava e irresolutamente abandonava; o reconhecimento honesto de seus erros e a indulgência para com as fraquezas dos outros; o recostar-se no banco da carruagem com Boswell, dizendo-lhe: "Agora, acho que sou um camarada bem-humorado", embora ninguém o visse dessa forma, e, no entanto, ele o foi; o rompimento da sociedade com Garrick e suas atrizes, e a razão de tê-lo feito; o jantar com Wilkes

---

37. William Shakespeare, *Otelo*, ato v, cena 2. *Teatro completo: tragédias, op. cit.*, p. 658.
38. *The Life of Samuel Johnson*, v. II.

e a generosidade para com Goldsmith; o encontro em Mitre com jovens damas que o admiravam, para dar-lhes bons conselhos, situação que, se não fosse explicada, faria com que ele passasse por Falstaff; por fim, e o mais nobre de tudo, a desafortunada vítima da doença e intemperança que foi carregada por ele nas costas pela rua Fleet (gesto que realiza a parábola do bom Samaritano) – todas essas ações, e incontáveis outras, conquistam a estima do leitor, e devem ser lembradas para sua glória duradoura. Ele teve falhas, mas elas foram enterradas com ele. Tinha lá preconceitos e sentimentos intolerantes, mas sofria bastante ao confrontá-los às próprias resoluções. Pois se nenhum homem pode ser feliz no exercício livre de sua razão, nenhum sábio pode ser feliz sem isso. Seus preconceitos não eram oportunistas, impiedosos, hipócritas; mas tão profundos, arraigados, que só podiam ser arrancados com vida e esperança, achando ele, por hábito, que eram necessários à própria paz de espírito e também à paz da humanidade. Não o odeio, na verdade o amo por eles. Eles se interpunham entre ele e sua consciência; deixemo-los a cargo do mais elevado tribunal, "onde repousam, em esperança trêmula, o peito de seu pai e Deus".[39] Em outras palavras, poucos homens mais sábios ou melhores vieram depois dele.

A manada de seus imitadores nos mostra, por seus efeitos desproporcionais, quem ele foi. Os Ensaístas de Periódico que sucederam o *Rambler* são, e merecem ser, pouco lidos nos tempos de hoje. *The Adventurer*,[40] de Hawksworth, ao macaquear todas as falhas do estilo de Johnson, sem nada que as recompensasse, é no todo trivial e enfadonho. Suas frases são frequentemente desprovidas de qualquer significado; metade delas poderia ser

---

39. Thomas Gray, *Elegy*, ll. 127-128.
40. *The Adventurer* circulou por Londres entre 7 de novembro de 1752 e 9 de março de 1754. John Hawkesworth (1715-1773) foi o editor e principal contribuinte, mas não o único. Alguns ensaios foram escritos por Johnson. O periódico alcançou grande sucesso de público, e seu formato em livro foi inúmeras vezes reeditado. [N. do T.]

completamente descartada. *The World* e *The Connoisseur*,[41] que vieram depois, são um pouco melhores; neste último há uma ideia boa, a do homem relativamente saudável que mede o respeito a cada um pela posse dessa benção, fazendo reverência ao mendigo vigoroso, de braços robustos e tez rosada, enquanto vira as costas ao lorde valetudinário.

The Citizen of the World[42] de Goldsmith, como suas demais obras, traz a marca do espírito do autor. Não "se aventuraria em busca de fortuna e de honrarias se não fosse marcado pelo mérito".[43] Foi um observador mais atencioso, mais original, natural e pitoresco do que Johnson. A obra foi escrita segundo o modelo das *Cartas persas*;[44] e consegue dar uma visão abstrata e de algum modo perplexa das coisas ao opor os preconceitos estrangeiros aos nossos, e, desse modo, despir os objetos de seus disfarces costumeiros. Se é possível chegar à verdade por essa colisão de absurdos contraditórios, não estou certo; mas confesso que esse procedimento é ambíguo e intricado demais para divertir um entendimento raso como o meu. Para uma leitura leve de verão, é como caminhar por um jardim coberto de armadilhas e arapucas. Ela dá ensejo a paradoxos, e há alguns bem ousados nos *Ensaios*, que submeteriam um autor com menos prestígio a uma espécie pouco agradável de censura literária.[45] Assim o filósofo chinês exclama inadvertidamente: "Os bonzos e sacerdotes de todas as religiões alimentam a superstição e a impostura; toda reforma

---

41. *The World* e *The Connoisseur* circularam por Londres, respectivamente, entre 4 de janeiro de 1753 e 30 de dezembro de 1756, e de 31 de janeiro de 1754 a 30 de setembro de 1756.
42. *The Citizen of the World* foi uma coletânea de cartas escritas por Oliver Goldsmith (1728-1774), na qual o autor se passa por um viajante chinês na Inglaterra, Lien Chi, e correspondente de um filósofo e cavalheiro chinês. A obra foi escrita para o *The Public Ledger*, 1760-1761, e publicada em dois volumes em 1762. [N. do T.]
43. William Shakespeare, *O mercador de Veneza*, ato II, cena 9. *Teatro completo: tragédias*, op. cit., p. 229.
44. Hazlitt se refere a *Letters from a Persian England to Friend at Ispahan* (1735), de George, primeiro barão de Lyttelton (1709-1773).
45. Em latim no original. [N. do T.]

começa com a laicidade".[46] Goldsmith, contudo, foi firme na prática de seu credo e pôde disparar extravagâncias especulativas impunemente. Nesse aspecto, há uma diferença notável entre ele e Addison, pois, sempre que este atacava alguma autoridade, o fazia com o cuidado de se cercar do senso comum e de não correr o risco de dizer algo ofensivo aos sentimentos dos outros, ou algo que reforçasse suas próprias opiniões pessoais. Há outro inconveniente em assumir um caráter e uma tonalidade de sentimento exótico, que produz uma inconsistência entre o tempo hábil de um indivíduo para absorver conhecimento e tudo que o autor deve comunicar. Assim, não faz nem três dias que o chinês chegou à Inglaterra e já está familiarizado com o perfil dos três países que compõem o reino, e os descreve ao amigo em Cantão, por meio de trechos publicados em jornais de cada uma das metrópoles. A nacionalidade escocesa é assim ridicularizada: "Edimburgo. Temos convicção ao afirmar que Sanders MacGregor, há pouco condenado à forca por roubos de cavalos, não é um nativo da Escócia, mas de Carrickfergus."[47] Ora, esta é mesmo muito boa, mas como nosso filósofo chinês poderia descobri-la por instinto? Beau Tibbs,[48] personagem proeminente nessa pequena obra, é o melhor *sketch* cômico desde os tempos de Addison; incomparável em seu refinamento, vaidade e pobreza.

Por fim, gostaria apenas de mencionar os nomes de *The Lounger* e *The Mirror*, os quais foram comparados pelos admiradores do autor a Sterne, pelo sentimento, e a Addison, pelo humor.[49] Não vou entrar nessa questão aqui; mas conheço a história de La Roche e sei que ela não se compara a um centésimo à de Le Fevre.[50]

46. *The Citizen of the World*, carta x.
47. *Idem*, carta v.
48. *Idem*, cartas xxix, liv, lv, e lxxi.
49. *The Mirror* circulou por Edimburgo entre 23 de janeiro de 1779 e 27 de maio de 1780. De seus 110 artigos, 42 foram escritos por Henry Mackenzie (1745-1831). *The Lounger* foi publicado de 6 de fevereiro de 1785 a 6 de janeiro de 1786. De seus 101 artigos, 57 foram escritos por Mackenzie. [n. do t.]
50. Sobre a história de La Roche, ver *The Mirror*, n. 42, 43 e 44. Le Fevre aparece em Laurence Sterne, *op. cit.*

Digo isso por preconceito em relação ao autor? De modo algum, pois li seus romances. Quanto a *Man of the World*,[51] minhas opiniões a seu respeito não são tão favoráveis quanto as de outros; tampouco me demorarei aqui na beleza pitoresca e romântica de *Julia de Roubigné*,[52] antiga obra favorita do autor de *Rosamund Gray*;[53] agora, quanto a *Man of Feeling*,[54] falaria dessa obra com gratas recordações: jamais conseguiria me esquecer do sensível, irresoluto e interessante Harley e da figura solitária de srta. Walton, que paira indistinta e etérea sobre o horizonte, devaneio da fantasia juvenil de seu amado – melhor, muito melhor, do que todas as realidades da vida!

Tradução de Daniel Lago Monteiro

51. Romance de Henry Mackenzie publicado em 1773.
52. Outro romance de Mackenzie, publicado em 1777.
53. Romance de Charles Lamb, publicado em 1798.
54. Primeiro romance de Mackenzie, publicado anonimamente em 1771.

teoria

Sobre a essência e a forma do ensaio: carta a Leo Popper

György Lukács

Caro amigo! Os ensaios reunidos para este livro estão à minha frente, e eu me pergunto se trabalhos assim devem mesmo ser editados, se é possível que deles resulte uma nova unidade, um livro. Pois o que importa agora averiguar não é sua relevância para os estudos "histórico-literários", mas tão somente se neles existe algo que conduza a uma forma nova e própria, e se tal princípio é o mesmo em cada um deles. O que vem a ser essa unidade, supondo que ela exista? Não tentarei defini-la, pois o que está em jogo aqui não é nem meu livro nem minha pessoa; estamos diante de uma questão mais importante, mais universal: se uma unidade assim é possível. Até que ponto os escritos realmente grandes, incluídos nessa categoria, possuem uma forma, e até que ponto essa forma é autônoma? Até que ponto o tipo de intuição e configuração próprio a essa forma desloca a obra do campo da ciência e a traz para junto da arte, mas sem apagar as fronteiras que a separam desta última? Até que ponto lhe confere a força para uma nova ordenação conceitual da vida, mantendo-a ao mesmo tempo distante da fria e plena perfeição filosófica? Ora, essa é a única grande apologia que se pode fazer a esses escritos, bem como sua crítica mais profunda; pois eles serão medidos essencialmente pela baliza que apresentamos aqui, e o estabelecimento de tal objetivo mostrará a que distância se encontram desse modelo.

Portanto: a crítica, o ensaio, chame-o por ora como quiser, como obra de arte, como gênero artístico. Sei o quanto essa questão o aborrece e que, na sua opinião, vai longe o tempo em que ainda havia algo a argumentar e contra-argumentar a esse respeito. Pois Wilde e Kerr apenas popularizaram uma verdade já conhecida do romantismo alemão e cujo sentido fundamental os gregos e romanos já haviam percebido inconscientemente como algo natural, a saber: que a crítica é uma arte, não uma ciência. Entretanto, creio – e só por isso me atrevo a incomodá-lo com tais observações – que todas essas disputas mal roçaram a essência da verdadeira questão: a de saber o que é o ensaio, que expressão almeja e de quais meios e caminhos se serve em nome dessa expressão.

Nesse ponto, creio que se tem enfatizado de modo muito unilateral o "ser bem escrito"; a ideia de que o ensaio pode ter o mesmo valor estilístico da poesia e que por isso é injusto falar de uma distinção de valor. É possível. No entanto, o que significa isso? Considerar a crítica, nesse sentido, como obra de arte ainda não é dizer nada sobre sua essência. "O que é bem escrito é uma obra de arte." Então um anúncio ou uma manchete de jornal bem escritos são poesia? Vejo, assim, o que o incomoda em semelhante conceito de crítica: a anarquia; a revogação da forma, de modo que um intelecto que se supõe soberano possa jogar livremente com todas as possibilidades. Mas, quando falo do ensaio como obra de arte, o faço em nome da ordem (portanto, quase de um modo puramente simbólico e impróprio) e apenas a partir do sentimento de que o ensaio possui uma forma que se distingue de todas as outras formas de arte com definitiva força de lei. E, se tento isolar o ensaio com o máximo de radicalismo, é justamente porque o considero uma forma artística.

Por isso, o que está em pauta aqui não é sua semelhança com a poesia (*Dichtung*), mas sim as diferenças entre esses dois gêneros. Qualquer semelhança é aqui um mero pano de fundo contra o qual as diferenças surgem ainda mais realçadas; e se, apesar disso, mencionamos a semelhança, é só para que tenhamos presentes os verdadeiros ensaios, e não aqueles escritos úteis, mas impropriamente denominados ensaios, os quais, na verdade, nada têm a nos oferecer a não ser informações, dados e "conexões". Então, por que lemos ensaios? Muitos o fazem devido a seu aspecto informativo, mas há os que são atraídos por outra coisa bem diversa. Não é difícil separar esses dois tipos de leitores: não é verdade, pois, que hoje vemos e valoramos a *tragédie classique* de um modo completamente diferente de Lessing em sua *Dramaturgie*, e que, aos nossos olhos, a Grécia de Winckelmann não passa de uma curiosidade quase incompreensível, e que talvez não tardemos a ter o mesmo sentimento em relação ao Renascimento de Burckhardt? E, apesar disso, continuamos a ler esses autores. Por quê? Existem escritos de natureza crítica que perdem todo o seu valor no momento em que surge algo novo e melhor, tal como ocorre com uma hipótese das ciências da natureza e as inovações da indústria. Se alguém no entanto escrevesse – como espero que aconteça – a nova *Dramaturgie*, vale dizer, uma dramaturgia a favor de Corneille e contra Shakespeare, no que isso poderia prejudicar a de Lessing? E como Burckhardt e Pater, Rhode e Nietzsche poderiam modificar o efeito do sonho de Winckelmann acerca da Grécia?

"Sim, se a crítica fosse uma ciência", escreveu Kerr. "Mas o imponderável é muito forte. No melhor dos casos, ela é uma arte." E se fosse uma ciência – não é tão improvável que venha a sê-lo –, em que isso poderia alterar nosso problema? Não se trata aqui de um sucedâneo, mas de algo que é novo por princípio e que não mudaria em virtude de uma conquista total ou aproximada de objetivos científicos. Na ciência, são os conteúdos que atuam em nós; na arte, as formas; a ciência nos oferece fatos e suas conexões; a arte, almas e destinos. Aqui os caminhos se dividem; aqui não há sucedâneos nem transições. Se nas épocas primitivas, ainda indiferenciadas, ciência e arte (e religião e ética e política) eram inseparáveis, constituindo, assim, uma unidade, tão logo a ciência se desprendeu e se tornou autônoma, todas as formas preparatórias perderam seu valor. Apenas quando algo dissolveu todos os seus conteúdos em forma e se tornou arte pura é que não pôde mais se tornar supérflua; desde então, porém, sua cientificidade de outrora é totalmente esquecida e desprovida de significado.

Existe, pois, uma ciência da arte; mas existe ainda um tipo completamente distinto de exteriorização dos temperamentos humanos cujo meio de expressão na maioria das vezes é a escrita sobre a arte. Digo "na maioria das vezes" porque existem muitos escritos que, embora emanem de tais sentimentos, não têm nenhum contato com literatura e arte; neles encontramos as mesmas questões vitais dos escritos denominados de crítica, só que essas questões são dirigidas diretamente à vida, dispensando a mediação da literatura e da arte. Tal é o caso dos escritos dos maiores expoentes do gênero ensaio: os diálogos de Platão e os escritos dos místicos, os ensaios de Montaigne e as novelas e os diários imaginários de Kierkegaard.

Uma série infinita de transições sutis e quase imperceptíveis leva daqui à poesia. Basta pensar na última cena do *Héracles*, de Eurípides: a tragédia já está concluída quando Teseu aparece e toma conhecimento de tudo o que aconteceu, a terrível vingança de Hera contra Héracles. Em seguida, o abatido Héracles e seu amigo se põem a conversar sobre a vida; o tom das perguntas é semelhante ao dos diálogos socráticos, porém, seus autores são mais rígidos e menos humanos, suas perguntas, mais conceituais e alheias à vivência que nos diálogos de Platão. Basta pensar no último ato de *Michael Kramer*,[1] em *Confissões de uma bela alma*,[2] em Dante, no *Everyman*,[3] em Bunyan... Preciso enumerar outros exemplos?

Com certeza, você dirá: o desfecho de *Héracles* não é dramático, e Bunyan é... Tudo bem, tudo bem – mas por quê? O *Héracles* não é dramático porque uma consequência natural de todo estilo dramático é que tudo o que se passa em seu interior, em atos, movimentos e gestos humanos, se projete para fora, tornando-se acessível aos olhos e aos sentidos. Aqui, você pode ver como a vingança de Hera vai se acercando de Héracles, pode ver como este se exalta em jubiloso delírio triunfal antes de ser subjugado pela vingança, pode ver o frenesi de seus gestos na loucura que ela faz recair sobre ele e seu desespero depois do surto terrível, ao se dar conta do que lhe aconteceu. Porém, você nada vê do que acontece depois disso. Teseu chega – e em vão você tentará determinar de outra forma que não conceitualmente tudo o que acontece a partir daí: o que você ouve e vê não é mais um meio de expressão dos acontecimentos reais, é apenas uma ocasião, em si indiferente, para que algo aconteça. Vê apenas que Teseu e Héracles deixam juntos a cena. Algumas perguntas haviam soado antes: como são os deuses de verdade? Em quais deuses podemos crer e em quais

---

[1]. Peça de Gerhard Hauptman (1862-1946).
[2]. Sexto livro de *Os anos de aprendizado de Wilhelm Meister*, de Johann Wolfgang von Goethe (1749-1832).
[3]. Peça inglesa de sentido moral do século 16, de autor desconhecido.

não? O que é a vida e qual o melhor meio de suportar virilmente o sofrimento que ela nos causa? A vivência concreta que despertou essas perguntas desaparece numa distância infinita. E quando as respostas retornam ao mundo dos fatos, não são mais respostas às perguntas lançadas pela vida viva – o que esses homens devem fazer agora, nessa situação concreta, e o que devem deixar de fazer? Essas respostas olham para os fatos com um olhar estranho, pois elas advêm *da* vida e *dos* deuses, e quase não conhecem a dor de Héracles e sua causa, a vingança de Hera. Eu sei: o drama também lança suas perguntas à vida, e aquele que traz a resposta é, aí também, *o* destino; e em última análise, perguntas e respostas também aqui estão imbricadas a determinado estado de coisas. No entanto, o verdadeiro dramaturgo (tão logo seja um verdadeiro poeta, um verdadeiro defensor do princípio poético) olhará de forma tão rica e intensa para *uma* vida que *a* vida se tornará quase imperceptível. Mas aqui, em Héracles, tudo se torna não dramático, pois o princípio atuante é outro; aquela vida que formulava perguntas perde toda corporeidade tão logo ressoa a primeira palavra da pergunta.

Portanto, existem dois tipos de realidade anímica: a vida é uma, e a vida é outra; ambas são igualmente reais, mas elas nunca podem ser reais ao mesmo tempo. Na vivência de cada homem estão contidos ambos os elementos, ainda que com intensidade e profundidade diferentes; também na lembrança podemos sentir ora essa, ora aquela, mas a cada momento podemos sentir apenas uma dessas duas formas. Desde que existe uma vida e os homens buscam compreender e ordenar a vida, existe essa dualidade em suas vivências. Acontece que, na maioria das vezes, a luta pela prioridade e pela supremacia é travada na filosofia, e os gritos de batalha soam a cada vez de um modo diferente e, portanto, também desconhecidos e irreconhecíveis para a maioria dos homens. Parece-me que a pergunta foi apresentada de forma mais clara na Idade Média, quando os pensadores se dividiram em dois campos, um deles afirmando que os universais, os conceitos (as Ideias de Platão, se você quiser), eram as únicas e verdadeiras realidades, ao passo que o outro só os reconhecia como palavras, como sínteses nominais das únicas coisas verdadeiras, as coisas singulares.

Essa mesma dualidade também dissocia os meios de expressão; a oposição aqui é entre a imagem e o "significado". Um dos princípios consiste em criar imagens, o outro, em instituir significados; para um, existem apenas as coisas, para o outro, apenas suas conexões, apenas conceitos e valores. A poesia em si não conhece nada que esteja além das coisas em si mesmas; para ela cada coisa é séria, única e incomparável. Por isso, ela tampouco conhece as perguntas: não se dirigem perguntas às coisas como tais, apenas às suas conexões; pois, como nos contos de fada, cada pergunta produzirá de volta um reflexo daquele que lhe trouxe à vida. O herói está na encruzilhada ou no meio da luta, mas a encruzilhada e a luta não são destinos diante dos quais se coloquem perguntas e respostas, são simplesmente lutas e encruzilhadas. E o herói sopra em sua trompa encantada e o milagre esperado acontece, uma coisa que reordena as coisas. Mas na crítica realmente profunda não existe vida das coisas, nem imagens, apenas transparências, apenas algo que nenhuma imagem seria capaz de expressar plenamente. "Uma imagem sem imagens" é o alvo de todo místico, e no *Fedro*, de forma sarcástica e depreciativa, Sócrates fala dos poetas que nunca cantaram nem cantarão dignamente a verdadeira vida da alma. "Pois o grande ser em que viveu outrora a parte imortal da alma é sem cor e sem figura, é inapreensível, e apenas o timão da alma, o intelecto, é capaz de enxergá-lo."

Você talvez proteste que meu poeta é uma abstração vazia, assim como meu crítico. Tem razão, ambos são abstrações, mas talvez não tão vazias assim. São abstrações, pois também Sócrates precisa falar por imagens sobre seu mundo sem figura e além de toda figura, e até a "ausência de imagem" do místico alemão é uma metáfora. Ademais, não existe poesia sem uma ordenação das coisas. Matthew Arnold chegou a denominar a poesia de *"criticism of life"*. Ela representa as conexões mais profundas entre homem, destino e mundo, e certamente surgiu dessa busca pela profundidade, ainda que no mais das vezes não tenha consciência sobre a própria origem. E se, por um lado, ela costuma afastar de si toda indagação e toda tomada de posição, por outro, não seria absurdo pensar que a negação de toda pergunta seja ela própria uma indagação, e sua recusa consciente, uma tomada de posição? Vou ainda mais longe: separar imagem e significado é também uma abstração, pois o significado está sempre envolto em imagens, e toda imagem surge banhada pelo reflexo de uma luz além de toda imagem. Toda imagem pertence ao nosso mundo, e a alegria desse pertencimento reluz em seu rosto; mas ao mesmo tempo recorda e faz recordar de algo que já existiu em alguma época, de algum lugar, de sua pátria, da única coisa que no fundo da alma tem importância e significado. Sim, em sua pura nudez, esses dois extremos da sensibilidade humana não passam de abstrações; no entanto, apenas com a ajuda dessas abstrações é que posso designar esses polos possíveis da expressão literária. E o que mais resolutamente rompe com as imagens, transcendendo-as com mais violência, são os escritos dos críticos, dos platônicos e dos místicos.

Mas com isso também indiquei por que esse tipo de sensibilidade exige uma forma de arte própria, por que todas as suas outras formas de exteriorização, as formas da poesia, sempre nos perturbam. Uma vez você formulou a grande exigência que se impõe a tudo o que é artisticamente configurado, talvez a única exigência universal, que também é inexorável e desconhece exceções: que na obra tudo seja formado do mesmo material, que todas as suas partes sejam visivelmente ordenadas de um único ponto. E como toda escrita aspira tanto à unidade quanto à multiplicidade, este é o maior problema estilístico de todos: o equilíbrio na multiplicidade das coisas, a rica articulação na massa de um material uniforme. Aquilo que é vibrante numa obra de arte é inerte em outra: eis uma prova prática, tangível, da cisão interna das formas. Você se lembra de como me explicou a vitalidade dos seres humanos em afrescos fortemente estilizados? Você disse: estes afrescos estão pintados entre as colunas, e, embora os gestos de seus modelos sejam rígidos como os de uma marionete e toda expressão facial não passe de uma máscara, tudo isso ainda é mais vivo que as colunas que emolduram a imagem e com as quais configuram uma unidade decorativa. Só um pouco mais vivo, pois a unidade precisa ser mantida, mas vivo o bastante para criar a ilusão de vida. Eis aqui o problema do equilíbrio: o mundo e o além, a imagem e a transparência, a ideia e a emanação jazem nos pratos de uma balança que deve permanecer em equilíbrio. Quanto mais profundamente a pergunta ressoa – basta comparar a tragédia com o conto de fadas –, tanto mais linear se tornam as imagens; quanto menor a superfície em que tudo se condensa, tanto mais pálidas e foscas as cores; quanto mais simples a riqueza e a multiplicidade do mundo, tanto mais rígida como máscara se torna a expressão facial do homem. Porém, existem vivências para cuja expressão o gesto mais simples e medido seria excessivo – e ao mesmo tempo demasiado lacônico; existem perguntas que são feitas de modo tão sussurrante que, para elas, o som dos acontecimentos mais silenciosos seria um ruído tosco em vez de música de fundo; existem relações de destino tão exclusivamente fechadas em si que qualquer elemento humano só perturbaria sua pureza e suas altitudes abstratas. Não se trata aqui de refinamento e profundidade; essas são categorias de valor (*Wertkategorie*) e, como tais, só podem ter validade (*Geltung*) no interior da forma; referimo-nos aos princípios fundamentais que diferenciam as formas entre si; do material do qual tudo é feito, do ponto de vista, da visão de mundo que imprime unidade a todas as coisas. Em poucas palavras: se comparássemos as diversas formas da poesia com as da luz do sol refratada pelo prisma, os escritos dos ensaístas seriam o raio ultravioleta.

Existem, pois, vivências que não podem ser expressas por nenhum gesto e que, apesar disso, anseiam por uma expressão. De tudo o que já foi dito, você sabe a que vivências me refiro e de que espécie são. Trata-se da intelectualidade, da conceitualidade como vivência sentimental, como realidade imediata, como princípio espontâneo da existência; a concepção de mundo em sua pura nudez, como acontecimento anímico, como força motora da vida. A pergunta lançada de forma imediata: o que é a vida, o homem, o destino? Porém, apenas como pergunta; pois a resposta, tampouco aqui, pode levar a uma "solução", como a da ciência ou, em altitudes mais puras, a da filosofia, sendo muito mais, como em todo tipo de poesia, símbolo, destino, tragédia. Quando se passa por esse tipo de vivência, tudo o que é externo espera em rígida imobilidade a decisão que desencadeará a luta dos poderes invisíveis, inacessíveis aos sentidos. Qualquer gesto pelo qual o homem viesse a expressar algo semelhante falsificaria sua vivência, se é que não acentuaria ironicamente sua própria insuficiência, superando de imediato a ele próprio. Nenhuma exterioridade serve para expressar esse tipo de vivência individual – como, então, a poesia poderia lhe dar forma? Toda escrita representa o mundo no símbolo de uma relação de destino; o problema do destino determina em toda parte o problema da forma. Essa unidade, essa coexistência, é tão forte que um elemento nunca vem à tona sem o outro, e uma separação, também aqui, só é possível na abstração. Portanto, a separação que estou propondo parece ser apenas uma distinção de ênfase: a poesia obtém do destino seu perfil, sua forma, e a forma sempre aparece nela apenas como destino; nos escritos do ensaísta, a forma se faz destino, princípio criador de destino. E essa diferença significa o seguinte: o destino retira as coisas do mundo das coisas, acentua o que é relevante e elimina o não essencial; já as formas circunscrevem um material que, de outro modo, se dissolveria no todo. O destino procede de onde tudo mais procede, como coisa entre coisas, ao passo que a forma – vista como algo pronto, de um ponto de vista externo, portanto – determina os limites do que é alheio à essência. Uma vez que o destino que ordena as coisas é carne de sua carne e sangue de seu sangue, não existe destino nos escritos do ensaísta. Pois o destino, despojado de sua unicidade e casualidade, é, assim, tão rarefeito e imaterial quanto qualquer outra materialidade incorpórea desses escritos; é tão impotente para lhes dar uma forma quanto eles são desprovidos de qualquer tendência ou possibilidade natural para se condensar em forma.

Por isso esses escritos falam das formas. O crítico é aquele que enxerga o destino nas formas, aquele cuja vivência mais forte é o conteúdo anímico que a forma, indireta e inconscientemente, abriga em si mesma. A forma é sua grande vivência; como realidade imediata, é a forma o elemento pictórico, o que há de realmente vivo em seus escritos. Nascida de uma consideração simbólica dos símbolos da vida, a forma extrai das forças dessa vivência uma vida que lhe é própria, tornando-se uma concepção de mundo, um ponto de vista, uma tomada de posição diante da vida da qual surge, enfim, uma possibilidade de remodelar e recriar essa mesma vida. O destino do crítico é traçado no momento crucial em que as coisas se tornam forma, em que todo sentimento e toda vivência até então aquém e além das formas recebem uma forma, se fundem e se cristalizam em forma. Momento místico de união entre o externo e o interno, entre a alma e a forma. Tão místico quanto o momento em que, constituindo uma nova unidade, inseparável quer no passado quer no futuro, o herói e o destino se encontram na tragédia, o acaso e a necessidade cósmica se encontram na novela, a alma e o pano de fundo se encontram na lírica. A forma é a realidade nos escritos do crítico, é a voz com a qual ele dirige suas perguntas à vida: esse é o verdadeiro e o mais profundo motivo pelo qual a literatura e a arte são os materiais naturalmente típicos do crítico. Pois aqui o objetivo final da poesia pode se tornar um ponto de partida e de chegada; pois aqui a forma parece ser, mesmo em sua conceitualidade abstrata, algo seguro e tangivelmente real. Mas esse é tão somente o material típico do ensaio, não o único. Pois o ensaísta necessita da forma apenas como vivência; sua necessidade é, pois, apenas a da vida da forma, da realidade anímica que nela pulsa. Mas essa realidade é encontrada em toda exteriorização sensível e imediata da vida, podendo ser lida a partir dela ou projetada para dentro dela; por meio desse esquema das vivências, é possível viver e dar forma à própria vida. E apenas porque a literatura, a arte e a filosofia correm aberta e retilineamente para as formas – ao passo que na vida as formas são apenas a exigência ideal de um tipo específico de homens e de vivências – é que as capacidades de vivência crítica diante de algo configurado não precisam ser tão intensas como diante de algo vivido; por isso, a uma primeira e superficial consideração, a realidade da visão da forma parece ser menos problemática lá do que cá. Mas somente a uma primeira e superficial consideração, pois a forma da vida não é mais abstrata que a forma de um poema. Em ambas, a forma se torna sensível apenas por meio da abstração, e sua verdade de modo nenhum é maior do que a força com a qual é vivenciada. Seria superficial distinguir a poesia segundo a procedência de seu material, que pode ser tanto a vida como qualquer outra fonte; pois a força criadora da forma da poesia rebenta e destrói tudo o que é velho, tudo o que um dia foi configurado; em suas mãos tudo se torna matéria-prima informe. Aqui também uma distinção me parece bastante superficial, pois ambos os modos de ver o mundo são apenas tomadas de posição diante das coisas, e cada um deles é aplicável em geral, embora seja verdade que, para ambos, existem coisas que, com espontaneidade ditada pela natureza, se submetem a um ponto de vista determinado, enquanto outras só se rendem a isso por meio de pressões violentas e vivências profundas.

Como em todo vínculo realmente essencial, também aqui o efeito intrínseco do material e a utilidade imediata coincidem: as vivências que ganham expressão nos escritos dos ensaístas se tornam conscientes, para a maioria dos homens, apenas na contemplação de imagens e na leitura de poemas; falta-lhes a força capaz de mover a própria vida. Por isso, a maioria dos homens acredita que os escritos dos ensaístas só existem para explicar livros e imagens, para facilitar sua compreensão. E, no entanto, esse vínculo é profundo e necessário; de fato, é justamente o elemento indissociável e orgânico nessa mistura de ser casual e ser necessário que constitui a origem daquele humor e daquela ironia que encontraremos nos escritos de todo ensaísta verdadeiramente grande. Um humor peculiar, tão forte que quase não convém falar dele, pois quem não o percebe espontaneamente no devido momento nada tem a ganhar com uma indicação objetiva. A ironia a que me refiro consiste no fato de o crítico discutir incessantemente as questões fundamentais da vida, mas sempre num tom de quem fala apenas de livros e imagens, apenas dos ornamentos bonitos e supérfluos da grande vida; também discute sua substância mais íntima, mas como se tratasse somente de uma superfície bela e inútil. Assim, é como se todo ensaio estivesse o mais distante possível da vida, e a separação entre os dois parece ser tão maior quanto mais ardente e dolorosamente sensível é a proximidade factual da essência de ambos. Talvez o grande *sieur* de Montaigne tenha sentido algo desse tipo quando deu aos seus escritos a designação maravilhosamente bela e apropriada de *Les Essais*. Pois a modéstia simples dessa palavra é uma cortesia arrogante. O ensaísta renuncia às suas próprias esperanças orgulhosas, aquelas que às vezes o levam a suspeitar de estar próximo do essencial – afinal, tudo o que ele pode oferecer são apenas esclarecimentos sobre poemas alheios ou, no melhor dos casos, sobre seus próprios conceitos. Porém, ironicamente, o ensaísta acomoda-se a essa pequenez, na eterna pequenez do trabalho mental mais profundo diante da vida, e com irônica modéstia sublinha esse fato. Em Platão, a dimensão conceitual é emoldurada pela ironia das pequenas realidades da vida. Antes de começar seu hino profundamente significativo a Eros, Aristófanes é curado de seu soluço por Erixímaco, que o faz espirrar. E Hipótales observa, entre ansioso e atento, quando Sócrates interroga seu querido Lísias. E, com uma crueldade infantil, o pequeno Lísias pede a Sócrates que atormente com suas perguntas o amigo Menexeno, da mesma forma como o atormentou. Educadores grosseiros rompem os fios desse diálogo de suave profundidade e levam os rapazes consigo para casa. Sócrates é o que mais se diverte: "Sócrates e os dois rapazes querem ser amigos e não sabem sequer dizer o que é propriamente um amigo". Porém, até no enorme aparato científico de alguns novos ensaístas (Weininger, por exemplo), vejo uma ironia parecida, assim como apenas outro tipo de manifestação dessa mesma ironia em uma escrita tão reservada como a de Dilthey. Em todos os escritos de todos os grandes ensaístas poderíamos encontrar a mesma ironia, ainda que, certamente, sob formas sempre diferentes. Os místicos da Idade Média são os únicos a quem falta essa ironia interior – naturalmente, não terei que discutir com você a razão disso.

Na maioria dos casos, a crítica, isto é, o ensaio, fala de imagens, livros e ideias. Qual é a sua relação com aquilo que é representado? Sempre se diz que o crítico deve expressar a verdade sobre as coisas, mas que o poeta não está vinculado a nenhuma verdade diante de seu material. Não queremos formular a pergunta de Pilatos aqui, nem procurar saber se o poeta está ou não comprometido com uma verdade interior, nem se a verdade do crítico há de ser mais forte e maior que a do poeta. Não. Na verdade, percebo uma diferença que, também aqui, só é inteiramente pura, aguda e sem transições em sua abstrata polaridade. Já a mencionei quando escrevi sobre Kassner: o ensaio sempre fala de algo já formado, ou, no melhor dos casos, de algo já existente; é próprio de sua natureza não extrair coisas novas do vazio, mas simplesmente reordenar coisas que, em algum momento, aconteceram. E como só as reordena, como não forma nada novo a partir do informe, o ensaio também está vinculado às coisas, tendo sempre de expressar a "verdade" sobre elas, de encontrar expressão para sua essência. Talvez a forma mais breve de expressar essa diferença seja a seguinte: a poesia retira seus motivos da vida (e da arte); para o ensaio, a arte (e a vida) serve como modelo. Talvez assim a diferença fique bastante clara: o paradoxo do ensaio é quase idêntico ao do retrato. Você percebe por quê? Não é verdade que, diante de uma paisagem, você nunca se pergunta: essa montanha – ou esse rio – é de fato assim como está pintado? Mas, diante do retrato, sempre surge espontaneamente a pergunta sobre a semelhança. Examine um pouco esse problema da semelhança, cuja formulação insensata e superficial desespera o verdadeiro crítico. Você depara com um retrato de Velázquez e diz: "Como é parecido", e sente que realmente disse algo sobre o quadro. Parecido? Com quem? Com ninguém, naturalmente. Você não tem ideia de quem está sendo representado e talvez jamais possa saber; e, mesmo que pudesse, isso pouco lhe interessaria. No entanto, você sente que é semelhante. Em outros quadros, o efeito vem apenas das cores e linhas e não lhe provoca nenhum sentimento parecido. Os retratos realmente significativos, além de todas as outras sensações artísticas, dão também a seguinte: a da vida de um homem que um dia viveu de verdade e que suscita o sentimento de que sua vida foi exatamente como mostram as cores e as linhas. Dizemos que essa sugestão de vida é "semelhante" porque nela vemos os pintores travarem duros embates diante dos homens por esse ideal de expressão, porque a aparência e a bandeira dessa luta não podem ser outra coisa senão a luta por essa aparência, embora não haja ninguém no mundo a quem o quadro pudesse se assemelhar. E, ainda que conhecêssemos o homem representado – de modo que o quadro pudesse ser considerado "semelhante" ou "dessemelhante" –, não seria uma abstração dizer de qualquer momento ou expressão arbitrária: "Essa é sua essência"? E se pudéssemos conhecer mil momentos seus, o que saberíamos da parte incomensuravelmente maior de sua vida, na qual não o vemos, das luzes interiores da parte conhecida, dos reflexos que oferecem aos outros? É mais ou menos assim que imagino a "verdade" do ensaio. Também aqui há uma luta pela verdade, pela corporificação da vida que alguém captou de um homem, de uma época; de uma forma; no entanto, depende apenas da intensidade do trabalho e da visão que o escrito nos passe uma sugestão dessa vida única. Pois esta é a grande diferença: a poesia dá a ilusão de vida com aquilo que representa; é inconcebível a existência de pessoas ou coisas com que se possam medir as configurações poéticas. O personagem do ensaio viveu em alguma época, sua vida, portanto, precisa ser representada; acontece que essa vida existe tão dentro da obra como tudo mais na poesia. O ensaio cria a partir de si mesmo todos os pressupostos para o efeito de persuasão e validade de suas visões. Daí que dois ensaios não possam se contradizer: cada um cria um mundo diferente, e ainda que, ao aspirar a uma universalidade superior, se projete para além desse mundo, permanece ligado a ele por meio de sons, cores, ênfase; nunca o abandona efetivamente. Nem é verdade que haja um critério externo para vida e verdade, de modo que pudéssemos medir a verdade do Goethe de Grimm, Dilthey ou Schlegel com a do Goethe "real". Não é verdade, pois muitos Goethes – diferentes entre si e profundamente diferentes do nosso – já despertaram em nós a convicção de vida, do mesmo modo que já reconhecemos com amargura nossa própria face em outros cuja débil respiração não era forte o suficiente para lhes conferir força vital autônoma. É certo que o ensaio aspira à verdade; porém, assim como Saul, que saiu em busca do asno de seu pai e encontrou um reino, o ensaísta capaz de buscar a verdade chegará, ao final de seu caminho, a algo que não buscava: a vida.

A ilusão da verdade! Não esqueça o quanto foi difícil e lento o abandono desse ideal por parte da poesia – não foi há tanto tempo assim –, e é bastante duvidoso que seu desaparecimento tenha de fato lhe trazido apenas benefícios. É muito discutível que o homem possa querer justamente aquilo que é seu dever alcançar, que tenha o direito de seguir sua meta por um caminho tão simples e direto. Pense na épica cavalheiresca da Idade Média, nas tragédias gregas, em Giotto, e você compreenderá o que quero dizer. Não se trata aqui da verdade comum, da verdade do naturalismo, que seria melhor chamarmos de cotidianidade e trivialidade, mas sim da verdade do mito, cuja força mantém vivas antiquíssimas lendas e contos de fada ao longo dos séculos. Os verdadeiros poetas dos mitos buscaram tão somente o verdadeiro sentido de seus temas, cuja realidade pragmática não podiam nem queriam tocar. Eles encaravam esses mitos como hieróglifos sagrados e misteriosos e sentiam-se encarregados de decifrá-los. Ora, você não percebe que cada mundo pode ter sua própria mitologia? Friedrich Schlegel já disse que os deuses nacionais dos alemães não são Hermann e Wodan, mas a ciência e a arte. É verdade que isso não vale para a vida alemã em sua totalidade, mas descreve com muito acerto uma parte da vida de todos os povos e de todas as épocas, justamente aquela sobre a qual temos discutido continuamente aqui. Também essa vida possui sua época de ouro e seus paraísos perdidos; encontramos aí uma vida rica, cheia de maravilhosas aventuras, à qual tampouco faltam enigmáticas penas para obscuros pecados; heróis solares surgem e travam seus duros combates contra os poderes das trevas; também aqui as palavras lúcidas dos sábios feiticeiros e o canto sedutor das belas sereias levam todos os fracos à perdição; também aqui existem pecado original e redenção. Todas as lutas da vida estão presentes aqui – só que tudo provém de um material diferente daquele da outra vida.

Exigimos que poetas e críticos nos forneçam símbolos da vida e imprimam a forma de nossas perguntas aos mitos e às lendas que ainda vivem. Não é verdade que se trata de uma sutil e comovente ironia o fato de um crítico que sonha nossa nostalgia por meio de um quadro florentino ou de um torso grego, extraindo para nós o que havíamos buscado em toda parte sem sucesso, começar a falar de novos resultados da pesquisa científica, de novos métodos e novos fatos? Os fatos estão sempre aí, e tudo sempre está contido neles; no entanto, cada época necessita de outra Grécia, de outra Idade Média e de outro Renascimento. Cada época cria os sonhos de que necessita, e apenas a geração que lhe sucede acredita que os sonhos de seus pais foram uma mentira que precisa ser combatida mediante as novas e atualizadas "verdades". Mas a história dos efeitos da poesia também segue esse curso, e, assim como na crítica, aqueles que estão vivos não conseguem impedir a sobrevivência dos sonhos dos pais ou das gerações anteriores. Assim, diferentes "concepções" acerca do Renascimento podem coexistir pacificamente, da mesma forma como uma nova Fedra, um novo Siegfried ou o Tristão de um novo poeta sempre deixarão intactos aqueles plasmados por seus predecessores.

É certo que há e tem de haver uma ciência da arte. E os maiores defensores do ensaio são justamente os que menos podem renunciar a ela: o que eles criam também precisa ser ciência, mesmo que sua visão da vida haja transcendido o círculo da ciência. Se, por um lado, seu livre voo geral- mente é tolhido pelos fatos imutáveis da seca matéria, por outro, o ensaio costuma perder todo o seu valor científico, na medida em que, sendo uma visão de mundo, se antecipa aos fatos e os manipula livre e arbitrariamente. Até hoje, a forma do ensaio segue sem concluir o caminho que sua irmã, a poesia, já percorreu há tempos: o do desenvolvimento rumo à autonomia a partir de uma unidade primitiva, indiferenciada, com a ciência, a moral e a arte. No entanto, o começo desse caminho foi tão grandioso que os avanços subsequentes nunca o igualaram; quando muito, algumas vezes aproximaram-se disso. É claro que estou me referindo a Platão, o maior ensaísta que já viveu e escreveu, que extraiu tudo da vida que o circundava imediatamente e não precisou de nenhuma mediação; pois suas perguntas, as mais profundas já feitas, se vinculavam à vida viva. O grande mestre dessa forma foi também o mais feliz de todos os criadores – pois viveu em imediata vizinhança ao homem cuja essência e cujo destino eram a essência e o destino paradigmáticos de sua forma. Talvez até com um esboço tosco desse paradigma, não só devido ao seu maravilhoso poder de configuração, o resultado tivesse sido o mesmo, tão forte era aqui a concordância entre sua vida e sua forma. Porém, Platão encontrou Sócrates e pôde dar forma a seu mito, utilizar seu destino como veículo de suas perguntas, à vida, sobre o destino. E a vida de Sócrates é típica para a forma do ensaio, típica como nenhuma outra para qualquer outro gênero poético; com a única exceção de Édipo para a tragédia. Sócrates viveu sempre nas questões últimas; qualquer outra realidade era tão pouco viva para ele como eram suas perguntas para o homem comum. Os conceitos nos quais encerrou a vida foram vividos por ele com a mais intensa e imediata energia vital, sendo tudo o mais apenas uma parábola dessa única realidade verdadeira, significativa apenas como meio de expressão de suas vivências. Repercute nessa vida, repleta das mais ferozes disputas, uma profunda e oculta nostalgia; no entanto, a nostalgia é *a* nostalgia pura e simples, e a forma na qual aparece é a tentativa de conceituar a essência da nostalgia, de agarrá-la conceitualmente; as lutas, porém, são apenas disputas verbais, travadas para delimitar melhor certos conceitos. No entanto, a nostalgia preenche toda a vida, e as lutas seguem cada vez mais literalmente como lutas de vida e morte. Apesar de tudo, no entanto, não é a nostalgia que parece preencher a vida; nem a vida nem a morte podem expressar o essencial da vida e dessas lutas de vida ou morte. Se isso fosse possível, a morte de Sócrates teria sido um martírio ou uma tragédia, representável épica ou dramaticamente. Mas Platão sabia exatamente por que queimou a tragédia que escrevera na juventude. Pois a vida trágica é coroada apenas pelo seu desfecho; apenas o desfecho dá significado, sentido e forma a tudo, mas aqui – nos diálogos como na vida de Sócrates – o desfecho é sempre arbitrário e irônico. Uma pergunta é formulada e desenvolvida ao máximo, convertendo-se na pergunta de todas as perguntas, mas, ao final, deixa tudo em aberto; de fora, da realidade – que não guarda nenhuma relação com a pergunta, nem com aquilo que, como possibilidade de uma resposta, resultará numa nova pergunta –, sobrevém algo que interrompe tudo. Essa interrupção não é um desfecho, não nasce internamente, no entanto é o mais profundo desfecho, pois teria sido impossível finalizar a partir de dentro. Para Sócrates, cada acontecimento é apenas uma ocasião para ver os conceitos com mais clareza; sua defesa perante os juízes é apenas uma forma de levar os pobres lógicos a uma *reductio ad absurdum*. E sua morte? A morte não conta aqui, pois não se deixa apreender em conceitos e interrompe o grande diálogo, a única verdadeira realidade; interrupção que, pelo seu caráter brutal e extrínseco, se assemelha ao modo como aqueles grosseiros preceptores interromperam o diálogo com Lísias. Uma interrupção desse tipo só pode ser considerada de um ponto de vista humorístico, pois mostra uma enorme falta de conexão com aquilo que interrompe. Mas também é um profundo símbolo da vida – e, por isso, ainda mais profundamente humorístico – que o essencial seja sempre interrompido dessa maneira.

 Os gregos sentiram cada uma das formas presentes como uma realidade, como algo vivo, não como abstração. Por isso, já para Alcibíades ficou muito claro (o que Nietzsche muitos séculos depois enfatizaria) que Sócrates era um novo tipo de homem, profundamente diferente, com sua natureza elusiva, de todos os gregos que viveram antes dele. Mas Sócrates, no mesmo diálogo, também expressou o eterno ideal dos homens de seu tipo, ideal que nem os mais humanamente sensíveis nem os mais profundamente poéticos jamais compreenderão: que as tragédias e as comédias deviam ser escritas pelo mesmo homem; que o trágico e o cômico dependem completamente do ponto de vista adotado. Com isso, o crítico expressou seu mais profundo sentimento diante da vida: a prioridade do ponto de vista, do conceito sobre o sentimento. E formulou o pensamento mais profundamente antigrego.

Como você vê: o próprio Platão foi um "crítico", ainda que para ele a crítica fosse – como tudo o mais – apenas um pretexto e um meio de expressão irônicos. Para os críticos das épocas posteriores, isto se tornou o conteúdo de seus escritos: eles falam apenas de poesia e de arte e não conhecem nenhum Sócrates cujo destino lhes possa servir de trampolim para as questões fundamentais. No entanto, o próprio Sócrates já havia condenado esse tipo de crítico: "Pois me parece", diz a Protágoras, "que fazer de um poema objeto de uma conversação é muito parecido com aqueles banquetes de homens incultos e vulgares [...]. Conversas como a que travamos aqui, entre homens como a maioria de nós acredita ser, não necessitam de vozes alheias nem de poetas."

Que seja dito para a nossa felicidade: o ensaio moderno também não fala de poetas e livros – mas essa salvação o torna ainda mais problemático. Olha muito do alto, abarcando e relacionando muita coisa, a fim de poder expor ou elucidar uma obra; o subtítulo de todo ensaio, escrito com letras invisíveis, é: "Por ocasião de...". Tornou-se demasiadamente rico e independente para se pôr a serviço de algo, mas demasiadamente intelectual e multiforme para obter forma por si mesmo. Não se tornou ainda mais problemático e alheio ao valor da vida do que se falasse fielmente sobre livros?

Quando algo se torna problemático – e esse modo de pensar referido aqui, com seus meios de exposição, não se torna problemático, mas sempre foi –, a cura não pode advir senão de uma exacerbação do problema, de sua radicalização às últimas consequências. O ensaio moderno perdeu o horizonte da vida que deu sua força a Platão e aos místicos, e já não possui a fé ingênua no valor dos livros e na discussão sobre eles. O caráter problemático da situação se agravou a ponto de se tornar quase uma frivolidade necessária do pensamento e da expressão – e também um sentimento vital para a maioria dos críticos. Isso deixou claro que uma salvação havia se tornado urgente, logo possível, logo real. Agora, o ensaísta precisa concentrar-se em si mesmo, achar-se e construir algo próprio a partir de si. O ensaísta fala de um quadro ou de um livro, mas o abandona em seguida. Por quê? A meu ver, porque as ideias desse quadro e desse livro se tornaram preponderantes nele, porque ele esqueceu completamente todo o detalhe concreto, utilizando-o apenas como ponto de partida, como trampolim. A poesia é anterior e maior, é mais ampla e mais importante que todas as obras poéticas: é o mais antigo sentimento vital do crítico literário, mas ele só pôde tomar consciência disso em nossa época. O crítico foi enviado ao nosso mundo para esclarecer a primazia desse *a priori* diante do grande e do pequeno, para proclamá-la e para julgar todos os fenômenos com a escala de valores vislumbrada e obtida por meio disso. A ideia é anterior a todas as suas exteriorizações, é um valor anímico, um motor do mundo e um configurador do mundo: por isso é que uma crítica assim falará sempre da vida mais intensa. A ideia é a medida de todo ente; por isso, o crítico que manifesta sua ideia "por ocasião" de algo já criado também será o autor da única crítica verdadeira e profunda: só o que for grande e verdadeiro pode viver nas proximidades da ideia. Uma vez pronunciada a palavra mágica, desaparece tudo o que existe de quebradiço, pequeno e inacabado, aniquilando-se sua sabedoria postiça, sua falsa essência. Não é preciso "criticá-lo", a atmosfera da ideia basta para lançar a sentença.

Com isso, porém, a possibilidade de existência do ensaísta se torna problemática até a raiz: somente por meio da força julgadora da ideia contemplada é que ele consegue escapar do relativo e do não essencial – mas quem lhe outorga o direito de exercer esse papel de juiz? Seria quase correto dizer que ele toma de si mesmo, que cria a partir de si mesmo os valores que balizam seus julgamentos. Porém, nada está mais abissalmente separado do justo que o quase justo, essa categoria torta de um conhecimento medíocre e autocomplacente. De fato, o ensaísta extrai de si próprio seus critérios de julgamento; contudo não é ele quem os traz à vida e à ação: responsável por isso é o grande determinador de valores da estética, aquele que está sempre por chegar, mas ainda não chegou, o único encarregado de julgar. O ensaísta é um Schopenhauer que escreve os *Parerga* enquanto espera o seu (ou de outrem) *Mundo como vontade e representação*; é um João Batista que prega no deserto sobre alguém que está por vir, alguém cujas sandálias ele não é digno de desamarrar. E se este não chega, não fica o ensaísta sem justificativa? E se aparece, não se torna supérfluo? Não se torna completamente problemático com essa tentativa de justificação? O ensaísta é o tipo puro do precursor, e parece muito improvável que um precursor possa reivindicar algum valor e validade por si mesmo, portanto a despeito do destino daquele que anuncia. É muito fácil para ele se manter firme em face dos que negam sua realização no grande sistema redentor: com ímpeto jovial, a verdadeira nostalgia sempre triunfa sobre aqueles que, pelo cansaço, estacionam na configuração imediata e bruta dos fatos e das vivências; a simples existência da nostalgia é suficiente para decidir sua vitória, pois sempre desmascara tudo o que ostenta a forma aparente do positivo e do imediato, mostra que não passa de nostalgia menor e realização trivial, e aponta para a medida e a ordem, coisas a que também aspiram, sem o saber, aqueles que de modo covarde e vaidoso negam essas essências por considerá-las inatingíveis. Com atitude serena e orgulhosa, o ensaísta pode afirmar sua condição fragmentária diante das pequenas perfeições da exatidão científica e do frescor impressionista, mas também é certo que suas mais puras realizações, suas maiores conquistas, perdem a força com a chegada da grande estética. Agora, todas as suas configurações são apenas uma aplicação do critério que por fim se fez imperioso; o próprio ensaio passa a ser algo apenas provisório e circunstancial, seus resultados já não podem mais se justificar por si mesmos diante da possibilidade de um sistema. E aqui o ensaio parece ser, em sua verdade e plenitude, apenas um precursor; buscar um valor autônomo para ele seria vão. Contudo, essa nostalgia de valor e forma, de medida, ordem e meta, não possui apenas um fim a ser alcançado e pelo qual ela superaria a si mesma, convertendo-se numa arrogante tautologia. Todo fim verdadeiro é verdadeiramente um fim: é o fim de um caminho; caminho e fim não formam uma unidade nem compõem um par de iguais, mas têm uma coexistência: nenhum fim é atingido ou mesmo concebido sem que se trilhe incessante e renovadamente um caminho; não é um ficar, mas um chegar, não é um repouso, mas uma escalada. Assim, o ensaio parece justificar-se como um meio necessário para o objetivo supremo, como o penúltimo degrau dessa hierarquia. Mas isso é apenas o valor do que ele proporciona; o mero fato de sua existência encerra ainda outro valor, um valor mais autônomo. Pois aquela nostalgia chegaria ao fim com a descoberta de um sistema dos valores, superando, então, a si mesma; mas ela não é somente algo que espera por uma realização, e sim um fato anímico que possui uma existência e um valor próprios: uma profunda e original tomada de posição ante a totalidade da vida, uma categoria definitiva e não mais superável das possibilidades de vivência. Não necessita apenas de uma realização que a supere, mas também de uma configuração que salve e redima no valor eterno sua mais própria e indivisível substancialidade. O ensaio proporciona essa configuração. Pense no exemplo dos *Parerga*! Não se trata de uma diferença meramente temporal vir antes ou depois do sistema: essa diferença histórico-temporal é apenas um símbolo da diferenciação tipológica. Os *Parerga* antes do sistema retiram de si próprios seus pressupostos, criam um mundo inteiro a partir da nostalgia de sistema, e, desse modo, parecem configurar um exemplo, uma alusão; imanente e tacitamente trazem em si o sistema e sua imbricação com a vida viva.

Sempre serão anteriores ao sistema; ainda que o sistema já estivesse realizado, nenhum dos ensaios seria uma aplicação, mas sempre uma nova criação, um tornar-se vivo na vivência real. Essa "aplicação" cria tanto aquele que julga quanto aquele que é julgado, dando voltas em torno de um mundo a fim de trazer à eternidade o caráter único de algo que um dia existiu. O ensaio é um tribunal, mas sua essência, o que decide sobre seu valor, não é, como no sistema, a sentença, e sim o processo de julgar.

Somente agora podemos assentar no papel as palavras iniciais: o ensaio é uma forma de arte, uma configuração própria e cabal de uma vida própria e completa. Somente agora não soaria contraditório, ambíguo e equívoco referi-lo como obra de arte e, ao mesmo tempo, ressaltar enfaticamente suas diferenças em relação à obra de arte; o ensaio se posiciona diante da vida com o mesmo gesto de uma obra de arte, mas apenas o gesto, a soberania de sua tomada de posição, pode ser o mesmo; fora isso, não resta mais nenhum contato entre eles.

Era só a respeito dessa possibilidade do ensaio que eu queria falar aqui, sobre a essência e a forma desses "poemas intelectuais", como disse o velho Schlegel sobre os escritos de Hemsterhuis. Não vem ao caso discutir se o esforço de autocompreensão do ensaísta, há tempos em curso, está consumado ou se consumará um dia: aqui não é o lugar para levantar esse problema nem julgá-lo. O que importava discutir era apenas a possibilidade, apenas a questão de definir se o caminho que este livro tenta percorrer é de fato um caminho; não a de saber quem já o percorreu nem como; muito menos a extensão do percurso já trilhado por este livro: sua crítica está contida, com toda a agudeza e rigor, na intuição da qual se originou.

Florença, outubro de 1910

Tradução de Rainer Patriota

O ensaio
e sua prosa
Max Bense

Que ninguém se admire ao ver um lógico a ponto de dizer duas ou três coisas sobre as questões mais sutis da prosa, sua forma e seu estilo – duas ou três coisas que se costumam ouvir apenas da parte de críticos ou mestres da criação literária. Parece-me que é chegada a hora de examinar, tanto ao espelho do *esprit géométrique* como ao espelho do *esprit de finesse*, os elementos e os resultados do gosto literário e poético. Podemos nos valer das ideias de Pascal para traçar distinções precisas no domínio verbal e chegar a uma compreensão de certas formas características. Não seria bom que os poetas e os escritores se exprimissem de vez em quando sobre seu material, suas criações, sobre prosa, poesia, fragmentos, versos e frases? Creio que daí poderia surgir uma teoria respeitável, no âmbito da qual o processo estético se apresentaria não apenas como fruto da criação, mas também como fruto da reflexão sobre a criação. Além do mais, tal teoria teria a vantagem de ser de origem ao mesmo tempo racional e empírica.

Assim, bem podemos perguntar em linhas muito amplas: o que distinguiria uma passagem de prosa pura de uma de poesia pura? Como Sulzer já demonstrou, o verso por si só é insuficiente como fronteira entre uma e outra. A constatação é esclarecedora, mas, dito isso, é só com grande esforço que consigo acompanhar, ao longo das obras literárias, o traço sutil da transição contínua da poesia à prosa. Podemos tentar capturar a perfeição íntima disso que ora chamamos de prosa, ora de poesia, definindo a prosa como uma espécie de poesia generalizada. Desse ponto de vista, o ritmo e a métrica, que caracterizam toda poesia, se transfeririam em suave continuidade para os períodos bem articulados e para as cesuras bem cortadas do estilo prosaico; a ser assim, aquilo que Lessing chamou, numa fórmula tão bela, de "discurso sensível levado à perfeição" [*vollkommene sinnliche Rede*] se metamorfosearia na ordem de uma prosa que atinge sua densidade máxima e seu auge clássico nos fragmentos de Pascal, nos discursos de Galileu, nas meditações de Descartes, nos romances de Goethe e na metafísica de Hegel – ao mesmo tempo que neles atinge os limites da *dispersão* do fenômeno prosaico. Concluo que, em última instância, o poeta não pode ser compreendido senão a partir da poesia, assim como o escritor não pode sê-lo senão a partir da prosa; uma e outra exigem alguns comentários, antes que eu chegue a meu objeto propriamente dito.

O intelectual é ou bem um criador ou bem um educador. Ou bem cria uma obra ou bem defende uma convicção. Para a obra, o tempo é indiferente; para a convicção, não. Há uma diferença essencial entre o poeta e o escritor; num sentido ontológico, o poeta acrescenta ao ser [*das Sein vermehrt*], ao passo que o escritor, por obra de suas convicções, tenta manipular a essência do ser, tenta fazer valer o espírito concreto que ele representa.

Estou convicto de que a criação é uma categoria estética, ao passo que a convicção tem na ética o seu lugar natural, o que confere a cada qual uma autonomia ontológica. A arte interessa por suas criações, e todo estado estético produzido pela arte constitui uma aproximação ao ato de criação de um ser; por sua vez, o estado ético (em todos os seus graus, da convicção à revolução, da cultura à superação da mesma) está sempre às voltas com a essência desse ser [*das Wesen dieses Seins*]. A poesia consumada é expressão de um estado estético, ao passo que a prosa magistral trai sua origem ética. Portanto, a distinção sutil entre o estilo estético e o estilo ético (que se espelha na diferença entre o estilo idealmente poético e um estilo idealmente épico) é sempre uma distinção qualitativa entre modalidades, a despeito das sabidas transições entre uma e outra.

O escritor se volta para um espaço mais limitado e pacífico que o do poeta, mas nem por isso seu olhar é de comunhão ou meditação, ao contrário: ele é seletivo, imperativo, destrutivo, construtivo, inquieto. Só o escritor movido por uma convicção pode igualmente ser cientista, filósofo, crítico político ou religioso. Talvez seja preciso ter deixado para trás o prazer profundo da criação pura para substituir o canto pela vontade, pela meta ardorosamente perseguida. A mira posta no leitor desvia o escritor da criação, assim como a mira na utilidade desvia a ciência da verdade intocável. A paixão sem peias que responde pela criação da obra não se comunica facilmente com a vontade sem peias do espírito que representa uma convicção. A história das ideias nos ensina que o intelectual, o representante de uma convicção, ganha influência e se faz necessário nas épocas difíceis. A constatação beira o supérfluo. Ao contrário da prosa, a compreensão da poesia depende menos do contexto de época. Nesse sentido preciso, Lessing, Herder, Kierkegaard, Marx e Nietzsche são grandes escritores, interessados e empenhados no trabalho de tornar visível a essência humana. Hoje em dia, pertencem a essa mesma categoria autores como Gide, Sartre e Camus, na França, ou Unamuno e Ortega, na Espanha, ou ainda Gottfried Benn, Ernst Jünger, Walter Benjamin, Theodor Haecker e Karl Kraus, no âmbito da língua alemã.

Ora, pode-se observar nesses mesmos escritores uma peculiar coincidência de convicção e criação. Esses autores são todos casos intermediários, no sentido mais genuíno da palavra. Em sua criação reside inegavelmente a poesia, mas a expressão, a forma como a criação se dá e se apresenta, é da ordem do argumento porfiado – não do argumento fundado no *páthos* ou na demonstração cabal e grandiosa, mas do argumento que se articula discretamente, por meio da repetição incansável. Tal prosa lança luz e vida sobre os objetos de que ela fala e que ela gostaria de dar a conhecer; ao mesmo tempo, ela fala sobre si mesma, ela se dá a conhecer como expressão autêntica do espírito. É característico que esse modo de proceder se introduza mesmo nas construções verbais. As convicções estão embutidas na expressão do pensamento, que procede por meio de signos; no todo, a prosa se mostra como uma configuração de palavras, ela manipula signos e os associa a determinadas construções, períodos, passagens, em cujo âmbito devem se manifestar certos conteúdos determinados; ela respira o ar da mais estrita precisão, mas, ao fim e ao cabo, é apenas criptorracional. Ela oculta sua própria racionalidade. Por quê? Porque ela não quer ser pura convicção, porque ela ainda é poesia, porque ela só se remata no afã por uma criação sem mácula. Não pode ser de outra maneira quando se persegue uma meta ditada não apenas pela intenção, mas também pela forma, quando não apenas o conhecimento, mas também sua expressão e comunicação põem em movimento a vontade do autor – e o fazem a tal ponto que não será de admirar que a vontade vá mesmo "além do espírito", para dizê-lo nos termos da censura cartesiana. Em si e para si, a vontade literária é dominada pela razão, mas aqui a razão deve se ocultar, por amor à forma, que é da ordem do estético; de outro modo, ganharia evidência demais o aspecto ético, que não deve ser exclusivo, em que pese a adesão do autor aos pensamentos proclamados. Dito em outras palavras: a intenção de educar e influenciar por meio da forma introduz no espaço estético a repetição, a manipulação de signos, o cálculo, mas a impressão de racionalidade que assim se cria apenas simula o projeto ético, que deve permanecer oculto. Donde uma questão essencial: uma convicção derivada de meras formas estéticas é capaz de se fazer valer a longo prazo? A convicção não é sempre ideia, conteúdo? O problema das formas é um problema de abstração estética, e há sempre um ponto em que a abstração se converte no mais concreto dos atos. Uma vez que, por natureza, a convicção é manifestação de uma vontade que vincula a ideia à vida, a convicção é sempre um fenômeno existencial. Se for autêntica, ela não tem como suprimir esse seu momento existencial, e é por isso que sempre chega o ponto em que uma convicção – mesmo uma convicção estética – adentra o estado ético.

Podemos então admitir que entre a poesia e a prosa, entre o estado estético da criação e o estado ético da convicção, há um terreno intermediário que é digno de nota. De aspecto iridescente, oscilando numa ambivalência entre a criação e a convicção, ele se fixa na forma literária do ensaio. E com isso chegamos a nosso objeto. O ensaio é uma peça de realidade em prosa que não perde de vista a poesia. Ensaio significa *tentativa*. Podemos bem nos perguntar se a expressão deve ser entendida no sentido de que aqui está se *tentando* escrever sobre alguma coisa – isto é, no mesmo sentido em que falamos das ações do espírito e da mão – ou se o ato de escrever sobre um objeto total ou parcialmente determinado se reveste aqui do caráter de um *experimento*. Pode ser que ambos os sentidos sejam verdadeiros. O ensaio é expressão do modo experimental de pensar e agir, mas é igualmente expressão daquela atividade do espírito que tenta conferir contorno preciso a um objeto, dar-lhe realidade e ser [Sein]. Nem os objetos nem os pensamentos a seu respeito se dão em âmbito eterno ou absoluto, uns e outros se mostram como objetos relativos e pensamentos relativos. Por isso mesmo, o ensaio não chega a formular leis; contudo, seus objetos e pensamentos vão se ordenando lentamente, de modo tal que podem um dia vir a ser tema de teoria. Todo físico sabe que o experimento conduzido sobre um caso particular pode servir para a dedução de uma teoria, de certas leis; da mesma maneira, o ensaio prepara substratos, ideias, sentimentos e formas de expressão que algum dia virão a se tornar prosa ou poesia, convicção ou criação. O ensaio significa, nesse sentido, uma forma de literatura experimental, do mesmo modo que se fala de física experimental em contraposição à física teórica. Por isso, o ensaio não se confunde com a tese ou o tratado. Escreve ensaisticamente quem tenta capturar seu objeto por via experimental, quem descobre ou inventa seu objeto no ato mesmo de escrever, dar forma, comunicar, quem interroga, apalpa, prova, ilumina e aponta tudo o que pode se dar a ver sob as condições manuais e intelectuais do autor. O ensaio busca apreender um objeto abstrato ou concreto, literário ou não literário, tal como ele se dá nas condições criadas pela escrita.

Deve-se entender por procedimento experimental a tentativa de extrair uma ideia, um pensamento, uma imagem abrangente a partir de certa massa de experiências, considerações e reflexões. O autor fareja uma verdade, sem contudo tê-la em mãos; o autor vai fechando o círculo em torno delas por meio de sucessivas conclusões, fórmulas verbais ou mesmo reflexões digressivas que descobrem lacunas, contornos, cernes, conteúdos. A prosa que nasce daí não é transparente como uma teoria. No melhor dos casos, vamos ao encontro da gênese de uma teoria, presenciamos um nascimento e não nos livramos da impressão de que o processo criativo em alguma medida impede a visão unitária do todo. A mestria consumada no ensaio consistiria, pois, em levar o procedimento experimental encarnado na expressão verbal às raias do teórico, até o limite em que começa uma outra espécie de prosa – a teoria.

Desse modo, a reprodução linguística do pensamento experimental ou bem representa a gênese de um pensamento ou bem põe à prova a verdade desse pensamento num determinado contexto. Assim sendo, o ensaio pode ser visto como conclusão ou origem de uma ordem de pensamentos. E o ensaio tem sempre o caráter de uma prova, de uma prova que procede por meio de experimentos, tentativas – portanto, não uma prova de caráter dedutivo, mas uma prova de caráter experimental, ensaístico, pragmático. É claro que, assim como acontece com a capacidade de dedução, a capacidade de conduzir experimentos com ideias demanda um aprendizado prévio. Não basta escrever um punhado de poemas para ser ensaísta. É preciso ter ideias para escrever um ensaio, mas de nada serve entregar-se ao ecletismo das ideias. É preciso ter uma ideia de partida, a cujo nascimento estivemos presentes, para que se possa fazer experimentos com sua verdade; o sentimento, por si só, não basta.

Nesse sentido preciso, o ensaio é também um modo de comunicação experimental, de modo que deixa de depender formalmente do conteúdo de seus objetos: ele é o resultado de uma combinação dos contornos e dos contrastes desses objetos. O ensaio tem o direito formal de se valer de todos os meios de construção racional e emocional, bem como de todos os meios de comunicação racional e existencial – da reflexão, da meditação, da dedução, da descrição –; pode lançar mão tanto de metáforas como de sinais abstratos, da dúvida como da prova, da destruição como da provocação; tem o direito de levar uma tese ao extremo teórico, como pode também encobri-la para ganhar em concretude; a óptica perspectivística e a mecânica da montagem formam o aparato tecnológico dessa arte do experimento.

É claro que em todo ensaio ocorrem belas frases, que são como que seu germe, sua origem. É por essas frases que se sabe que essa prosa não tem fronteira fixa em relação à poesia. Essas frases elementares pertencem tanto à poesia como à prosa, são momentos de "discurso sensível levado à perfeição", momentos de um corpo linguístico que nos comove como se fosse a própria natureza, ao mesmo tempo em que são momentos de um raciocínio aguçado, de uma dedução rematada que nos comove como uma ideia platônica. Devemos aprender a ler nessas duas línguas se quisermos chegar a fruir plenamente de um ensaio... Caso contrário, acabamos por converter o ensaio numa sequência de aforismos, cada qual contendo um pensamento levado ao extremo, como se pode observar em Lichtenberg, Novalis ou Goethe – ou, senão, numa sequência de imagens poetizadas que, à maneira das *Iluminações* de Rimbaud, coligem os membros dispersos de uma "poesia infinita" levada quase à perfeição.

Chegamos a um novo momento de definição. Não salta aos olhos que todos os grandes ensaístas foram também críticos? Não salta aos olhos que todas as épocas marcadas pelo ensaio foram também, essencialmente, épocas críticas? O que isso quer dizer?

Avancemos por partes. Na França, o ensaio desenvolveu-se a partir do trabalho crítico de Montaigne. Suas indicações sobre como viver e morrer, pensar e trabalhar, desfrutar e penar são obra de um espírito crítico. O elemento em que se move sua reflexão é aquele dos grandes moralistas e céticos franceses. Montaigne é um espírito fundador, o iniciador de uma tradição crítica que determinou inteiramente os séculos 17 e 18. Há uma linhagem que leva de Montaigne a Gide, Valéry e Camus. Na Inglaterra, coube a Bacon desenvolver o ensaio; todos os seus ensaios comportam uma segunda intenção, que pode ser astuciosa, moralista, cética, iluminista – em suma, crítica. No fundo, foi ele que suscitou autores como Swift, Defoe, Hume, W.G. Hamilton, De Quincey e Chesterton, para não falar de modernos como Poe, Bertrand Russell, A.N. Whitehead, T.S. Eliot, Strachey, e assim por diante. Na Alemanha, pode-se assistir a como Lessing, Möser e Herder a um só tempo inauguram e dominam a nossa forma de literatura experimental. No caso de Herder, sobretudo nas inesgotáveis Cartas sobre o progresso da humanidade, que certamente constituem a mais significativa reunião de ensaios clássicos; é bem sabida a abundância de ideias críticas contidas neles. Friedrich Schlegel – ele mesmo um mestre da crítica e do ensaio – caracteriza Herder como o tipo puro do crítico e vê nele um protestante no sentido mais vasto do termo; Adam Müller, por sua vez, aponta Lessing e sua conferência sobre o surgimento da crítica alemã como uma fonte decisiva. Já mencionamos Dilthey, Nietzsche, Ortega y Gasset. A eles, seguem-se os mais jovens: Gottfried Benn, oriundo do expressionismo; Hofmiller, o crítico literário; Karl Hillebrand, que sabia partir do momento contemporâneo para chegar a uma visada analítica; Ernst Jünger, cujos ensaios conduzem experiências no tom sereno, meio cínico, meio cético, de um Montaigne; o precocemente falecido Eugen Gottlob Winkler, crítico de Jünger e de Stefan George; Rudolf Kassner, o incansável, sempre disposto a sublinhar, naquele seu tom ligeiramente velhusco, as vantagens históricas da inteligência analítica; Walter Benjamin e sua prosa grandiosa, rítmica, feita de imagens claras e reflexos perturbadores (basta citar dois exemplos, "Infância berlinense" e "Sobre alguns motivos em Baudelaire", em que a atmosfera [Stimmung] e a racionalidade são mantidas separadas, e um terceiro, "Rua de mão única", em que uma e outra se confundem); Thomas Mann, cujos períodos longos vertem a essência do épico no âmbito do ensaio, e isso num leque temático que compreende arte, história, psicologia e política; e finalmente os ensaístas austríacos, de Kürenberger e Speidel a Karl Kraus, Hofmannsthal e Stößl – este último chegou mesmo a consagrar ao gênero uma espécie de teoria, segundo a qual o "instintual" e o "consciente" se equilibram "harmoniosamente" no interior do ensaio.

O ensaio nasce da essência crítica de nosso espírito; seu prazer em experimentar deriva simplesmente de uma necessidade do seu modo de ser, do seu método. Para dizê-lo de forma mais ampla: o ensaio é a forma da categoria crítica do nosso espírito. Pois quem critica deve também, e necessariamente, conduzir um experimento, deve criar condições sob as quais um objeto se mostra a uma nova luz, deve testar a força ou a fragilidade do objeto – e é por isso que o crítico submete seus objetos a ínfimas variações. Se pedíssemos a um crítico literário que estipulasse certas leis e preceitos para a crítica à imagem do que as velhas poéticas faziam para outros gêneros literários, ele declararia que em toda boa crítica vige a lei que conserva a variação mínima do objeto – variação que intervém justamente ali onde a grandeza ou a miséria do objeto literário se tornam plenamente visíveis. O ensaísta trabalha sob a mesma lei, ela define o método de sua experimentação. Nesse sentido, o ensaio comporta tudo o que pertence à categoria do espírito crítico: a sátira, a ironia, o cinismo, o ceticismo, a argumentação, o nivelamento, a caricatura, e assim por diante. Ao privilegiar a forma literária do ensaio, o crítico se instala naquele terreno intermediário entre o estado ético, de um lado, e o estado estético-criativo, de outro; não pertence a nenhum dos dois, seu lugar é essa zona intermediária, o que, de um ponto de vista sociológico, significa que ele se situa entre as classes e entre as épocas, que ele encontra seus confrades ali onde se preparam as revoluções (explícitas ou silenciosas), as resistências, as subversões.

Já dissemos o que se alcança por meio do ensaio. Mas o que se torna visível por meio dele? A prática ensaística torna visíveis os contornos de uma coisa, os contornos de seu ser interior e exterior, os contornos do "ser-assim" do objeto. Mas os contornos que se desenham assim não correspondem a um limite, a uma fronteira substancial – ao menos não necessariamente. Em si mesmo, o experimento ensaístico independe da substância e pode até conviver com certa heterogeneidade desta; à maneira de uma sequência de aforismos, por exemplo, não é preciso ordenar tudo segundo princípios, sistemas, deduções. Não estamos sugerindo, porém, um parentesco entre o ensaio e o aforismo. As duas formas diferem quanto à amplitude, à densidade, ao estilo e ao fim: de um lado, reina a fórmula aguçada; de outro, reina ainda o épico. Só pode ser esse o sentido da declaração de Hofmiller, para quem o ensaio não tem como ser científico: ali onde a ciência se apresenta como suma, sistema axiomático-dedutivo operando num âmbito objetivo bem definido, o ensaio não é possível. Mas, na medida em que toda ciência fixa para si uma objetividade e faz dela um tema de reflexão crítica, o ensaio científico conserva a sua razão de ser. Há exemplos suficientes na Alemanha, na França e na Inglaterra. Vale citar o ensaio de Goethe sobre o granito. Max Weber, uma das últimas grandes cabeças científicas a cultivar o grande estilo, deu-nos dois exemplos desse ensaísmo de espírito científico em suas conferências sobre a "Política como vocação" e a "Ciência como vocação". Da mesma forma, os ensaios de Werner Heisenberg sobre "O desenvolvimento da mecânica quântica" e "As transformações dos fundamentos das ciências naturais" são exemplos modelares da prosa científica em alemão. Os ensaios históricos de Strachey, por sua vez, ilustram a arte anglo-saxã de experimentação literária aplicada ao domínio da ciência. Tal enumeração permite entender por que, em vez de uma distinção entre ensaio científico e ensaio literário, preferimos distinguir entre o espiritual [*schöngeistig*] e o perspicaz [*feingeistig*]. O ensaísmo espiritual aborda um tema estranho ao âmbito científico; a reflexão, muitas vezes digressiva, intuitiva e irracional, não deixa de ter clareza, mas essa não é a clareza da definição conceitual, e sim a de um olhar que atravessa o espaço poético ou intelectual em pauta. O ensaísmo perspicaz, fruto de um esforço de definição e axiomatização aplicado a um objeto mais ou menos bem determinado e pertencente a uma dada ciência, manifesta, por sua vez, uma índole lógica; seu estilo é o da clareza racional, ao qual ele não renuncia jamais. Ele analisa, reconduz aos fundamentos, descasca a substância, sem jamais perdê-la de vista. Talvez fosse o caso de acrescentar uma terceira categoria, a do ensaio polêmico, que não faz experiências com seu objeto para submetê-lo à iluminação crítica, mas para atacá-lo e destruí-lo. Nada se opõe a tal adição. Esse tipo de ensaio lança mão de todos os meios para levar o objeto a uma posição em que sua fragilidade, sua vulnerabilidade, sua instabilidade aparecem sob uma luz suicida; para tanto, ele não desdenha nenhum dos recursos do gênero e maneja tanto a reflexão espiritual como a análise perspicaz. Lessing possuía esse dom no mais alto grau, e quase todos os grandes polemistas da literatura universal foram também grandes mestres da experimentação polêmica.

Podemos agora dizer sem maior dificuldade o que caracteriza o ensaio de um ponto de vista literário e o que constitui sua substância. O ensaísta é um combinador que cria incansavelmente novas configurações ao redor de um objeto dado. Tudo o que se encontra nas proximidades do objeto pode ser incluído na combinação e, por essa via, criar uma configuração nova das coisas. Transformar a configuração em que o objeto se dá a nós, esse é o sentido do experimento ensaístico; e a razão de ser do ensaio consiste menos em encontrar uma definição reveladora do objeto e mais em adicionar contextos e configurações em que ele possa se inserir. De resto, esse procedimento não é despido de valor científico, pois o contexto e a atmosfera em que uma dada coisa se produz também merecem ser conhecidos e têm algo a dizer sobre essa mesma coisa. A configuração é também uma categoria da teoria do conhecimento, uma categoria a que não se chega por via dedutiva e axiomática, mas tão somente por meio dessa combinatória literária que substitui o conhecimento puro pela imaginação. A imaginação não cria novos objetos, ela confere certas configurações aos objetos – configurações necessárias do ponto de vista da experimentação, não da dedução. Todos os grandes ensaístas associaram o gênio da combinação a uma extraordinária potência imaginativa.

É bem verdade que não é fácil julgar se uma ideia e uma forma foram realmente trabalhadas de modo experimental; podemos sempre nos perguntar se estamos diante de um ensaio autêntico e até que ponto o escritor soube ir além do mero resumo. O ensaio é a forma literária mais difícil de se dominar e a mais árdua de se avaliar. Tomemos uma coisa qualquer, uma criatura como o pica-pau-verde. Uma descrição analítica não leva a mais que um trecho de Brehm,[1] mas basta, ao observarmos um pica-pau-verde, que pensemos na noção de ritmo e imaginemos que ele, no instante da Criação, encontrava-se no ponto de separação entre ritmo e melodia: o elemento experimental misturou-se ao mero resumo, ao trecho à maneira de Brehm. Passamos a experimentar com a ideia, examinamos a atividade cadenciada do pássaro de vários ângulos e, de repente, no meio de uma frase, nos damos conta de que tais combinações podem vir a ser pequenos modelos de um outro modo de ver as coisas. Então nos dizemos que estamos diante de "um autêntico [Ernst] Jünger" e nos perdemos deliberadamente nos mais ínfimos detalhes, ao mesmo tempo que não perdemos de vista uma ideia perfeitamente recortada e um homem cheio de convicções – o autor que, em *O coração aventureiro*,[2] dedicou um ensaio ao "raciocínio combinatório" e mostrou ser ele mesmo um mestre desse procedimento. É graças a essa técnica que a subjetividade do escritor, do homem de letras (no melhor sentido do termo), introduz-se na arte combinatória, de tal modo que a convicção teórica se transforma, aberta ou secretamente, em existência.

A convicção se faz ouvir às maravilhas no ensaio. Ter convicções significa também ser um sedutor, um tentador.[3] E com isso se fecha o círculo de nossa reflexão. O objeto é posto em evidência por via experimental, à luz de uma combinatória de conceitos e ideias, imagens e comparações; as convicções vão se desenhando na trama da escrita, antes de interpelar o leitor; assim nasce um autêntico escritor, o autêntico homem de letras no sentido de Lessing – um espírito e um coração que porfiam para possuir uma dada coisa. O ensaio rompe sua forma literária

---

[1]. Alfred Brehm, ornitólogo alemão do século 19, autor de *Vida ilustrada dos animais*, publicado a partir de 1864. [N. do T.]
[2]. *Das abenteuerliche Herz*, publicado originalmente em 1929 e – numa versão profundamente alterada – em 1938.
[3]. Em alemão, "sedutor" é *Versucher*, da mesma família que *Versuch*, "ensaio", "tentativa", "experimento". [N. do T.]

para ganhar fôlego ético, existencial, ao mesmo tempo que a categoria ética do tentador, com sua imagem e seu método próprios, ganha forma literária.

O intelectual que não visa à criação, mas à expressão de convicções, persegue um fim concreto, existencial. Como vimos, toda convicção tem viés existencial – e quer, portanto, agir sobre o existente. Sua ação é de inspiração socrática, mas, ao contrário de Sócrates, que dizia o que queria dizer por meio de diálogos à beira do dramático, o intelectual de hoje prefere o ensaio, uma vez que o esforço de tornar visível um aspecto da existência reveste-se de um caráter experimental. O ensaio substitui o diálogo dramático. Como gênero de monólogo reflexivo, ele possui uma forma dramática em que o aspecto dialético se transfere para a dimensão experimental. O conteúdo e a forma essenciais do ensaio consistem em fazer valer uma ideia segundo o modelo socrático ou em produzir um objeto por via experimental. Não se enuncia diretamente o que se quer dizer, como fórmula pronta, como lei, mas progressivamente, à luz da inteligência do leitor, por meio de sucessivas variações sobre o ponto de partida. O processo é semelhante, de um lado, à demonstração experimental de uma lei física e, de outro, à construção de uma dada configuração por meio do caleidoscópio.

Afirmei anteriormente que o ensaio, como indica seu nome, opera por via experimental, que ele não representa outra coisa senão a realização de um experimento, e acrescentei que não se trata exclusivamente de experimentos sobre ideias. Lichtenberg, que era mestre do gênero, afirmou certa vez que é preciso incluir a si mesmo no experimento. Ao fazê-lo, o ensaio autêntico vai além do ato estético ou ético; o procedimento intelectual desdobra-se no *páthos* existencial do autor. A teoria fica para trás, penetramos na esfera dos casos concretos, que se dão em carne e osso, num tempo e num espaço determinados, conforme exigia Kierkegaard, na contramão de Hegel. O que o ensaio faz? Ele busca uma realidade concreta que se destaca da teoria, a ocorrência concreta de uma ideia, refletida no próprio ensaísta.

Chegamos ao termo de nossa reflexão, cuja meta era assinalar a necessidade e a seriedade de um gênero literário desprezado por alguns. Essa forma não é fruto de uma época de fôlego curto e leviano, no geral destrutiva, apesar de digna de estima; é a situação crítica, a crise da vida e do pensamento, que faz do ensaio um gênero característico do nosso tempo. Ele serve à crise e à resolução da crise ao levar o espírito a experimentar, a rearranjar as coisas em novas configurações; ao fazê-lo, ele se torna mais do que simples expressão da crise. Reduzir o ensaio a uma arte da divulgação popular seria o mesmo que não compreender a que ele vem. Por sua essência crítica, o ensaio vai além da oposição entre o popular e o não popular.

Tradução de Samuel Titan Jr.

latitudes

Nossa América é um ensaio

Germán Arciniegas

A que se deve a predileção pelo ensaio – como gênero literário – na nossa América? Foram escritos ensaios entre nós desde os primeiros encontros do homem branco com o índio, em pleno século 16, muitos anos antes de Montaigne nascer. À primeira vista, tal antecipação surpreende, pois há outros gêneros literários que aparecem tardiamente na América. O romance começa com Fernández de Lizardi, entre 1816 e 1830, 200 anos depois das *Novelas exemplares* de Cervantes e três séculos após Bartolomé de las Casas escrever seu famoso ensaio em defesa dos índios. O mesmo ocorre com a biografia. Durante a conquista surgiram algumas das figuras mais destacadas que o povo espanhol conheceu em sua história: Balboa, Cortés, Francisco e Gonzalo Pizarro, Jiménez de Quesada, Pedro de Valdivia, Lope de Aguirre... E não se escreveu sobre elas uma única biografia. Foi um caso, desses que depois se repetiram em nossos processos literários, em que a paisagem, a floresta e a aventura multitudinária devoram o personagem. Muitos dos famosos cronistas tinham lido as *Vidas* de Plutarco, mas, em vez de se concentrarem num único homem, preferiam fazer a história da conquista da Nova Espanha ou de todas as Índias Ocidentais. Ercilla, ao compor o primeiro poema da épica espanhola, deixou de lado o herói singular e usou a guerra contra os araucanos como matéria coletiva de suas oitavas reais. Mas se a exploração como aventura e a guerra como história tentavam o escritor, não era menos tentador abordar os problemas intelectuais suscitados pelos descobrimentos. Vespúcio e Colombo já discutem os temas da geografia tradicional e alguns dos problemas mais apaixonantes do homem e do clima, e escrevem verdadeiros ensaios que causam polêmica na Europa.

A razão dessa singularidade é óbvia. A América surge no mundo, com sua geografia e seus homens, como um problema. É uma novidade insuspeitada que rompe com as ideias tradicionais. A América, em si mesma, já é um problema, um ensaio de novo mundo, algo que aguça, provoca, desafia a inteligência.

O fato de um continente inédito brotar de repente entre dois oceanos, um deles ainda inexplorado e o outro desconhecido, é categórico o suficiente para abalar academias e ginásios e sacudir a inteligência ocidental. De todos os personagens que entraram em cena no teatro das ideias universais, nenhum foi tão inesperado nem tão estranho como a América. A simples expressão "Novo Mundo", consagrada por Vespúcio, já indica o que iria acontecer na Europa com o surgimento da América. Não devem nos surpreender, então, os debates famosíssimos que foram travados, tanto de alcance religioso e espiritual como de ordem prática, sobre se os índios eram animais racionais ou não, se tinham alma ou não, se podiam ou não receber os sacramentos, se eram semoventes que podiam ser vendidos como animais. No século 20, ainda havia quem tivesse dúvidas sobre esses pontos, e falava-se em "índios animais". Não faz muito tempo, inclusive – será que ainda acontece? –, em alguns lugares da América vendiam-se fazendas "contendo tantos índios"...

Ao discutir o problema do paraíso terreno e sua localização nas terras que tinha à sua frente, Colombo trazia para o debate textos da Bíblia, dos santos padres, dos geógrafos mais antigos. Vespúcio provocava uma querela com os humanistas de Florença sobre a cor dos homens em relação aos climas e sobre a possibilidade de que as terras abaixo da Linha do Equador fossem habitadas por seres humanos. Foram esses os primeiros ensaios de nossa literatura. O ensaio, que é a arena natural para discutir essas coisas, com tudo o que há no gênero de estimulante, breve, audaz, polêmico, paradoxal, problemático, vigilante, pareceu desde o começo ser feito sob medida para que pudéssemos nos expressar. Ou para que os europeus se expressassem sobre nós. Mas é um gênero feito mais para nós do que para os estranhos, porque a experiência da América não era menos estimulante para aqueles que a viviam. Basta considerar o problema do maior cruzamento de raças que a história registra desde o aparecimento dos bárbaros na Europa. Chegam os conquistadores, sem mulheres, como um exército de homens dispostos ao abuso sexual, e em uma geração o hemisfério ocidental fica colorido de mestiços. Sobre cada mestiço paira uma sombra que nasce do encontro de uma alma branca com uma de cobre, de uma alma de cristão e outra de asteca ou inca, e debaixo dela se amplia o horizonte para esse estranho novo ser humano que tem pela frente as mais vastas dimensões de assombro e dúvida. Para nós, no século 16, Inca Garcilaso de la Vega, que encarna a mestiçagem ilustrada em dimensões quase fabulosas, é um homem-ensaio. É o ensaio sobre o mestiço que se transformou em *adelantado*[1] das letras. É um homem novo colocado numa balança cujo ponteiro parece impreciso, tremendo ao avaliar o peso que há em cada prato.

O ensaio, entre nós, não é um divertimento literário, mas uma reflexão obrigatória diante dos problemas que cada época nos impõe. Esses problemas nos desafiam em termos mais vivos que a nenhum outro povo do mundo. Não tivemos tempo de nos dedicar ao exercício das guerras, um exercício que parece tão exclusivo da história europeia. Isso soa paradoxal na Europa, onde se faz literatura demais acerca das revoluções do México e da América do Sul. Talvez seja essa a diferença. A América foi, na parte dela que é nossa, um continente de revoluções, e não de guerras. Tivemos tréguas que parecem incríveis em comparação com outras regiões do mundo. Três séculos sem uma guerra, sem sequer uma revolução, como tivemos na colônia, são três séculos que um europeu jamais conceberia. Aqui, onde as guerras servem para marcar a grandeza dos condutores de povos – é o que dizem as estátuas –, poderiam tratar-nos com o mesmo desprezo com que são vistos geralmente os homens que não brigam, e não com a contrariedade provocada pelos que procuram barulho. Entretanto, o mais extraordinário no nosso caso é que, quando tivemos que formar linha de combate para nossos homens enfrentarem desarmados as lutas contra os exércitos de Fernando VII, nunca pensamos numa guerra, mas numa revolução. Depois, nas histórias, falou-se da guerra ou das guerras de independência. É um erro: observando bem os documentos da época, vemos que ali se fala de revolução,

---

[1]. Título de nobreza concedido por serviços prestados à coroa espanhola, primeiro na própria Espanha e, mais tarde, nas colônias da América. [N. do E.]

e não de guerra de independência. E a revolução, naturalmente, era produto da agitação intelectual, dos ensaios que se escreveram como prelúdio à emancipação. Primeiro, se emancipou a mente, depois se foi à luta. A independência já estava consumada em 1810, quando foi proclamada a ruptura com a Espanha. Já se pensava livremente, e aí está a raiz da separação. Algo que ainda se pode ver na prática em nossos dias. Pensar com liberdade, sem se submeter aos dogmas cunhados em outras terras, já é uma emancipação do espírito, que é a que conta.

Poucas vezes se chegou tão a fundo nos nossos problemas, na problemática das nossas terras, como nos anos anteriores a Bolívar, a San Martín, a Bernardo O'Higgins ou a Miguel Hidalgo, quando fomos abrigados pelo grande movimento do Iluminismo, na segunda metade do século 18. Quando, depois disso, a febre romântica chegou à nossa América, os homens de letras, os potenciais caudilhos das nações americanas, já tinham formada uma consciência política que não era produto da agitação e da balbúrdia, e sim do estudo das realidades econômicas, dos sistemas de governo, das ciências naturais, da geografia das plantas e dos homens, coisas que irromperam todas de repente nas universidades americanas, onde nunca antes se ouvira nada além de discursos sobre Aristóteles ou São Tomás. A antecâmara de 40 anos em que se prepara a emancipação não se faz nos quartéis, mas nas salas de aula. Nosso choque com a Espanha não é preparado pelos generais, mas pelos universitários. Francisco José de Caldas, que escreve a respeito da influência do clima nos seres organizados, na Colômbia; Hipólito Unanue, que redige em Lima suas *Observaciones sobre el clima de Lima*; frei Servando Teresa de Mier, que, no México, especula sobre a época em que foi pintada a imagem de Nossa Senhora de Guadalupe; e Eugenio Espejo, que escreve em Quito sobre as epidemias, estão todos preparando, através de ensaios científicos ou filosóficos, um desprendimento que acaba encontrando seu nome: independência. Viajaram então para a América os ensaístas europeus, os sábios franceses que foram medir a Linha do Equador em Quito, Bougainville, o botânico, e principalmente o grande Humboldt, que dá à sua obra sobre o México o título de *Ensaio sobre a Nova Espanha*. Na verdade, o que ele viu foi o Novo México. E, viajando para as regiões equinociais, a Nova América. Os jesuítas se contagiaram da faina comum com a dúvida metódica. Um deles, Gabriel Daniel, escreveu uma *Viaje al mundo de Descartes*. Mas as letras, além disso, passaram dos religiosos para os laicos. De toda essa literatura ensaística acadêmica ao *Memorial de agravios*, de Camilo Torres, em Bogotá; ao *Memorial de los hacendados*, de Mariano Moreno, em Buenos Aires; aos discursos de Chilpancingo, no México, havia pouquíssima distância. Todos esses foram ensaios um pouco científicos, um pouco religiosos, um pouco políticos, e muito americanos. Por essa razão – que não se deve considerar empenho de um professor de literatura em classificar gêneros literários –, é indispensável voltar à velha terminologia e dizer que a independência das antigas colônias espanholas foi fruto da revolução – do ensaio, por que não dizer? –, e não originada pela guerra. A revolução foi um ensaio intelectual que acabou sendo um ensaio armado e que, assim como nasceu de problemas estudados por inteligências atrevidas, culminou com as próprias dúvidas republicanas que mantiveram o tom da revolução depois das vitórias de San Martín, de Bolívar ou de O'Higgins. É instrutivo recordar aqueles americanos que, no século 18, levaram a revolução à Espanha, como o peruano Pablo de Olavide, que se irmanou com Pedro Rodríguez de Campomanes e Gaspar Melchor de Jovellanos nas reformas sociais e agrárias; os que colaboraram com os espanhóis no solo americano, como os da missão botânica que acompanhou o sábio José Celestino Mutis; ou os espanhóis que viram com espanto os erros da colônia, como Antonio de Ulloa e Jorge Juan. De tudo isso, surge uma literatura universal, na qual a América passa a ser o problema que se discute tanto em São Petersburgo como em Upsala, Londres ou Paris. Catarina, a Grande mantinha em sua corte o venezuelano Francisco de Miranda e recebia informações de Bogotá, que repassava ao gaditano Mutis; foi a primeira vez que se olhou com interesse, na capital das Rússias, para as coisas da nossa América: no caso, da Colômbia. Lineu recebia em Upsala as notícias da escola botânica instalada num vilarejo do interior da Nova Granada chamado, com um mau nome, Mariquita. William Pitt, em Londres, conversava com Francisco de Miranda, com Andrés Bello e com Bolívar. Humboldt, em Paris, com os que chegavam do México ou da Venezuela. Os jesuítas expulsos – movidos pela perseguição que sofreram, que despertou neles ímpetos já adormecidos – formaram, na Itália, uma cátedra de americanismo que chegou a momentos líricos admiráveis, como aquele em que Rafael Landívar cantou a natureza da Guatemala em versos latinos.

Essas reflexões são apenas alguns poucos exemplos, entre muitos, de uma América onde tudo é assim. O surgimento de novas terras, novos homens, novas religiões, novos tipos de família e novos sistemas de costumes é o que domina os tempos do descobrimento e da conquista, a tal ponto que nasce então a sociologia, com vários séculos de antecipação a Comte e a Spencer. A mestiçagem é a medida de profundidade da colônia. Mais tarde, a democracia e a república, a revolta contra os reis da Espanha, o processo da independência terão tanto do novo mundo quanto a primeira aparição física do continente americano ou a do homem metade branco, metade índio. Compartilhamos a aventura política da república com os Estados Unidos, mas nosso lado continuou sendo muito mais problemático, contraditório, heterogêneo e difícil. Na América do Norte, houve uma simples separação de colônias brancas num mundo inglês onde já se estava incubando havia tempo um governo próprio e representativo. Nós, ao contrário...

Nós damos um salto mortal no abismo da grande aventura. Nossos republicanos de 1810 não desafiam simplesmente uma potência imperial e bem assentada, como era a Espanha herdeira dos mapas confeccionados nos tempos dos Carlos e dos Filipes: eles se rebelam contra a tradição ocidental. A América Espanhola ficaria independente sem contar com famílias nobres nas quais se basear ou se estribar para ter aristocracias que pudessem reinar.

Em 1810, a república era um risco elevadíssimo. Os Estados Unidos, de formação recente, careciam de qualquer comprovação histórica. Ali se tratava, mais que de um ensaio, de um experimento científico, de uma hipótese de trabalho. Em toda a Europa não havia nada seguro fora da monarquia. A França magistral, em cujo próprio coração fazemos ressoar hoje a voz das nossas dúvidas – e a das nossas ingênuas esperanças –, não passava de uma escola de fracassos. A república, que sob o signo da Bastilha em chamas tinha nascido com sangue até os tornozelos e no fio da guilhotina, havia passado sucessivamente do governo da convenção e do terror ao diretório, ao consulado e ao império. Esta é a física verdade: nossa América, ainda mais fraca, enfermiça e escura em 1810 que em 1963, resistiu à experiência da república, e a França resplandecente da *Enciclopédia* e dos direitos humanos não resistiu a ela. Hoje mesmo, aqui, estamos na quinta república. Bolívar, na Jamaica, derrotado pela superioridade militar dos espanhóis, olhava o futuro não com a vista voltada para um claro horizonte longínquo – naquele momento nada era claro –, mas mirando por dentro os abismos de suas próprias dúvidas. O que pensaria o Libertador sobre a possibilidade de termos governos representativos e democráticos em nossa América? Em determinados momentos, o pior. Sua capacidade crítica se detinha diante da muralha de perguntas e problemas que sua honestidade intelectual e sua franqueza não lhe permitiam ignorar nem calar. A única coisa legítima era a dúvida, e o mais fabuloso, como aventura humana, é se decidir heroicamente a impor a afirmação brutal da independência contra o que parecia uma lei da natureza. Mas era essa sua fórmula de luta, e seu discurso sobre o método. Isso sim, de fato, pode ser chamado de ensaio de carne e osso. Um ensaio que adquire sua expressão literária na famosa Carta da Jamaica, ou no Manifesto de Cartagena, ou no Discurso de Angostura, os três grandes escritos de Bolívar.

No processo da independência, na criação das repúblicas ao longo de toda a América Espanhola, e de uma forma agudíssima que não se conheceu no Brasil, nem nos Estados Unidos, nem no

Canadá, tudo é discutível e tudo é incerto, e em tudo há incitações constantes à reflexão e ao debate. Não se sabe se é melhor optar pelo caminho inédito das democracias representativas ou pelo trilhado e secular das monarquias. Não se sabe se é melhor adotar a fórmula federal dos Estados Unidos ou incorporar à teoria republicana algo do poder centralizado dos sistemas europeus. Não se sabe o que fazer com a Igreja em nações católicas, apostólicas, romanas, mas onde a alta hierarquia se levantara muitas vezes contra os republicanos, a ponto de os pais da independência mexicana, os padres Hidalgo e Morelos, terem sido condenados pela Inquisição. Não se sabe o que fazer com os militares que nasceram nas lutas da revolução, foram os heróis das vitórias e, ao chegarem à praça tranquila da república, continuam a cavalo desafiando os direitos civis, o império da lei.

Mais uma vez se apresenta na literatura americana o conflito entre a biografia e o ensaio. E triunfa o ensaio.

Não existe, entre os livros escritos no nascimento das repúblicas, uma grande biografia de Bolívar, de Santander, de Artigas, de San Martín, de O'Higgins, de Hidalgo... Mas se multiplicam ensaios sobre suas ideias políticas. A selva dos problemas devora os homens. Há mais o que dizer sobre Montesquieu ou sobre o *Contrato social*, sobre as ideias de Filadélfia ou sobre os direitos do homem que sobre a vida de um general, mesmo que exista um libertador que supere as dimensões de um herói legendário. Com a independência, nossa América acentuará sua qualidade de mundo de contradições e problemas. Às vezes, nos parece um mundo intelectual demais, mesmo na barbárie quase primitiva dos nossos choques bélicos. Mas não pode ser diferente. A América do Norte avançava pelo progressivo caminho aberto de uma evolução democrática, que vinha da tranquila instalação dos puritanos na Nova Inglaterra, e nós éramos a revolução em forma de tragédia: com uma violência dialética negávamos a rígida autoridade real em que nos educamos e que nos dominou por três séculos, buscávamos saídas por caminhos obscuros e inseguros rumo a céus abertos que não passavam de fruto da nossa imaginação. Também se disse que agimos com excesso de imaginação, mas, na verdade, se não fosse ela, teríamos sido obrigados a recuar nas primeiras jornadas e a abandonar a nossa independência, produto da imaginação romântica, filha natural da louca da casa.

Não podemos esquecer que os *comuneros*[2] do Paraguai já discutiam os problemas dos direitos do povo antes que Rousseau escrevesse o *Contrato*, e que Rousseau era objeto de estudos no México quando seus livros ainda estavam com a tinta fresca na França. Que Mariano Moreno traduziu o *Contrato* e o prefaciou como introdução à independência argentina. Coincidência fortuita: Moreno publicou o livro na Gráfica dos Meninos Enjeitados...

Adotar a fórmula republicana não foi algo com que todos concordaram de imediato. No México, Iturbide se proclamou imperador e, mais tarde, um partido reacionário foi encomendar um imperador na Europa; assim conseguiram Maximiliano. Mais tarde, tivemos na América indo-espanhola o exemplo do império do Brasil. No séquito de Bolívar, tanto quanto no de San Martín, não faltavam monarquistas. Flores pensou numa espécie de reconquista espanhola para o Equador, e García Moreno quis colocá-lo sob a proteção de Napoleão III. Por razões que os teóricos da época acabaram deixando claras, chegou-se à república. Mas que república? O debate entre federalistas e centralistas ou unitários invade as gazetas e chega aos livros. Em termos locais, acaba sendo um debate entre os caudilhos bárbaros e a lei civil. A luta chega a tais extremos que nos parece que a história é um gênero demasiadamente acadêmico e clássico para acolher cenas tão violentas como as que cobrem de sangue, lágrimas e lama as jornadas trágicas de algumas repúblicas. É mais fácil pintar tais coisas em romances do que em textos cingidos à prova documental. Entende-se mais claramente a época de Rosas nas páginas de

---

2. A partir do século 16, o Paraguai foi palco de uma série de rebeliões conhecidas como *comuneras*, que defendiam que o poder do rei espanhol não poderia se sobrepor à vontade popular. [N. do E.]

El Matadero, de Esteban Echeverría, ou de *Amália*, de José Mármol, que nos livros de história argentina. Ou melhor: a história está em *El Matadero* e em *Amália*. E, no entanto, acima do romance surge o ensaio. *Amália* passa, *El Matadero* se reduz a um episódio, e, em contrapartida, o ensaio de Sarmiento *Facundo: civilização e barbárie* continua a ser o livro-chave que todos lemos e que permanecerá sendo a grande obra da época. Mesmo o romantismo como ferramenta, como método, como ponto de encontro entre os homens da época está mais vivo na polêmica que envolve, no Chile, Bello, Sarmiento e Jotabeche do que nos romances. Esse diálogo polêmico é o grande romance e é a vida. É uma discussão que se desenvolve à margem da ditadura da *mazorca* e dos enemas de pimenta, quando se ouve em Santiago do Chile o trote dos cavalos puxando a galope a carruagem em que Facundo Quiroga se dirige para a morte.

O mesmo Echeverría, poeta e romancista, está mais à vontade no ensaio que em seu poema "La Cautiva", no relato anedótico ou no poema lírico, e assim escreve *Dogma socialista*, livro muito mais importante e fundamental. No meio dos embates revolucionários que, em todo o século 19, abalam a antiga América Espanhola, a urgência de encontrar alguma solução estrutural faz com que a luta pelas mudanças nas constituições nacionais venha a se tornar o grande exercício da inteligência para aquelas gerações batalhadoras. Em alguns casos, o debate chega a produzir ensaios magistrais. O livro *Bases y puntos de partida para la organización política de la República Argentina*, de Juan Bautista Alberdi, escrito como fundamento para a constituição que o país adotará após a queda de Rosas, é um ensaio que concentra a mais razoável e clara exposição daqueles tempos. Quando Alberdi se refere aos erros da constituição argentina de 1826, mede assim o problema da originalidade nas novas repúblicas:

> O congresso fez mal em não aspirar à originalidade. A constituição que não é original é ruim, porque, devendo ser expressão de uma

combinação especial de fatos, de homens e de coisas, deve oferecer essencialmente a originalidade que afeta essa combinação no país que há de constituir-se. Estará longe de ser extravagante a constituição argentina que se desassemelhar da dos países mais livres e mais civilizados (como dizia o mencionado relatório); a maior extravagância seria pretender reger uma população pessimamente preparada para qualquer governo constitucional pelo sistema que prevalece nos Estados Unidos ou na Inglaterra.

Esse problema da originalidade não é provocado por um inútil desejo de singularidade: ele se impõe pelas circunstâncias. Já era tão vivo em Bolívar como foi depois em Alberdi. Dirigindo-se aos constituintes de Angostura, em 1819, o venezuelano estava como que respondendo antecipadamente aos argentinos de 1926 com estas palavras que coincidem admiravelmente com as de *Bases y puntos de partida*:

> Devo dizer que nem remotamente passou por mim a ideia de assimilar a situação e a natureza de Estados tão diferentes como o inglês-americano e o espanhol-americano. Não seria dificílimo aplicar à Espanha o Código de Liberdade política, civil e religiosa da Inglaterra? Pois é ainda mais difícil adaptar na Venezuela as leis do Norte da América. Não diz o *Espírito das leis* que estas devem ser próprias para o povo para o qual se fazem?, que é um grande acaso que as de uma nação possam convir a alguma outra?, que as leis devem ser relativas às características físicas do país, ao clima, à qualidade do terreno, à sua situação, à sua extensão, ao gênero de vida dos povos, referir-se ao grau de liberdade de que a constituição pode usufruir, à religião dos seus habitantes, às suas inclinações, às suas riquezas, ao seu número, ao seu comércio, aos seus costumes, às suas maneiras? Eis o Código que devíamos consultar, e não o de Washington.

Bello aborda o mesmo problema quando estabelece as bases da Universidade da América, ao inaugurar a do Chile, anos depois de Bolívar e de Alberdi. No discurso de 1843, ele dizia:

A universidade estudará as especialidades da sociedade chilena do ponto de vista econômico [...]. Examinará os resultados da estatística chilena, contribuirá para formá-la e lerá em seus algarismos a expressão dos nossos interesses materiais. Porque tanto neste como nos outros ramos o programa da universidade é inteiramente chileno; se toma emprestadas da Europa as deduções da ciência, é para aplicá-las ao Chile. Todos os caminhos em que se propõe a dirigir as pesquisas dos seus membros, o estudo dos seus alunos, convergem para um centro: a pátria... A medicina pesquisará, seguindo o mesmo plano, as modificações que seu clima, seus costumes, seus alimentos dão ao homem chileno.

E cinco anos depois, em seu relatório sobre o plano de estudos, insistia:

> Ainda estaremos condenados a repetir servilmente as lições da ciência europeia, sem nos atrever a discuti-las, ilustrá-las com aplicações locais, dar-lhes uma imagem de nacionalidade? Se assim fizéssemos, seríamos infiéis ao espírito dessa mesma ciência europeia e lhe tributaríamos um culto supersticioso, que ela mesma condena [...]. Existem poucas ciências que, para se ensinarem de modo conveniente, não precisam se adaptar a nós, à nossa natureza física, às nossas circunstâncias sociais. Será que iremos buscar a higiene e a patologia do homem chileno nos livros europeus, e não estudaremos até que ponto a organização do corpo humano é modificada pelos acidentes do clima do Chile e dos costumes chilenos? Um estudo tão necessário poderá ser feito em outra parte, além do Chile?

A partir da independência, ocorre na América um fenômeno social único na história do mundo contemporâneo. As três raças e todos os seus matizes passam a formar o corpo das novas repúblicas num plano democrático, pelo menos teoricamente. Inca Garcilaso foi um pouco cidadão de dois mundos. Do inca por sua tradição e seu sangue principesco, do espanhol por motivos idênticos. Mas como inca já era suspeito, porque, afinal de contas, era filho do capitão Garcilaso de la Vega, e como espanhol era suspeito por ser filho de uma índia peruana. Tinha complexos que tornaram mais intensas as experiências em seus dois mundos, e só foi salvo por uma genial capacidade de circular em um terceiro mundo, o das letras, que, de certo modo, era ideal para evasões. Mas com a independência os índios deixam de ser tributários do *encomendero*,[3] não são mais servos da *mita*[4] e caminham para sua própria liberação. Para os negros, vem a libertação da escravatura. Os próprios espanhóis se livram dos espanhóis europeus. A partir de então, e até agora, o problema das raças cresce aqui numa escala que nem a Europa nem qualquer outro continente jamais conheceram, e, por isso, não se limita para nós a pitorescas notas de cor: penetra na raiz da nossa formação democrática. E mais: depois vem a segunda onda de imigração, ainda mais caudalosa, e, ano após ano, sobretudo no final do século 19, várias centenas de milhares de italianos, poloneses, sírios, franceses, ucranianos, alemães, espanhóis chegam a Buenos Aires, Montevidéu, Rio de Janeiro, Havana, São Paulo... Sarmiento escreve *Conflicto y armonías de las razas en América*; Carlos Octavio Bunge, *Nuestra América*; Alcides Arguedas, *Pueblo enfermo*; José Vasconcelos, *La raza cósmica*; Fernando Ortiz, uma coleção de obras sobre o fenômeno afro-cubano, tudo isso sem contar a vasta produção dos sociólogos do Brasil.

A filosofia da história preparada pelos europeus – como a formulam Kant, Hegel, Marx, Spengler ou Toynbee – se rompe ao chegar ao solo da nossa América. Do seu lado, o problema da mestiçagem, dos caudilhos, das vacilações democráticas, da convivência na mesma casa-grande entre o compadre rico e o compadre pobre, dos americanos do Norte e os americanos do Sul, o bombardeio constante de filosofias estranhas desde os tempos

---

3. Encarregado pelo Império espanhol de catequizar e explorar comunidades indígenas nas colônias. [N. do E.]
4. Trabalho compulsório temporário imposto aos indígenas pelos colonizadores espanhóis. [N. do E.]

da Enciclopédia até os tempos do comunismo, a persistência com que o nazismo, o fascismo, o falangismo espanhol, o corporativismo português, o comunismo russo, o comunismo chinês quiseram se infiltrar em nossos ambientes políticos, a dificuldade dos velhos impérios europeus de se retirarem do solo americano, a penetração do capitalismo norte-americano, a ameaça da reconquista espanhola, a invasão francesa no México, as cobranças de dívidas que as potências europeias faziam com esquadras de guerra, a teoria e a prática do destino manifesto dos Estados Unidos criaram circunstâncias em nossa América – e continuam criando – que somente nós podemos interpretar. Mas criam, sobretudo, problemas.

Durante o século 19, o novo romantismo de Victor Hugo e outras escolas literárias influenciaram muito nossa literatura, porém, mais que esses impulsos no campo da ficção, o que nos moveu foi o positivismo. Nossos homens de letras foram, mais que literatos, intelectuais. É notável que na Colômbia se fale mais da *Reforma política* de Rafael Núñez que de *María* de Jorge Isaacs, que Lastarria ocupe no Chile tanto espaço como Blest Gana, que o *Cesarismo democrático* de Vallenilla Lanz seja mais conhecido que *Sangre patricia* de Díaz Rodríguez. *Ariel* é um ensaio que foi mais lido do que qualquer romance. Alfonso Reyes é um nome do ensaísmo conhecido na América tal como se conhecem na Europa os nomes dos romancistas. E, mesmo o próprio romance, entre nós, costuma ser um ensaio disfarçado. São assim todos os do *aprismo*, a partir de *El mundo es ancho y ajeno* de Ciro Alegría, e os de índios e *cholos* do Equador, com Jorge Icaza à frente. Nossa América continua sendo um problema, e não nos é possível escapar das suas tentações e desafios.

Tradução de Ari Roitman e Paulina Wacht

O ensaio literário no Brasil

Alexandre Eulalio

CAMPO E CONTRACAMPO

Cercado por quase todos os lados pela atividade interessada, o ensaio literário – enquanto ensaio e enquanto literário – é uma península estética de maré muito variável. Na baixa, a sua superfície caminha em direção às áreas vizinhas, muitas vezes anexando, quase sem o perceber, vastas regiões limítrofes à sua própria. Daí a necessidade de restringir, ainda que de modo artificial, essa movediça ordem de dissertação, que a todo momento confina com a filosofia e a política, a novela e o documento, dentro de um campo que compreende tanto a erudição pura quanto o apontamento ligeiro do *fait divers*. Esse é o motivo de, nas páginas que se seguem, limitarmos a apresentação do ensaísmo brasileiro, nos espichados e arbitrários anos que vão de 1750 a 1950, ao seu sentido geral de livre comentário estético, expresso dentro de um critério mínimo de prosa literária cultivada. E que desse modo compreenda tanto as considerações críticas e interpretativas sobre a história da cultura nacional, na sua esfera própria de "belas-letras", quanto a variação mais ou menos livre, séria ou jocosa, sobre sentimentos, fatos, pessoas, sucessos.

Examinado apenas nas suas modalidades formais ou temáticas, indiferentemente da extensão de artigo de jornal ou infólio, tentamos sintetizar aqui a evolução do ensaísmo brasileiro nas três maneiras que nele parecem fundamentais, a saber: (a) o ensaio subjetivo – fantasioso, pessoal, egotista –, chamado em inglês de *familiar essay*: um dos raros gêneros que, talvez por estar ligado de modo indissolúvel à imprensa periódica, pão nosso de cada dia, goza de idêntico favor do público desde o pré-romantismo; (b) o ensaio crítico enquanto discussão estética do fato literário, sob a forma de estudos, análises, notícias, resenhas, recensões; e ainda o de ideias gerais, enquanto nele for voluntária, evidente e predominante a expressão literária, "artística"; (c) o ensaio descritivo, narrativo e interpretativo de intenção estética, cuja objetividade expositiva afasta-o da profissão personalista do gênero (a): descrição de costumes e tipos, "memórias sentimentais" etc. Naturalmente não devem ser esquecidas outras variantes consideradas ensaísticas, sejam aforismos, máximas, provérbios, "as bases do ensaio";[1] assim como polêmicas, sátiras, cartas abertas, panfletos e mais, que ainda se caracterizem como reflexão de índole mais ou menos remotamente moral, e composição literária próprias ao ensaio.

Talvez cause espécie esse reunir sob a mesma designação geral das diversas variedades de prosa enumeradas acima. Embora definido na edição original do *Dicionário* de Morais como "escrito em que se examina alguma coisa", talvez repugnasse ao espírito da língua essa identificação indeterminada de ensaio segundo a acepção mais propriamente inglesa, pouco corrente entre nós. Tanto mais que em nossa linguagem "ensaio" sempre quis significar a designação modesta para "tratado", conforme é fácil verificar através dos exemplos que vêm do século 18 para o 19. Ainda hoje empregamo-lo, não sem algum hesitar, como sinônimo imperfeito de "estudo".

Mais forte do que tal costume em aberto é, contudo, a acepção mais estritamente literária da voz, geralmente aceita como transitando de Montaigne para os folhetinistas ingleses, e destes universalizando-se nas demais literaturas. Ainda que com a tendência de fixar o *essay* na acepção subjetiva de peça fantasiosa e livre de pequena extensão, a partir da decisiva celebridade das

---

[1]. Robert Withington, "Essay", verbete da *Encyclopaedia Americana*. "Uma das raízes do ensaio pode ser encontrada nos provérbios gnômicos ou aforísticos como os do Livro dos Provérbios, Eclesiastes e Eclesiástico, ou em coletâneas dessas máximas. Marco Aurélio Antonino (121-180) escreveu suas *Meditações* mantendo a antiga tradição representada pelas *Máximas* (1663) do duque de la Rochefoucauld (1613-1680) e pelos aforismos de Benjamin Franklin em seu *Almanaque do pobre Ricardo* (1732-1757)." John M. Berden assinala mesmo a existência de um ensaio propriamente aforístico, peculiar à mentalidade conceptista que tanto marcou uma das vertentes do gênero: "Uma série de aforismos unidos pela referência a um assunto comum, como os ensaios de Bacon e, em menor grau, os de Emerson. Aqui, apesar da geometria, a parte pode ser maior do que o todo, pois as frases individuais são sugestivas fora de seu contexto e se prestam facilmente à citação."

gazetas setecentistas, não há maiores motivos para que não seja estendida também ao português essa acepção, lado a lado com as outras que já designam esse gênero essencialmente flexível. Não é menos translato o nome de "crônica" que, desde fins do século passado, chamamos à variante coloquial do gênero.

Acolhendo assim debaixo do nome de ensaio tanto composições longas, à maneira do tratado antigo, como as peças curtas e ligeiras, interessou-nos antes de tudo o critério estilístico da prosa literária de não ficção, que tornaria possível estudar, no seu conjunto, manifestações diferentemente aparentadas entre si. Que eram, em última instância, os mesmos escritos artísticos "em que se examina alguma coisa, como o ensaiador os metais" registrado pelo velho dicionarista. Com *humour* e estilo, o argentino José Edmundo Clemente já havia dito: "*Definir el ensayo es una tarea superior a la ambición de escribirlo*" (*El Ensayo*. Buenos Aires: Ediciones Culturales Argentinas, 1961, p. 7).

Colocado diante do complexo programa de sintetizar, em rápido conspecto, o ensaio literário no Brasil, o autor tentou, sempre que possível, caracterizar concretamente a visão do conjunto e do pormenor.

ENSAIO & ENSAIO

Até primórdios do século 19, a prosa de não ficção em nossa língua ao deixar de ser científica é quase só mística, didática ou acadêmica. Se se excetua a figura por todos os títulos notável de d. Francisco Manuel de Melo, precursor de um gênero que também se acusa em obras diferentes entre elas como a maquiavélica *Arte de furtar* ou os escritos vários dessa boa figura que é o Cavaleiro de Oliveira, o ensaio em Portugal existe apenas na acepção de monografia especializada, significando memória maciça, ou observações, considerações e notícias eruditas. No sentido de livre comentário de ideias gerais, no de discussão ora pessoal ora objetiva de um determinado tema, conforme já vinha se generalizando nos grandes centros europeus, nos meados do século 18, escapa quase de todo da área portuguesa; será necessário rastrear os bons autores para neles encontrar tais exemplos de índole ensaística. O único gazetear permitido, e isso porque aristocrático, ciceroniano, intemporal, é a publicação em volume de cartas literárias, que o autor, numa tentativa de discreta espontaneidade antiga, rotulará de familiares. Numa época de minudente formalismo essas constituíam pelo menos um convite ao cotidiano e o seu quase pastoral desalinho. Com a vantagem edificante de ainda pertencerem à literatura "de exemplo", pelas lições de bem viver que sempre continham.

IMPRENSA, DESPOTISMO, LUZES

Fora da folha oficial, lacônico diário do governo (que tem início em 1715 e mesmo assim interrompe-se de 1762 a 1778),[2] todas as tentativas de periodismo são efêmeras em Portugal. O espírito cosmopolita do fidalgo douto e do clérigo sabedor do Seiscentos atrofia-se aos poucos nos seus sucessores burgueses do Século das Luzes, sem o meio próprio de expressão daqueles, que pretendem alcançar um público vasto. Só a imprensa não limitaria a uma pequena parcela da nobreza, do clero e do terceiro estado mais próspero, a divulgação da cultura, até então confinada à livraria do erudito ciumento.

"Luz para todos": o apelo a uma geral concidadania do espírito contudo está vedado aos súditos do velho reino ocidental. O espírito do século deve ainda dividir-se, sem aparente síntese, entre os seus extremos: a atmosfera da Coimbra reformada, as salas severas da Real Academia das Ciências, ou então o chá e viola dos salões literários, a instabilidade de Arcádias e outras sociedades letradas, onde o magistério estético de um membro mais proeminente logo

---

2. *Cf.* Rocha Martins, *Pequena história da imprensa portuguesa*. Lisboa: Inquérito, 1941, Cadernos Inquérito GXV, pp. 26, 28, 30.

se transformava em irrespirável ditadura. Um meio-termo ao jeito dos folhetinistas ingleses, senhores de exercerem, ao lado de amena crítica de costumes, o alto sentido da divulgação *ilustrada*, ainda parece inalcançável aos portugueses, que não dispõem da imprensa, o seu natural veículo de expressão. O ensaio moderno surgirá mais tarde exatamente do compromisso entre a já então inadiável necessidade de periodismo e livre-juízo. Consequência imediata desse espírito reivindicativo, uma das suas armas imprescindíveis será a sátira.

OCULTAS PRAIAS ESCONDIDAS

Província ultramarina, desde o século 18 a América portuguesa participava da vida culta da metrópole através de minguada mas atuante fração da sua elite. Diverso do espírito imperial espanhol, que não havia temido espalhar universidades crioulas do México a Chuquisaca, concentrara-se no coeso unitarismo conimbricense o sentido português de pátria-grande, com o qual se pretendia modelar o espírito das melhores capacidades de aquém e além-mar. A "lusa Atenas" era essa forma única que daria a indispensável concepção de Reino às futuras classes dirigentes. Isso ao mesmo tempo que selecionava para o serviço imediato de El-Rei, das cinco partidas do mundo onde se encontravam as colônias, a flor de uma burocracia indispensável à administração e ao poderio do Trono Fidelíssimo.

Era violento o desencontro desse ideal centralizador com a realidade na qual iam esbarrar os portugueses no além-mar. Tanto os mazombos veteranos de Coimbra, que voltavam às capitanias originárias, quanto os funcionários de segunda ordem, estabelecidos de modo definitivo nos vice-reinados de mundo afora, entravam em violento conflito interior. Divididos entre o sentimento de legitimidade e a sensação de inconfidência, esta última começava a se acusar tanto pelo bairrismo crescente como pelo vislumbre até então difuso, impreciso, do que era injustiça. Não terá sido esse dilaceramento ainda cheio de perplexidade uma das menores causas do espírito reivindicativo que, no campo específico do saber, faria esses "esquecidos" órfãos da cultura "renascerem" em transitórias companhias acadêmicas. Na sua ufania ingênua, não pretendiam elas menos do que fazer significar em seu verdadeiro valor intelectual essas desprezadas finisterras da cultura. Com o tempo, tais grêmios inofensivos, seguindo natural evolução do sentido da própria valia, contaminam-se até de inconformismo político, e já não dispensam o livre exame como a base da inteligência: é este o itinerário que vai dos *Felizes* de Gomes Freire à *Sociedade Literária* do sr. d. Luís de Vasconcelos.

INQUIETAÇÃO, LIBERDADE: A IMPRENSA

A inauguração, às vésperas da Independência, do processo do jornalismo político e participante, que se organiza, em plano inclinado, com intuito nitidamente orientador da opinião pública e partidária, fora precedida por inquietude espiritual de definida expressão ideológica. Todo o período que vai de 1808 a 1821 é uma espécie de ciclo preparatório em que, com a indispensável licença régia, ensaiamos as nossas forças para um futuro próximo.

Daí a importância de periódicos como *O Patriota*, folha literária, política e mercantil, coletânea heterogênea de trabalhos especializados nos diversos ramos do conhecimento, inclusive peças literárias, e que se apresenta como a primeira publicação no gênero impressa no Brasil – se excetuam a oficiosa *Gazeta do Rio de Janeiro*, prolongamento do diário de governo de Lisboa, e o baiano *As Variedades ou Ensaios de Literatura*, de Diogo Soares da Silva de Bivar, heroico e efêmero.[3]

---

3. José Aderaldo Castello, "Os pródromos do romantismo", *in* Afrânio Coutinho (dir.), *A literatura no Brasil*. Rio de Janeiro: Editorial Sul-Americana, 1956, v. I, t. 2, pp. 638-640.

Esse esboço de imprensa cumpre o seu fim com muito brio. Antes de tudo vinha desafogar uma elite cultural cuja necessidade de comunicação no campo do conhecimento não podia mais ser recalcada. Por isso representa como que o anúncio vivo de uma época cheia de esperanças, e chegou mesmo a encarnar a promessa de um trabalho intelectual em comum, uma espécie de ilusão universitária enganosamente acariciada pelos sequiosos letrados locais.

HIPÓLITO DA COSTA

Seria já alguma coisa, onde até então nada havia sido permitido, mas ainda não era, nem de longe, a imprensa entendida conforme as aspirações dos liberais. Da autêntica liberdade de expressão só poderia fruir, nesse período, um exilado voluntário que seguidas perseguições fizeram que se recolhesse na tolerante Inglaterra. Assim, ao aparecimento do *Correio Braziliense*, a gazeta londrina de Hipólito da Costa, devemos não só a primeira livre expressão de pontos de vista ideológicos, como a própria origem do ensaio em alto nível intelectual. Para isso é bem possível que contribuísse de maneira decisiva a presença do autor na capital inglesa, onde encontrava a melhor tradição tanto política quanto literária do gênero.

Com o fito de convencer e fazer agir – portanto sob o duplo signo do imediatismo e do pragmatismo –, Hipólito inaugurava com extraordinário valor um púlpito civil, se quase sempre de alcance político, não descuidando nunca do aspecto expressivo. Não deixa dúvida disso o próprio segundo título do *Correio*, *Armazém Literário*. "Armazém" traduzia ao pé da letra o *magazine* britânico, com idêntica pretensão à multiplicidade, e ainda que Literatura tivesse então o sentido genérico de Saber, não o específico de Belas-Letras, a formação, o cultivo, o bom gosto do redator não o faziam um só instante perder de vista o ideal letrado da prosa tersa e clara na qual expunha os seus pontos de vista. O empuxe de Hipólito da Costa seria definitivo, e o seu exemplo, logo que possível, seguido de perto.

O CORREIO BRAZILIENSE

"Escola das necessidades e dos anseios da pátria nascente", conforme o definiu Octavio Tarquinio de Sousa,[4] o *Correio Braziliense* teve ação decisiva ao irromper num meio adormecido que bruscamente se aparelhava para servir de sede da monarquia. E tanto maior era a sua repercussão pela absoluta liberdade de crítica de que dispunha o publicista. Com as imunidades que o estar em Londres lhe propiciava, ele podia dar-se ao luxo inaudito de dispensar até todo e qualquer tom áulico.

No ocaso do absolutismo contraditoriamente iluminado do neto de d. José, a missão da folha de Hipólito é antes de tudo civilizadora. Naquele meio em que era vedado transmitir quaisquer ideias novas, a influência do *Braziliense* será impressionante. Se oficialmente tem a circulação proibida, o próprio regente, rei pouco depois, não deixa de o ler para pôr-se a par de juízos e censuras do periódico; a isso seria talvez induzido pelos seus ministros mais progressistas, que veem na providencial língua solta desse conselheiro extranumerário precioso auxiliar da própria política. "Infatigável no seu amor e na lucidez da sua crítica",[5] o efeito do pensamento e da linguagem de Hipólito reflete-se de imediato em todos os meios. Dará elevação e estilo ao ensaísmo político participante que vai nascer, conformando um ideal de prosa direta, de justo comentário, de exposição ponderada e de análise objetiva. Resumia ao mesmo tempo, na folha, as diversas possibilidades

---

4. "O meio intelectual na época da Independência", *in Fatos e personagens em torno de um regime*. Rio de Janeiro: José Olympio, 1957, História dos Fundadores do Império do Brasil, v. 9, p. 23.
5. *Ibidem*.

desse gênero até então inédito, e que Hipólito inaugurava no sentido moderno dele.

O ENSAÍSTA HIPÓLITO DA COSTA

Não poderia ser de outro modo: essa tribuna que ocupa anos a fio com sempre novo ardor ofereceu ao editor do *Braziliense* a oportunidade única de se exprimir nos mais diferentes tons, sobre os assuntos os mais diversos, ainda que o interesse precípuo dele não se afaste nunca do pensamento social. Cabe-lhe de direito essa paternidade do nosso ensaísmo: ele o incorpora, nas próprias origens, a uma compreensão totalizante da cultura, da qual participa de modo crítico em diversas esferas do conhecimento. Encara também o nosso conjunto nacional – a vasta comunidade luso-brasileira, um todo indissolúvel para a sua visão iluminada – como parte integrante da cultura universal. Escrevia da Inglaterra para o Brasil, conhecendo com justeza nossos problemas, e ao mesmo tempo podendo imaginar um pouco daquilo que prometia a Revolução Industrial, cujo desenrolar tinha a oportunidade de assistir na própria origem. Considerava portanto a literatura de um ponto de vista largamente pragmático, indesligável do aspecto empenhado – moral, social, filosófico, político –, mas não lhe diminuía a importância própria de arte de escrever e comunicar. Por motivo de coerência interior desejava-a participante, influindo de modo decisivo para o advento do Progresso. O *Armazém Literário* foi uma ativa enciclopédia brasiliense que, sem fazer concessões, preencheu os seus fins de divulgação da doutrina liberal.

JORNALISMO DA INDEPENDÊNCIA

Os seus sucessores, até chegarem ao equilíbrio intransigente de um Evaristo da Veiga (o *Aurora Fluminense* é de 1827), atravessarão, ao sabor de todas as paixões políticas, a franquia desmedida de uma liberdade de imprensa que vinha aproveitar a uma coletividade ainda na véspera, sem a mesma permissão para existir como corpo opinativo. Ao sabor do talento de cada um, varia entre todos os níveis daquilo que Antonio Candido chamou de jornalismo de ensaio, de artigo e de panfleto.[6] Nessa imprensa o ensaio – e jornalismo de ensaio – abrirá dificultosamente um caminho de cultura. Mas pela própria índole de argumento atuante, é gênero que havia de se destacar progressivamente, até individualizar-se de uma vez por todas como instituição literária, sempre mais vizinha do seu sentido próprio de reflexão.

Já foi assinalado acima que o ensaísmo monográfico, tanto o de teor científico como aquele atinente a tal ou qual especialidade, pela própria essência discursiva era de teor universitário e elocução acadêmica. Apenas com o aparecimento da imprensa periódica pôde o gênero começar a ter existência e dirigir-se em todos os sentidos.

A reflexão de propósito moral, tocada de Iluminismo, propagara-se através daquilo que a Inquisição, "com a sua linguagem mística",[7] chamava de *lepra hebraica* – isto é, a contaminação das ideias *francesas*.

EPÍSTOLAS A IRZERUMO

Desde então propõe-se ela ao modo de discursos éticos, muito em favor no período; ao jeito prestigioso de correspondência pedagógica, perfaz o roteiro utópico da educação ideal. Expor a vagas personagens de uma Pérsia de exemplo e de anagrama os princípios ideais da nova sociedade regida pela Razão é uma das finas

---

6. Antonio Candido, *Formação da literatura brasileira*. São Paulo: Martins, 1959, v. I, p. 243.
7. Joaquim Felício dos Santos, *Memórias do Distrito Diamantino*. 3 ed. Rio de Janeiro: Edições O Cruzeiro, 1956.

regras do jogo, e esse, pois, o fim altamente didático das epístolas de Sousa Caldas. Datadas de 1812 e 1813 e dirigidas ao abstrato Irzerumo, tratam de aspectos cruciais da questão máxima das Luzes: liberdade, tolerância, educação, convívio social. Mesmo reduzidas aos poucos exemplos que até nós chegaram – cinco em meia centena, dos quais apenas dois publicados até 1964 –, dão a boa medida do talento do autor. Peças de raro equilíbrio, com elas Sousa Caldas inaugurava uma tradição do ensaio doutrinário de rara eficácia expressiva, que só encontraria paralelo durante o século 19 brasileiro em obras indiferentes ao propósito beletrista.

FREI CANECA

Debaixo da mesma ficção de correspondência, mas no polo oposto pelo tom que adota, "expressão coerente dum caráter, um ponto de vista e um estilo", no dizer do estudioso,[8] estão as polêmicas *Cartas de Pítia a Damão* (1823), de Frei Caneca. Ardentes, pessoais, desabridas, dizendo nomes aos bois e ao carreiro, com veemência característica de um estado de espírito exaltado pelas melhores paixões romanas, a mensagem das *Cartas* seria continuada nas colunas de *O Tifis Pernambucano*, gazeta que o mesmo frade faz imprimir em Pernambuco até meados do ano seguinte, 1824. Enquanto que as ponderadas cartas do padre Sousa Caldas pertencem mais a um gênero amável do tratado social, os escritos de Frei Caneca encartam-se na vertente íngreme do ensaio polêmico, estuante de paixão partidária, ressaltando em pleno calor da refrega os dotes muito notáveis do escritor erudito, mestre de retórica e gramática, que bem sabe conciliar, na invenção agressiva, repente e artifício.

No panorama dessa vibrante literatura hebdomadária, aviada às pressas, quase sempre sem elevação, e que se prolonga até o fim da Regência, Frei Caneca ocupa lugar destacado pois modelou

---

8. Antonio Candido, *op. cit.*, v. I, p. 252.

com talento superior língua e ideias do seu grupo, a elas comunicando voz muito própria. A sincera paixão patriótica, pela qual chegou até ao sacrifício da vida, fê-lo moldar a expressão das suas ideias num tom de grande funcionalidade, rico de humores eruditos e populares. E enriqueceu assim a nossa prosa de ensaio com os perigosos recursos da indignação, que ele laicizou no violento auto da fé radical que é a sua obra de escritor público.

DO SERMÃO COMO ENSAIO

Num ambiente em que até então a oratória sacra havia sido o ápice da expressão literária da comunidade, situada bem no centro de uma vida social que girava em torno da igreja – fórum cívico e religioso, sala de estar do clero, nobreza e povo –, atingia esse *ofício de pregar* a mais vasta das audiências, acima de conventículos de sociedades secretas ou letradas. Seja pelo seu lado moralizador de *sacra tribuna*, seja pela obrigatória e brilhante versatilidade do contexto, sermão culto, quase sempre cultista segundo a tradição mitificada de Vieira, incorpora-se a uma das linhas mais ortodoxas do ensaio: a do comentário, com mote e glosa, no qual a entonação tem decisiva importância. É portanto bem expressivo que a transição do sermão barroco para o sermão romântico se dê paralelamente à implantação do jornalismo panfletário, documentando nítida traslação de preferências retóricas e utilização de tropos. Não se deve esquecer de que muitos desses pregadores inflamados pela nova chama eram políticos ardorosos, que se revezavam entre imprensa, púlpito e parlamento – Januário da Cunha Barbosa, Frei Caneca, Frei Sampaio são expressivos exemplos desse livre trânsito, pregadores cujo prestígio ombreava com Frei São Carlos e Monte Alverne. O último, contaminado de modo decisivo por Chateaubriand, terá lugar reservado nessa nova mitologia. Criara-se, em torno da sua figura de intelectual muito dotado, certa aura sugestiva que os discípulos imediatos dele, pontífices da nova escola literária, tentariam reproduzir não só na técnica da prosa envolvente (que incorporava neologismos polidos, próprios ou em favor da língua-modelo) quanto na sugestiva elegância romanesca de *emporté*. A influência do sermão não pode ser esquecida, muito em especial no jornalismo de ensaio, quando judicioso e moralizador. A repercussão dessa forma declamada na prosa literária corrente – a princípio graças ao automatismo e ao prestígio do costume arraigado, depois na forma do cultivo procurado e enfático do bem dizer clássico – explicará o tom guindado de muitos estilos do nosso ensaísmo até recentemente.[9] Tais galas retóricas servirão, em todo caso, para caracterizar o interesse pela expressão literária em si, no convulso *mare magnum* desse primeiro momento nacional. Se tal vinco beletrista degenerará mais tarde em literatice, em super ou em subliteratura, naquele período indica o respeito por um superior ofício de bem escrever, ou o tácito acatamento do ideal da expressão letrada, que o plumitivo reconhece dever atingir pelo aprendizado.

UMA OUTRA VARIANTE ENSAÍSTICA

O revolto periodismo político do tempo é um misto de panfleto, sátira, paródia, polêmica. Literatura de apóstrofe, fundamentalmente interjectiva, nela tanto vale a ofensa pessoal rasteira quanto o mais fino sarcasmo ou a declamação apenas bombástica. Pois é em meio assim revolto e conturbado que vai surgir de modo

---

9. Seria interessante pesquisar, na inconsciente modulação do ensaio brasileiro, todo o peso que essa tradição exerceu sobre nós, ainda que menos intenso, talvez, do que aquele exercido sobre a civilização colonial protestante. Aí o sentido próprio de sóbria meditação sobre tema religioso ou ético já os tornava quase automaticamente *essays* no melhor sentido da literatura escrita, praticamente independentes do seu fim oral. É o que acontece com a vasta literatura especializada que floresceu na Nova Inglaterra e que se prolongou com alto nível pelo século 19. Note-se aliás que o subtítulo colocado por Bacon na edição de 1597 dos *Essays* era exatamente *Religious Meditations, Places of Persuasion and Dissuasion*, alterado na de 1625 para *Counsels, Civil and Moral*.

espontâneo o ensaio de teor subjetivo, crônica livre e fantasista que se desenvolve ao sabor da pena. Forma que apela para a ironia e para a imaginação em vez de para a ênfase, corresponde a um momento de pausa, de raciocínio, e exprime inequívoca consciência de superioridade intelectual. Até então desprezada, essa força revela-se das mais eficazes no aceso do desforço panfletário de após a Independência. É o período em que, empregada ainda de maneira impura, revela-se uma novidade de rara eficiência jornalística.

Vamos verificar isso, por exemplo, em alguns números de *O Tamoio*. Folha da Corte administrada por Meneses Drummond, representa a posição dos Andradas na arena jornalística do Primeiro Reinado. No n. 22 dessa gazeta aparece a "Carta de João Claro ao seu compadre Brás Escuro", atribuída a José Bonifácio, curioso exemplo de ensaísmo involuntário: tudo indica que a necessidade de provocar a atenção do leitor faz o escriba apelar para o imaginativo, a fim de repisar de modo diverso a tecla de sempre. Editorial estampado em outubro de 1823, "onde se dão definições de opinião política, aura popular, déspota, patriotismo, ao sabor dos demagogos da época",[10] já está presente nele a estrutura do *familiar essay*, tal e qual entendida pelos folhetinistas ingleses do século anterior; inclusive através da presença de ingredientes fundamentais da malícia e do humorismo.

O n. 5 do mesmo *Tamoio* já havia trazido pitoresca "conversa" familiar mantida com velho filósofo, morador do largo do Rocio, muito experiente da coisa pública e da política; no diálogo, referido com técnica quase romanesca, não se esqueceu o autor da entrevista imaginária de se referir até à "ironia socrática" do anfitrião.[11]

10. Octavio Tarquinio de Sousa, "O jornalismo da Independência", in *Fatos e personagens, op. cit.*, p.30.
11. *Ibidem*. Relacionando estes dois exemplos brasileiros com a tradição mais ilustre do gênero, citamos outra vez o trabalho de J. M. Berdan: "Erasmo escreveu uma carta aberta quando quis defender sua tradução do Novo Testamento, e sir Thomas More fez uso do mesmo expediente quando quis defender Erasmo. Da mesma forma, quando Moro pretendeu atacar os reformadores, ele imaginou a si mesmo entrevistado; e quando Erasmo quis discutir as questões que estavam agitando a Europa, ele escreveu uma série de diálogos." Cf. *Colliers Encyclopedia*.

Descrevendo o interior espartano da casa, sem desprezar nem mesmo a figura do molecão que abriu a porta ao remoto repórter, essa pseudoentrevista leva, nos seus primórdios brasileiros, outra vez o ensaio às origens que lhe propõe Mario Praz: diálogo a dois ou mais interlocutores (ou unilateral, nas cartas de ficção), e que o crítico italiano faz remontar à Atenas do autor do *Banquete*, reinterpretada pelos saudáveis humanistas do Renascimento.[12]

DO COLOQUIAL

Cartas fictícias já eram formalmente as de Sousa Caldas e Frei Caneca, na verdade "discursos morais", dissertações eloquentes ou agressivas, mas que não pretendiam dispor do elemento de *naturalidade*, entendido como sal familiar. Agilidade e desenvoltura propícias senão à alta crítica moral, pelo menos ao juízo imediato dos costumes e ideias em voga, inerente ao surrado e sempre constante "castigar dos costumes pelo riso". Será um terceiro clérigo – ele também professor de retórica, jornalista, político, pedagogo – a figura que melhor representará esse tipo do livre comentarista satírico da época, aquele que o iria difundir e ilustrar por largos anos afora: Lopes Gama, Frei Miguel do Sacramento Lopes Gama.

Homem da imprensa política que redigiu nada menos que cinco jornais militantes, de 1822 a 1846, foi através de uma sexta folha, *O Carapuceiro*, periódico sempre moral e só *per accidens* político, que ele por assim dizer estabelece e firma esse tipo de ensaio literário entre nós. Será o primeiro dos nossos cronistas, dando ao gênero um brilho e formando um público até então inexistentes.

---

12. "Saggio", verbete da *Enciclopedia Italiana*. "O tom peculiar do ensaio, de desenvoltura e familiaridade com o leitor, advém de fato da forma epistolar que está na origem, adotada desde Cícero, a par do diálogo (de origem platônica) porém com uma exposição mais cômoda e popular de assuntos filosóficos."

A extraordinária vivacidade imaginativa aliava-se nele a uma visão crítica das coisas, sensível como era a toda espécie de ridículos e pretensões, que debicava com graça muito sua. Dotado de grande poder descritivo, recolheu, como que sem se aperceber, precioso documentário geral de usos e costumes de todas as esferas sociais do tempo. Testemunha participante de uma época em acelerada transição, uma época que com entusiasmo demasiado superficial acolhia toda espécie de novidades, Frei Miguel zurziu com gosto, num tom chocarreiro muito próprio dele, todos os sestros da moda e da *gamenhice*. Repousando o seu bom senso nativo em sólida visão do mundo, que a fé em Deus, nas Letras e na Moderação lhe havia comunicado, não fazia concessões. Servido por um estilo elegante e fácil, de grande ductilidade expressiva, ocupará a posição de sardônico defensor perpétuo da posição do analista sem ilusões, mas também sem intolerância, que só tem compromissos com o razoável. Enfim, uma espécie de *recteur* paternal cuja arma irresistível era a ironia.

O LUGAR DE LOPES GAMA

A fama de *O Carapuceiro*, publicado no Recife, atingiria em breve todo o Império. Em 1840 Lopes Gama assume uma cadeira de deputado geral, e por isso vê-se obrigado a interromper a publicação da folha, iniciada oito anos antes. Diante de insistentes pedidos, retoma-a no Rio de Janeiro: é o tempo de *O Carapuceiro na Corte*, tão brilhante como o da época recifense, e alcançando um público ainda maior. Terminado o mandato, com ele volta outra vez para a província; então está no auge a sua popularidade de rabiscador público. José Feliciano de Castilho já anotara em 1845 n'*A Regeneração*, de Lisboa:

> Um dos escritores vivos, em língua portuguesa, mais original, mais gracioso e mais popular na terra de nossos irmãos é sem dúvida o redator do antigo jornal *O Carapuceiro*. O seu estilo faz muitas vezes

lembrar o do famoso Addison, e numerosos escritos do nosso colega nada têm que invejar aos ótimos do *Spectator*.[13]

A referência ao *Spectator* e a Addison conscientizava um processo comum, colocando o frade na sua própria tradição, tanto mais que a gazeta de Lopes Gama podia subscrever literalmente as palavras de Steele, na edição em livro de *The Tatler*: "*The general purpose of this paper is to expose the false arts of life, to pull off the disguises of cunning, vanity, and affectation, and to recommend a general simplicity in our dress, our discourse, and our behaviour*".[14] É o que diz Frei Miguel com chiste muito seu, na edição de 19 de abril de 1837:

> Eis, torna *O Carapuceiro* não para bússola da senhora opinião pública, como soem apelidar-se quase todos os periódicos [...]; a minha musa rasteira não é para voos tão levantados: muito fará ela se rastejar pelos trilhados campos da moral, tomando a peito a sátira dos vícios ridículos; e se, alguma vez, tentada e avexada do espírito dominante, der alguma rajada de política, será per accidens, sempre a medo dos sabichões (que hoje pululam de todos os cantos, como beldroegas), e nunca será para se dar por infalível em suas opiniões.
>
> [...] *O Carapuceiro* continuará, finalmente, como principiou, isto é, guardando sempre a epígrafe que tomou, falando dos vícios e nunca das pessoas. Quem lhe servir a carapuça, fique-se com ela bem caladinho e corrija-se, que é o essencial.[15]

13. *Apud* Barbosa Lima Sobrinho, nota a *Os precursores do conto no Brasil*. Rio de Janeiro: Civilização Brasileira, 1960, Panorama do Conto Brasileiro, v. 1, p. 222.
14. *Apud* Jane H. Jack, "The Periodical Essayists", *in* Boris Ford (org.), *From Dryden to Johnson*. Londres: Penguin, 1960, The Pelican Guide to English Literature, v. 4, pp. 219-220.
15. Em *Lopes Gama: Textos escolhidos por Luís Delgado*. Rio de Janeiro: Agir, 1958, Nossos Clássicos, v. 31, pp. 23, 24, 28. "Nenhuma crônica dos nossos costumes", escreve Luís Delgado na apresentação da sua antologia, "é mais digna de leitura do que a coleção dessa folha de frei Miguel. Retrata simultaneamente os nossos modos de ser cotidianos e a ironia do inteligente observador. Não era apenas a

Nesse espaço literário em que se constrói uma língua própria, flexível, transição entre o livresco e o popular, Lopes Gama tem papel ainda mais importante por ser polígrafo altamente erudito. Responsável ele também – como Frei Caneca e Sousa Caldas – por lições de Eloquência nacional, nelas repontam os seus marcados dotes de crítico e a visão desempenada do homem culto, no alto sentido desta palavra. Transformando a paixão política em literatura de combate num plano artístico superior, desinteressado, ele realizava verdadeira obra de civilização, ainda mais quando se leva em conta o teor imediatista das letras ainda na primeira metade do século 19.

O APARECIMENTO DO FOLHETIM

A essa altura – a década de 1930 – o ensaio, nas suas tendências extremas de quase ficção ou de quase política, começava a generalizar-se pela prática do folhetim. Se a nova espécie jornalística ganha tal nome somente na edição de 4 de janeiro de 1839, no *Jornal do Commercio* da corte, vinha aparecendo debaixo dos títulos de *Variedade literária*, *Apêndice*, desde dois anos antes, e já se havia generalizado como seção fixa das folhas de primeira ordem. O desenvolvimento constante da imprensa, organizada em torno da política, não exige mais apenas que esta ocupe o noticiário. A literatura amena, conformada por ela a princípio, mas logo depois independente, terá caráter alusivo nas suas origens, disfarçando de maneira mais ou menos alegórica os acontecimentos políticos. Literatura que por isso não precisa ser *à clef*, mas não abdica dos gêneros alusivos.

respeito de modas e de comportamentos domésticos que o jornalista escrevia: escrevia também sobre as ideias que circulavam, sobre as leis e os códigos que se decretavam. A invenção mental e a graça de expressão deixavam transparecer algo mais profundo, a intenção do moralista. Interrompido algumas vezes, publicado aqui ou ali, *O Carapuceiro* durou 14 anos. Tudo faz crer que tenha tido um êxito raríssimo." *Lopes Gama*, p. 10.

"Filho mimoso e brilhante da imaginação, que trajas ricas galas, que te cobres de joias preciosas" – conforme invocava Justiniano da Rocha,[16] o folhetim, na sua qualidade de comentário sem maiores compromissos de acontecimentos e episódios, empolgaria o sentido da crônica de variedades – ora a nota de costumes e a descrição de tipos, ora a fantasia apologal ou a polêmica moralizadora.

GRANDEZA E POBREZA

"Tratava-se, em última análise, de um noticiário submetido a um tratamento literário. O cronista percorria os assuntos, discutindo-os como homem de espírito", resume Brito Broca.[17] "Os moldes então adotados consistiam no encadeamento mais ou menos arbitrário de vários temas por meio de uma deixa estratégica." Os folhetinistas "entremeavam geralmente os flagrantes de costume com os comentários políticos, a crítica da última peça representada, ou as mais recentes notícias do estrangeiro".[18]

O gênero é ingrato: exige muito e o resultado é pouco mais do que nada. "Beneditinos da história mínima e cavouqueiros da expressão oportuna" – conforme dirá Machado de Assis, em 1878 –,

> vivemos seis dias a espreitar os sucessos da rua, a ouvir e palpar o sentimento da cidade, para os denunciar, aplaudir e patear, conforme o nosso humor ou a nossa opinião, e quando nos sentamos a escrever estas folhas volantes, não o fazemos sem a certeza (ou a esperança!) de que há muitos olhos em cima de nós. Cumpre ter

---

16. *Apud* Barbosa Lima Sobrinho, *op. cit.*, "Introdução", p. 16. O texto é de *O Chronista* (1836), periódico dirigido por Justiniano da Rocha. Seguimos aqui, em traços gerais, o referido ensaio de Barbosa Lima Sobrinho.
17. "Cronistas de outrora", recorte de *A Gazeta*, São Paulo, 07.01.1950.
18. "As marionetes de uma civilização", *in Horas de leitura*. Rio de Janeiro: Instituto Nacional do Livro, 1957, p. 121, Biblioteca de Divulgação Cultural, v. 10.

ideias, em primeiro lugar; em segundo lugar expô-las com acerto; vesti-las, ordená-las, apresentá-las à expectação pública. A observação há de ser exata, a facécia pertinente e leve; uns tons mais carrancudos, de longe em longe; uma mistura de Géronte e Scapin, um guisado de moral doméstica e solturas da rua do Ouvidor...[19]

A improvisação tem lugar importante nesses rodapés que fazem a delícia do leitor. Com a bonomia de sempre, França Júnior, outro cronista impertérrito, escrevia em janeiro de 1968 no *Correio Mercantil*: "O folhetim é um verdadeiro salão de baile: entra-se nele sem se saber o que se vai dizer",[20] para em outra parte caricaturar-se num tom divertido:

> O escritor de rodapé é o ente mais desgraçado que pisa o solo das capitais; não lhe é dado sequer ter uma dor de cabeça: um teatro, um baile, o acontecimento mais pequeno da semana, reclamam a sua presença, e ou por fás ou por nefas tem de aparecer em seu posto de honra no dia em que lhe cabe a palavra. É um dono de casa, que anunciando aos amigos que recebe em dias certos, tem a rigorosa obrigação de apresentar-se aos habitués dos seus salões, sempre de ponto em branco, de distribuir cortesias à direita e à esquerda, como o nosso amigo dos colarinhos, e mais que tudo isso, de pôr um riso efetivo de amabilidade nos lábios, até que saia o último convidado.[21]

PRIMEIROS CULTORES

Coincide assim com o encerrar-se do Primeiro Reinado e princípio do Período Regencial o aparecimento dos primeiros

---

19. *Notas Semanais*, 04.08.1878, in *Obra completa*. Rio de Janeiro: Aguilar, 1959, v. 3, p. 428.
20. *Política e costumes*. Rio de Janeiro: Civilização Brasileira, 1958, p. 154.
21. *Ibidem*, p. 135. O texto é de 24 de novembro de 1867.

grandes folhetinistas. O amadurecimento da imprensa, com a progressiva divisão das tarefas e seções do jornal moderno (das quais a menor inovação não terá sido a notícia, elemento quase inexistente na gazeta primitiva), cria a necessidade desse ensaísmo ligeiro e bem-humorado, no qual vão adestrar-se, por premência ou desfastio, alguns dos primeiros nomes do período. Justiniano José da Rocha, Firmino Rodrigues Silva, o espirituoso Josino do Nascimento Silva, Francisco de Paula Brito, Sales Torres Homem viriam a ser as maiores e mais representativas figuras do periodismo do tempo, todos eles tendo incursionado pela política, através do jornalismo partidário e da administração pública.

Irresistível pela fascinação que exerce sobre a fantasia dos leitores, o folhetim havia-se constituído numa prática agradável a que de modo algum se furtam os intelectuais de então. Anônima ou assinada apenas pelas iniciais, essa literatura leviana, de autoria facilmente atribuível na grande aldeia que é a Corte, é a prova que todos os "belos talentos" têm de passar, antes de receberem de vez seus preciosos diplomas de almas sensíveis e espirituosas.

A CORTE CIVILIZA-SE

Esse evoluir da correspondência de teor erudito para o cartear íntimo, em tom faceto e desenfadado, próprio do folhetim romântico, assinala decisiva estratificação de interesses no interior do jornal novecentista. Denunciando relações e necessidades diferentes, dentro de um todo social até então indiferenciado, a folha abre espaço para certo público que até então não contara de modo nenhum para os seus organizadores. Trata-se da "gentil leitora", silhueta amável cuja presença só fora notada em algum raríssimo periódico ameno, mas agora exige redator especializado e rodapé apenas seu, até mesmo nos grandes diários. "E porque o folhetim requer um ar brincão e galhofeiro, ainda tratando de coisas sérias",[22] os dengosos bilhetes aos *amáveis olhos que nos leem* tornam-se característicos da onda de mundanismo que invade o Rio de Janeiro neste primeiro seu civilizar-se.

A inseparável repercussão estilística desse fenômeno evidencia-se imediatamente nos maneirismos mais ou menos comuns a esses escrevinhadores de letras caprichosas. Francês a tiracolo e inglês na algibeira, os cronistas *fashionable* da boa sociedade fluminense registram e comentam todos os acontecimentos da atualidade mundana, numa prosa que procura abrir o seu caminho dentro dos meandros fantasistas daqueles que a escrevem. Se o estilo deve ser correntio e sem maiores arrevezamentos, que acolha também as inovações do momento em favor nas rodas mais categorizadas.

CONQUISTAS

É inegável o serviço de desbravamento e de construção realizado por esses pioneiros, que abordam, pela primeira vez, o coloquial. Através de contato direto e constante com o público letrado, do qual ao mesmo tempo acompanham e dirigem o gosto, essa prosa será o veículo mais direto para a decisiva oralização da língua literária, que se realiza através do imediato aproveitamento culto do bem-falar das sucessivas épocas com que os "cronistas" dialogam. Tratamento aliás bastante livre do coloquial erudito do dia, aberto como sempre o foi, em especial na área fluminense (carioca), às invenções da gíria e do jargão do momento, aí sempre tão espirituosos. Assim o *familiar essay* brasileiro contará com diversas oportunidades plásticas para enriquecer a sua prosa, num intercâmbio dos mais sugestivos com a língua falada. Por esse caminho, variados elementos renovadores – léxicos, sintáticos – alcançaram ainda muito cedo

---

22. Machado de Assis, *Notas Semanais*, 07.07.1878, *in op. cit.*

até a prosa de ficção, que com eles se enriqueceu notadamente no campo da afetividade.[23]

LEVANTAMENTO DE TIPOS E SITUAÇÕES

Termômetro dos interesses do meio, ao mesmo tempo que esboço da comédia dos costumes representada na Corte e na província, o folhetim de variedades realizará uma autêntica catalogação de tipos e situações da vida cotidiana. Panorama limitado pela autocomiseração irônica, é bem verdade, mas alguma vez caminhando para uma análise severa da sociedade circunstante – como é aquela que pratica, com critério evolucionista de egresso da Escola do Recife, um Celso de Magalhães no rodapé de *O País*, do Maranhão, em idos de 1870. Dessa forma o levantamento crítico das ocorrências costumeiras e dos espécimes característicos das áreas e subáreas burguesas reveza-se com o registro copioso dos ecos teatrais, na forma seja de crônica seja de crítica dos espetáculos: óperas, concertos, dramas, comédias. É bem conforme com o espírito do tempo que o teatro suceda à igreja como o centro da vida social da comunidade; os folhetinistas não podem deixar de acompanhar a transição. Dividem com o público o apaixonado partidarismo favorável ou contrário não mais a este ou aquele pregador, mas a uma ou outra atriz.

Na Corte, nas capitais das províncias, em especial naquelas de importante vida acadêmica ou cultural (Recife, Salvador, São Luís, São Paulo), um teofrastismo diluído – levantamento da galeria de exemplares do círculo social – acaba por procurar menos *caracteres* do que *chaves*, quase sempre tomando coloração

---

23. Alencar, folhetinista que publicou os seus romances em rodapé, fez uso nas novelas urbanas de alguns plebeísmos em voga, abonando-se do uso corrente deles pela melhor gente da Corte. Talvez por isso lhe parecessem definitivamente cunhados, com livre trânsito na língua literária.

demasiado pessoal e degenerando para a polêmica. Consegue, deste último modo, agitar o meio, posto em xeque pela exibição dos seus tiques e cacoetes, ainda que tal agitação nem por isso perca a própria insignificância provinciana. Meramente satírica, a crítica que exercem é contudo uma cunha do espírito revisionista, que agirá no sentido de alimentar o inconformismo das novas gerações.

FOTOGRAFIA DO MEIO

Exigindo vivacidade e graça, precisão e fantasia, o folhetim é criação do romantismo que o realismo romântico e o realismo naturalista hão de desenvolver em todas as suas possibilidades – até como que as dissolver no pontilhismo de sensações vagas e experimentação expressiva fronteiriça ou anexa à prosa poética simbolista.

Dentro de uma tal linhagem, que depois continuará o seu evolver costumista até os nossos dias, Machado de Assis levará ao mais alto rendimento artístico o esforço coordenado por três e quatro gerações, a partir de Lopes Gama e do grupo de Justiniano da Rocha, que são contemporâneos. Sem cronologia rigorosa, até o fim do século e princípios do seguinte a eles se reúnem: Martins Pena, Henrique César Muzzio, Joaquim Manuel de Macedo, Augusto Emílio Zaluar, Ferreira de Meneses, Francisco Otaviano, José de Alencar, Quintino Bocaiúva, Manuel Antônio de Almeida, Ferreira de Araújo, França Júnior, Urbano Duarte, Machado de Assis, Joaquim Serra, José do Patrocínio, Artur Azevedo, Lúcio de Mendonça, Paula Ney, Raul Pompeia, Pardal Mallet..., para citar apenas os mais conhecidos ou notados.

PAISAGENS E INTERIORES

Não é necessário encarecermos essa borboleteante representação exterior de um meio em mudança. Retratava objetivamente uma realidade cujo sistema de aparências, aceito sem maiores problemas, era agora posto em discussão. Tanto assim que a mais importante obra de sondagem social e psicológica da nossa literatura – decisiva pela precisão analítica, pela finura sem concessões, autêntico corte longitudinal na máquina do pequeno mundo brasileiro – foi realizada exatamente pelo mais bem-dotado dos folhetinistas "amenos", Machado de Assis. A obra de ficção dele é o meticuloso mapa sísmico daquela mesma sociedade, que, como cronista, fixara nos seus estremecimentos mais ligeiros e mais aparentes ao mesmo tempo.

A BASE

Bem conforme o espírito contraditório da incipiente "civilização brasileira", o ideário dessa atualização de valores (porque quase disso se enfeita a crônica de costumes de então) no fundo é ainda joanino, codificado pelas modestas máximas de Maricá, divulgadas em primeira mão no distante *Patriota*. Caracterizava-se esse ideário – segundo a observação ácida de Mota e Silva – por um bom-mocismo de senso comum, estoicidade distraída ao sabor dos costumes, muito mais entranhada na mentalidade geral do que poderia parecer a um primeiro exame, porque acessível a todos e até aberto a um moderado humanitarismo ilustrado. A um tal estado de ânimo, ausente de qualquer possibilidade mais densa de conflito, sucederá em determinados grupos seja a ética positivista, seja o ardor filosófico pelos novos credos spencerianos, seja a recolocação da fé católica em bases de combate vivo, depois da dura prova que foi a "Questão dos Bispos".

Era inevitável o choque entre a mentalidade tradicional e o posterior empenho em atitudes coerentemente doutrinárias, como as indicadas. Ainda que elas implicassem um revisionismo decerto superficial, aceito de forma englobante e sem possibilidades de análise crítica pelos catecúmenos, revelam característica mudança do meio brasileiro cultivado, datando com um *antes* e um *depois* a "inquietação moderna". Essa variação de diretiva doutrinária no interior de espíritos da mesma forma românticos como que vai separar o país em duas épocas de distinta mentalidade.

A EXPRESSÃO LITERÁRIA EM OUTRAS PESQUISAS ENSAÍSTICAS

Então o fato social concreto, encravado na realidade do país, também encontra os seus críticos independentes. À margem da agitação partidária, que se reveza no poder, exercendo-o com os mesmos expedientes que verberam quando na oposição, existem alguns estudiosos que investem contra esses moinhos monstruosos se não com imaginação pelo menos com ímpeto romântico. É o caso do moralismo verdadeiramente ético de João Francisco Lisboa, revoltado com o formalismo de fachada, que escamoteia a realidade dos fatos políticos e sociais, em benefício de mandões sem sombra de espírito público. Do modo mais cru realiza ele no *Jornal de Timon* a radiografia do coronelismo paternalista; o seu protesto é o mais veemente e o mais irresponsável dos que se têm notícia nesse período, escrito numa língua tersa e direta, de excelente corte vernáculo, qualidade que se afirma nos demais escritos históricos do autor. Obra que transcende a literatura pelas suas intenções, pode ser colocada dentro do ensaísmo não literário brasileiro ao lado das de Tavares Bastos (*A província*; *Cartas do solitário*), do visconde de Uruguai (*Direito administrativo*), de Couto de Magalhães (*O selvagem*), como algumas das melhores e mais percucientes aproximações da nossa realidade no século 19. Nessa tradição de estudos políticos concebidos numa linguagem incitante, encartar-se-ão mais tarde os trabalhos de um Assis Brasil (*Democracia representativa*), um Alberto Torres (*O problema nacional brasileiro*), de um Oliveira Vianna (*O idealismo da Constituição*), autores em que o tema encontra um estilo para se exprimir.

Dentro da ética, também ela romântica, tentava-se então, do mesmo modo, nesse período de individualismo mais ou menos absoluto, o mergulho no interior do eu debaixo de forma que se pretendia filosófica, e é natural encontrasse no ensaio um dos mais apropriados derivativos de expansão. Sofrendo no seu primeiro período o influxo de diversos elementos, e não dos menores por parte do púlpito romântico, esse tipo de prosa expositiva dará acolhida a diferentes espécies de divagações, meditações, evocações, numa constante que não se esgotará de Gonçalves de Magalhães a Graça Aranha. Ensaístas que perseguem a realidade última, numa prosa que por se pretender sistemática não dispensará as galas de estilo, Magalhães, Pedro Américo (filosofante além de pintor), Tobias Barreto, Farias Brito, Graça Aranha[24] tentarão posições conciliatórias dos diversos estágios do pensamento novecentista, a partir do ecletismo mais ou menos cousiniano que influiu Montalverne e marcou os epígonos, até o neopanteísmo evolucionista de Aranha, *ersatz* tardio e eloquente do spencerismo tobiático.

SÁTIRAS

A *Meditação*, de Gonçalves Dias, fragmento de romantismo messiânico, com seu tom de apocalipse menor,[25] se à primeira vista parece

---

24. "De comum com Tobias, tem Farias Brito a desigualdade na forma de expressar seu pensamento. Em Tobias, a seriedade intelectual não lhe impedia de ceder à tentação de expressões chulas ou de invectivas passionais. Em Farias, homem mais grave e bem-composto, não surgem tais liberdades no trato de pessoas ou de ideias, mas aparecem, com alguma frequência, as tiradas retóricas e os arremedos líricos que desqualificam muitas de suas páginas, sem lhes acrescentar valor estético. Num, a pilhéria de sabor provinciano e popular, ou a invectiva passional e injusta [...], além do mau gosto retórico [...]; no outro, a literatice piegas ou a retórica inflada. Em ambos, no entanto, uma grande paixão intelectual." Hélio Jaguaribe, *A filosofia no Brasil*. Rio de Janeiro: Iseb, 1957, Textos Brasileiros de Filosofia, v. 2, pp. 37, 39-40.
25. *Cf.* Antonio Candido, *op. cit.*, v. 2, pp. 52-53.

aproximar-se do grupo acima, aparenta-se ao contrário – através de Alexandre Herculano – com a literatura de reivindicação, paralela, afinal, ao nada alegórico *Jornal de Timon* e às sátiras políticas de implícito ou explícito caráter utópico. Destas são exemplo, tanto pela ironia e pela violenta repulsa que retratam como pelo transparente disfarce de ficção com que se revestem, o *Código Criminal da semirrepública de Passamão na Oceania* (1841), de Lopes Gama; as *Páginas da história do Brasil escrita no ano 2000* (1868-1872), de Joaquim Felício dos Santos; ou as *Notas sobre a república das Bruzundangas* (1917), de Lima Barreto. A agressão contundente aparenta esse gênero híbrido, por um lado com a literatura panfletária, por outro com a crônica fantasista e o apólogo moralizante. A intenção ensaística continua presente na sátira através do espírito de análise e comentário, próprio a ela. Arremedo grotesco de uma situação real, transposta para termos caricaturais, constitui evidente reflexão alegórica sobre determinada circunstância.

Mais próximo do tom carapuceiro estão as caricaturas literárias da vida do país gizadas por Macedo em *A carteira do meu tio*, e, continuação desta, nas *Memórias do sobrinho do meu tio*, livros que de modo mais brando exploram a mesma vertente tipicamente intelectual do ensaio: a paródia literária, a literatura de *chave*. Alencar também deixou no gênero um fragmento: *A corte do leão, obra escrita por um asno*, talvez o seu melhor escrito satírico, uma página rara, que tendo perdido a significação propriamente alusiva continua a valer no campo muito mais vasto da fabulação de exemplo.

PANFLETOS

À sátira mais propriamente política liga-se a literatura de panfleto, a polêmica, e a sua versão torpe, o pasquim, variantes quase sempre corrompidas do ensaio. Variantes que se aproveitam, numa escala amplificada, da deformação de elementos caricatos e burlescos, servidos de modo especial, na esfera ibero-americana, que é a nossa, pela ênfase, essa primeira transformadora da realidade.

A maioria dos nossos panfletos políticos, do romantismo ao realismo naturalista – *Libelo do Povo, A Conferência dos Divinos* –, é servida de eficaz expressão literária, muito realizada no sentido dinâmico de levantar indignação. Seguiam elas também o esquema retórico do "deleitar, convencer e persuadir" dos manuais de Eloquência, a fim de "influir sobre o regime dos negócios".[26] Cabe à análise estilística dizer a última palavra a respeito do seu débil conteúdo não imprecatório, e à sociologia da história a sua adequação crítica à realidade brasileira do momento.

DA CRÍTICA

Já então a espinha dorsal de toda essa literatura, que conquista sempre maior consciência de missão, é sem dúvida a Crítica. Musa retardatária, matriculada por último num jardim do Parnaso cheio de mato, já então estávamos longe da sua concepção como aquele conhecido processo de sanções e louvores proferidos debaixo de qualquer zimbório acadêmico as mais das vezes apenas imaginário.

A experiência do romantismo fora fecunda. A própria fundação do movimento havia se apresentado antes de tudo – porque decisão consciente e raciocinada – de caráter ensaístico. O sentido cosmopolitizante que ele tomara, espécie de acerto dos ponteiros culturais com o mundo pensante, segundo determinado plano de reformar o país conforme o ponto de vista das letras, passou-se antes no campo da exposição e da divulgação das ideias do que no campo criativo. Segundo sempre acontece, a exemplificação prática, sua coetânea, é transparentemente inferior à teoria, e quando muito ilustra de modo passável as teses defendidas.

É que se o esforço vigilante de "cumprir um programa" se ajustava ao que necessitávamos, coibia também a criação mais livre, como que propondo certa fórmula de execução demasiado penosa.

---

26. Francisco Freire de Carvalho, *Lições elementares de eloquência nacional*. 6. ed. Lisboa: Typographia Rollandiana, 1861, p. 18.

IMPRENSA, ENSAIO, CRÍTICA

Conforme já vimos, o desenvolvimento da imprensa toma a partir da década de 1830 marcado sabor literário. As belas-letras haviam passado a integrar definitivamente o periodismo. Anteriormente afagadas por um ou outro amador, como Evaristo da Veiga, que não deixava de animar talentos nascentes através de elogiosos editoriais, agora são parte inseparável dos periódicos, ocupando talvez a melhor parte deles. Conforme o acaso de ser a administração mais ou menos interessada pelas artes, ou a coincidência de maior ou menor grupo de plumitivos na redação, o ensaio tem, ao lado dos outros gêneros, as mais diferentes oportunidades de se experimentar: crônica das novidades do dia, crítica de livros, de ideias; política, música, artes plásticas, teatro – tudo encontra lugar na folha. Mais do que simples diários, *Jornal do Commercio*, *Marmota Fluminense*, *Actualidades*, *Correio Mercantil*, *Diário do Rio de Janeiro*, *Gazeta de Notícias*, *Cidade do Rio* – para ficarmos na Corte e no Oitocentos – são verdadeiras coletâneas da atividade cultural do tempo, que não se podia espraiar em mais nenhuma parte.

NOS ARRAIAIS DA IMPRENSA

Os tentames dos propagandistas teóricos da nova escola romântica, fortemente coadjuvados pelo espírito da imprensa europeia, como que modelam a nossa. Folhetinistas e editores das escassas revistas populares da época – *Monitores*, *Minervas*, *Panoramas*, *Curiosidades*, *Universais* – ou pertencem ao grupo renovador, ou lhe seguem as pegadas. O caminho foi aberto pelos artigos e prefácios expositivos do grupo da *Nitheroy*, e a primeira geração de discípulos mais ou menos ortodoxos acompanha a obra dos mestres no campo novo do ensaio crítico. Abreu e Lima, Emílio Adet, Santiago Nunes Ribeiro, Joaquim Norberto, Paula Meneses, Dutra e Melo tanto esboçam a teoria da crítica romântica aplicada ao caso brasileiro como ajustam-na à produção, que começa a tomar existência nas próprias revistas e jornais em que eles colaboram.

PRIMEIROS TEMPOS

Sílvio Romero limitou esse período decisivo entre os 20 anos que vão de 1831 a 1851,[27] mas podemos estendê-lo por mais dez anos, até 1861. Mais importante ainda que o esforço compendiador de um Fernandes Pinheiro e um Sotero dos Reis (que veem a literatura como ciência específica, mas do ponto de vista da retórica e da eloquência), mais importante que o esforço desses professores é aquilo que Antonio Candido chama de "crítica viva", isto é, a participação no debate estético dos criadores, que discutem ideias e práticas da composição. Neste sentido é altamente expressiva a atitude de análise de Junqueira Freire, Álvares de Azevedo, Francisco Otaviano, José de Alencar, Gonçalves Dias, Machado de Assis, Bernardo Guimarães. Trabalham a prosa de ensaio como até então ela não o havia sido, propondo-lhe maior rendimento plástico e expressivo.

POLÊMICAS

Outro modo pelo qual a crítica vai se manifestar, e com a maior vivacidade, será através de polêmicas literárias. Verdadeiras batalhas campais dão inusitada vivacidade a um ambiente sempre tão insensível à coisa literária propriamente dita. Seja em torno de um poema como "A confederação dos tamoios" ou de uma antologia crítica como o *Cancioneiro alegre*, de personalidades culturais como Tobias Barreto ou Machado de Assis, de obras como *O primo*

---

27. Datas respectivamente do *Parnaso brasileiro*, de Januário da Cunha Barbosa, e do *Florilégio*, de Varnhagen. Cf. *Quadro sintético da evolução dos gêneros na literatura brasileira*. Rio de Janeiro: Garnier, 1909.

Basílio ou *A carne*, a polêmica empolga o meio cultural provinciano. Nos mais diversos grupos acompanham-se com atenção as lutas de Alencar contra Nabuco, José de Castilho e Franklin Távora, como as arremetidas sempre contundentes de Laet, ou a batalha (que, como a de Itararé, não houve) do realismo e do parnaso. Elegância do estilo, correção da frase, propriedade dos termos; psicologia e erudição; estudos de patologia ou de belas-artes, pontos de vista opostos em filosofia ou culinária dão margem a esses encontros sempre violentos de personalidades opostas.

O sensacionalismo que envolve o gênero, o interesse de escândalo que desperta no geral do público, tem a vantagem de colocar os assuntos artísticos na ordem do dia, dando-lhes um interesse que de outra maneira jamais conseguiriam. Espécie dialética do ensaio crítico, diálogo veemente que se encaminha para a sátira, a polêmica colabora de modo tortuoso para a explicitação dos problemas estéticos.

DAS REVISTAS

Até o aparecimento de Sílvio Romero, na esteira evolucionista desse desbravador de caminhos que é Tobias Barreto – renovador da linguagem do gênero pela introdução de tecnicismos até então como que ignorados no ensaio literário brasileiro –, é preciso encarecer também a atividade das revistas literárias especializadas.

Todo o nosso ensaísmo teria ficado totalmente dependente do jornalismo e limitado de modo decisivo pelas contingências da imprensa diária não fosse o papel que elas exerceram. Aí o ensaio de ideias – crítico, interpretativo, histórico – consegue espaço e clima propícios para se expandir conforme as suas próprias necessidades.

De publicação dispendiosa, lutando com as maiores dificuldades para sobreviver, raramente alcançam o quarto ou quinto número se não dispõem de subvenção oficial. Acompanhando ainda o modelo enciclopédico de um *Patriota*, esses jornais de *ciências, letras e artes* acolhem até o fim do século 19 tanto a monografia especializada como a notícia sobre os últimos acontecimentos;

ao lado de versos elegíacos, certa memória sobre o algodão maranhense; da descrição do curso do rio Araçuaí à resenha sobre o último romance de Macedo.

Não poderia ser diferente, naquele meio onde todas as dificuldades cerceavam o trabalho intelectual. Num país de senhores e escravos sem tradição de cultura, contando com público dos mais diminutos, dentro da escassíssima minoria alfabetizada, os periódicos que não tenham espírito compilador de almanaques ou jornais do lar sucedem-se uns aos outros, e só não desaparecem de todo devido ao entusiasmo quase adolescente dos colaboradores. Se excetuarmos a *Revista Trimensal* do Instituto Histórico e Geográfico, diretamente bafejada pelo monarca, que é dado às letras – o *Auspice Petro Secundo* está bem nítido na capa –, as demais são de regular efemeridade. *Minerva Brasiliense, Íris, O Beija-Flor, Guanabara, Revista Popular, Biblioteca Brasileira, Novo Mundo, A Semana, Revista Brasileira*[28] (nos três períodos) representam incalculável esforço tanto intelectual quanto físico. Em compensação, sem elas não é possível, literalmente, escrever de modo satisfatório a história da breve cultura brasileira.

NAS FACULDADE

Depuração e concentração do esforço intelectual em sua área própria, independente da imprensa diária, os grêmios literários terão seu esforço continuado pelas revistas das sociedades acadêmicas. Pertencentes à esfera de extensão cultural do que era então o ensino superior, divulgando trabalhos literários ou jurídicos,

---

28. Na apresentação da terceira época da *Revista Brasileira* (1895-1899) escrevia José Veríssimo: "A nova revista tratará todos os assuntos e questões que possam interessar à maioria do público [...]. As questões constitucionais, jurídicas, econômicas, políticas e sociais em suma, que nos ocupam e preocupam a todos, terão um lugar nas suas páginas [...]. Pretende [a *Revista Brasileira*] simplesmente ser uma tribuna onde todos os que tenham alguma coisa a dizer, e saibam dizê-lo, possam livremente manifestar-se." *Revista Brasileira*, v. 1, pp. 2-3.

estes grêmios incrementam a sequência ininterrupta da prosa ensaística. Espécie sempre incipiente de tradição universitária, ela parece contudo ter influído de modo quase decisivo para a formação da Escola do Recife e a sua tralha cientificizante. Tanto mais que nesses estudos alguns elementos já se destacavam que, nos meados da década de 1940, começam a se firmar definitivamente "no sentido de mais adiantadas doutrinas", conforme anotou Sílvio.[29] Nomeia ele, nesse "começo de reação" contra o *subjetivismo* reinante, a Antônio Joaquim de Macedo Soares e Eunápio Deiró, alunos respectivamente de São Paulo e Recife.

OS "TOBIANOS"

O espírito englobante do culturalismo de Tobias Barreto, que estende a todos os domínios do espírito a perquirição erudita, "não em tratados longos e massudos, e sim em rápidos e decisivos ensaios" (seguimos sempre Romero),[30] marcaria de modo definitivo aquele que foi o seu grande devoto. Nessa linha totalizante hão de segui-lo os demais discípulos: Rocha Lima, Celso de Magalhães, Artur Orlando, Clóvis Beviláqua (que enveredaria pelo direito), Martins Júnior, Graça Aranha, Adolfo Caminha, Tito Lívio de Castro, Augusto Franco.

O primeiro deles, isto é, Sílvio, há de ser o grande coordenador da nossa cultura. Sem medo da tarefa tremenda, tenta o ambicioso levantamento e a organização sistemática de todas as manifestações do espírito nacional. A *Introdução à história da literatura brasileira*, de 1882, e a própria *História*, concluída seis anos mais tarde – compostas ao mesmo tempo em que publicava inúmeros outros trabalhos de fôlego, literários ou não –, reserva-lhe-iam desde logo um lugar central em nosso ensaísmo, que ele se apressou a ocupar com todo o gosto.

29. Sílvio Romero, *Quadro sintético, op. cit.*
30. *Ibidem.*

INDEPENDENTES

Não quer isso dizer contudo fosse ele o único ou o mais representativo crítico da geração. As décadas de 1870 e 1880 assistiram também à estreia de figuras do porte de Joaquim Nabuco, Rui Barbosa, Capistrano de Abreu, Araripe Júnior, Carlos de Laet, José Veríssimo, Eduardo Prado, João Ribeiro, sem esquecer figuras secundárias no gênero de Valentim Magalhães ou Melo Morais Filho, e vocações precocemente desaparecidas, como Rocha Lima, José Antônio de Freitas ou Celso de Magalhães. Autores de diferentes linhagens críticas – para louvar-nos da frase de Wilson Martins –,[31] ensaístas de expressão e qualidade muito diversas, estreando na Corte ou na província, sofrem todos eles o influxo das ideias que estão no ar.

NACIONALISMO: REVISIONISMO

O romantismo, que agora para a vanguarda já contava como peça do passado, tivera a prerrogativa de colocar em primeiro plano, e de diferentes modos, o problema do nacionalismo literário. A dicotomia nacionalismo-cosmopolitismo, que tomara certa primeira configuração ao tempo do realismo romântico, com algumas doutrinas vagamente revisionistas dos costumes e da sociedade, faz com que o pensamento crítico volte-se pouco a pouco para a realidade nacional, mas de modo radicalmente diferente do que o faziam Norberto e os companheiros de geração.[32]

---

31. *A crítica literária no Brasil*. São Paulo: Departamento de Cultura, 1952, p. 22.
32. No entanto, haviam eles de influir de modo profundo, por exemplo, o primeiro Araripe Júnior, que mais tarde desenvolveria, em sentido seu, as ideias de intransigente brasilidade bebidas nos colaboradores da *Minerva Brasiliense* e da *Revista Popular*. E que ele difundirá dando-lhe o necessário vezo psicológico e estético moderno em diferentes graus desde a primitiva posição dele, tomada com a *Carta sobre a literatura brasílica*, de 1869.

Esse interesse pela realidade brasileira apura-se com os ideais de precisão "científica" do realismo naturalista, contemporânea à renovação de ideais propostos por Tobias no Recife. Pelas suas possibilidades de um sadio universalismo, que decerto conseguirá despertar a mentalidade embotada do país, explica-se ao mesmo tempo o espírito revisionista de uma publicação como a *Revista Brasileira* (da segunda e terceira épocas), nosso primeiro mensário de sentido moderno. Tentativa de uma análise outra da cultura nacional, objetiva, direta, onde vão se ensaiar, com critério científico (o adjetivo é indispensável então), distintas pesquisas sobre as nossas coisas, ela pretende ser – e será – o órgão deste espírito renovador.

VERÍSSIMO E SEUS AMIGOS

Ensaísmo que se quer sem ingenuidade explica, por exemplo, a evolução de um José Veríssimo a partir de estudos culturais *lato sensu* para a pesquisa literária específica da madurez, em seus últimos anos. Crítico irredutível nos seus pontos de vista, equilibrado e preciso, embora marcado pelo vinco sentencioso de juiz, Veríssimo é uma das figuras mais autenticamente representativas dessa prosa ensaística. Isso apesar da elegância equívoca do seu estilo, das limitações que sofria a sensibilidade dele, fechada a tudo aquilo não se aparentasse diretamente com o espírito do crítico. Problemas amazônicos, literatura brasileira e estrangeira, educação nacional, divulgação de ideias, expansão da cultura – tudo isso estuda e versa com rara honestidade, com certeira, profunda intuição crítica.

O itinerário das ciências para a arte, contudo, não será seguido sempre. Definidas vocações ensaísticas, tais como Capistrano de Abreu, Lafayette Rodrigues Pereira, Joaquim Nabuco, Clóvis Beviláqua, Rui Barbosa, embora sempre atentas à forma e à atividade literárias, tomam em compensação outros rumos: a história, a política, o direito, a sociologia. Nesta linhagem de ensaístas especializados nos seus campos próprios, mas servidos de notável expressão literária, encartar-se-ão ainda um Oliveira Lima, um Euclides da Cunha, mais tarde um Oliveira Viana, um Gilberto Freyre, um Octavio Tarquinio de Sousa: antes de tudo homens de letras, escritores; depois especialistas das suas matérias.

PROBLEMAS DA "ARTE DE ESCREVER"

No sentido de estabelecer um apuro idiomático, fruto de ideais parnasianos que agora reagem contra o desalinho romântico, o ensaio no Brasil tenta reformular a sua expressão. Coincide isso na prática com as atitudes agressivas de um magistério lusitanizante cheio de impertinência, em que Camilo é a figura mais considerável e José de Castilho a mais mesquinha. Certo sentimento de inferioridade brasileiro em relação às críticas de desconhecimento e emprego incorreto da língua pátria encontra apoio no geral preconceito cientificista do tempo, todo voltado para regras e contrarregras. Mas, se por um lado provoca reações violentas contra este ponto de vista, estimula também o estudo e a prática erudita do idioma, de que éramos acusados de deformar e mutilar. Fazendo que então nos extrememos em exageros puristas, prova inconteste da nossa injustiçada superioridade vernácula, essa atitude favoreceria em breve a dilatada ditadura dos gramáticos. Em momento de comum acatamento pela norma, o ideal da correção pregado pelos codificadores parnasianos iria curiosamente completar--se com o espírito ornamental implícito ao "escrever artístico". A procura do vocábulo raro funde-se então com a preocupação gramatical, e a pesquisa do dicionário (onde aliás se encontram providenciais corroborações dos autores de monta) com o cultivo dos clássicos nos próprios textos.

PURISMO, TRADIÇÃO E TRANSIÇÃO

Cumpre lembrar ao lado disso que as grandes presenças portuguesas na nossa imprensa – Eça de Queirós, Ramalho Ortigão, João Chagas, Fialho de Almeida – confirmavam um ideal estilístico se não ortodoxamente lusitanizante (e tanto assim Rui vai reprochar na *Réplica* a francesia de Eça), conservando sempre a marca inconteste da prosa de além-mar. As virtudes da língua antiga coincidem com o favor literário neorromântico da arqueologia, com a ressurreição estetizante do passado, indispensável aos *raros*.

Desta forma a revalorização, na *belle époque* brasileira, dos escritores "clássicos", Vieira à frente, que aqui se procurava ostensivamente cultuar ainda melhor que no berço nativo, coincide com o sentido cinzelador da literatura decadente, invejada vanguarda artística europeia, e que provoca curiosas repercussões no ensaio da época. Algumas dessas preocupações estilísticas extremar-se-ão em excessos ornamentais, desaguando no rebuscado amaneiramento de muitas estéticas pessoais do tempo. Estão nesse caso o incessante cromatismo de Raul Pompeia, afiliado às *raretés* goncourtianas, a riqueza vocabular ofuscadora de Coelho Neto, a precisão e o rigor arcaizantes de Rui e de Laet, o termo técnico e singular na frase larga, compósita, já de si ondulante, de Euclides. Soluções diversas, mas aparentadas às suas, vamos encontrar em autores tais como Alcides Maia, Alberto Rangel, Monteiro Lobato, Graça Aranha. Furungadores de dicionários, esses "estilistas" (quase todos eles assinando suculentas páginas de ficção) já foram apontados como aquela "família dos farfalhantes"[33] que identifica a realização literária ao luxo do estilo.

---

33. Augusto Meyer, "A família dos farfalhantes", in *Preto & branco*. Rio de Janeiro: Instituto Nacional do Livro, 1956, p. 197.

GREGOS E TROIANOS

Mas é preciso não esquecer ao lado desses "asiáticos", perfilhados a uma Ásia tantas vezes menor, que o ideal de aticidade não desaparece da prosa de ensaio; muito pelo contrário. Avessos à rapina de vocabulário e às construções imponentes, para esses cultores da medida e da contenção urbana o manuseio dos escritores antigos consistirá mais na coleta impregnada de ironia desta locução ou daquela regência, de um ou outro modo de dizer sugestivo que renova com sutileza a língua contemporânea, comunicando-lhe discreto sabor acre. Mestre insuperável no gênero, Machado de Assis contará com seguidores dessa vertente num Constâncio Alves ou num Domício da Gama, e, de modo mais limitado, nos humoristas no gênero de Martim Francisco e Mário Brant, de Léo Vaz e Godofredo Rangel. Outros que refogem seja o torneamento generoso dos farfalhantes, seja a discrição excessiva dos áticos, preferem a fluência romântica, eloquente, grandiosa, de um Renan, nesse tempo em que o ritmo da língua francesa flui sugestivo para todas as sensibilidades letradas.

Ao seu lado ainda, a experiência simbolista experimenta a prosa poética, da crônica evocativa ao poema em prosa. A revolução branca do "nefelibatismo" não se resumiu apenas ao alargamento (com a correspondente retração) de um vocabulário escolástico específico. Tanto o ritmo como a estrutura da frase foram experimentados nas suas possibilidades virtuais, e tempos depois retomadas com êxito. E no campo da crítica contou com Nestor Vítor, divulgador do jornalismo de ensaio com larga experiência de autores pouco ou nada frequentados pelos grupos dominantes.

ENSAÍSMO, ARTICULISMO

Existindo de modo fundamental nas folhas, e só em segunda instância nas revistas, conforme já se viu, o ensaísmo tem de tomar a forma obrigatória de colaboração para a imprensa. Sinônimos imperfeitos, articulismo e ensaísmo são obrigados a coincidir de todo nas condições culturais do Brasil; as exceções pertencerão sempre a um campo definido – história das ideias, sociologia da cultura, filosofia do direito. Daí a importância das seções fixas ou da colaboração constante em jornais e revistas, coletadas mais tarde em volume. Casos como o de Carlos de Laet e Constâncio Alves – que com 50 anos de ininterrupta colaboração de grande qualidade literária na imprensa são ainda assim praticamente ensaístas sem livros – falam por si sós bastante alto para configurar essa peculiar situação. Muito mais corrente em nossa literatura pode parecer ao primeiro momento, e por isso aceita como irremediável; o universal da prática fez com que o articulismo de ensaio fosse com o tempo considerado a forma mesma da expressão do gênero, votando a uma irrecorrível efemeridade mesmo aquilo que de mais importante pudesse aparecer debaixo dessa forma. Sem ter sido o único, Sílvio Romero foi o ensaísta que de maneira mais veemente se recusou a esse fragmentarismo consagrado, preferindo seccionar, revistas e folhas afora, seus estudos quase todos eles de dimensões ponderáveis.

O caminho natural dessa produção, mesmo quando as dimensões do escrito pediam edição em volume, era a imprensa periódica. Mas como "neste nosso Brasil é infinitamente mais considerável a quantidade de pessoas que leem jornais do que a de que abrem livros",[34] seriam exatamente estes papéis volantes os impressos que atingiam um público mais amplo. Bem verdade é que depois de lidos e comentados tomavam rumo do fogueteiro; contudo, muitas vezes eram colecionados também nas amplas casas de antigamente, e serviam de leitura a duas e três gerações.

---

34. Vivaldo Coaracy, *91 crônicas escolhidas*. Rio de Janeiro: José Olympio, 1961, p. XVI.

ÚLTIMOS ORADORES

Parece datar deste período o declínio da oratória parlamentar e política de significação literária, até então exercendo imensa influência em toda a sociedade. Escreve Fernando de Azevedo:

> Mas toda essa eloquência a que o romantismo emprestara proporções grandiosas, quase espetaculares, e com a qual o Parlamento se tornou no Império "a forja de nossas letras", já vinha sendo ameaçada, pelo fim do século, no seu antigo prestígio, pela corrente das ideias filosóficas e científicas com que se encerrava o ciclo romântico e se abriam perspectivas para uma nova percepção, realista, da vida e do mundo.[35]

O sermão, como forma oral do ensaio, muito valorizado no seu aspecto cívico, sofrerá uma derradeira metamorfose na "conferência literária" do 1900, a última encarnação (ao lado da oratória de Rui, de impostação ainda imperial) do bem-falar sermonístico.[36]

---

35. *A cultura brasileira*. São Paulo: Melhoramentos, s.d., v. 2, p. 106.
36. A posição de Nabuco e Rui é curiosamente simétrica quando se pensa no lugar que ocupam como oradores políticos de alta expressão literária, e que mesmo escrevendo não perdem de modo nenhum a sua redonda eloquência de bem-falantes. Ocupando nas Câmaras republicanas o lugar deixado vago por Nabuco, Rui tentará inutilmente prolongar no novo regime o prestígio literário do Parlamento imperial. Excelente motivo para ser malvisto, pois conforme assinala ainda Fernando de Azevedo: "As letras, a que o regime parlamentar do Império imprimira um notável relevo e quase um valor prático, utilizando-as como um dos instrumentos de ação política e social, tornavam-se por essa forma, na República, não só estranhas, mas suspeitas à política, dominada pelo imediatismo utilitário e afogada nas questões militares e nas agitações partidárias" (*A cultura brasileira*, op. cit., v. 2, p. 107). Era o declínio final da influência da tribuna, primeiro religiosa, depois civil, e do peculiar ensaísmo oral condicionado por ela, que de tanto prestígio gozou e tanta influência entre nós exerceu.

REVISTAS, QUASE SEMPRE

Uma circunstância histórica, a queda da Monarquia, exigindo tanto de vitoriosos como de vencidos um esforço de análise do presente e do passado como até então não fora tentado, dera margem à afirmação de algumas das nossas melhores vocações ensaísticas, muitas delas até então realizadas apenas parcialmente.[37] A passagem do novo século, vindo repor o balanço das atividades intelectuais do país, encontrou assim a nossa intelectualidade definitivamente dividida entre nacionalismo e cosmopolitismo

DISCUSSÕES

A primeira década republicana, com os naturais desajustes que a mudança de regime acarretara à Nação, havia exigido de todo o Brasil pensante uma imediata tomada de posição diante de nossas coisas. Até então desconhecidas senão de uns poucos estudiosos isolados, a problemática brasileira passa a ser discutida não só do prisma político, mas notadamente social. Dentro da concepção alemanista da Escola do Recife os caminhos da cultura são compreensivos, encampando, com grande elasticidade, todas as manifestações do pensamento nacional. O grande doutrinamento que a obra de Sílvio Romero representa parece influir de modo indireto sobre quase toda a prosa de ensaio do tempo, marcando, com a extrema exacerbação característica dele, construtiva e polêmica, o comum interesse pelo estudo da nossa realidade.

Mas sejam prosadores ligados a Tobias e a Romero (Artur Orlando, Sousa Bandeira, Graça Aranha), sejam independentes

[37]. Demasiado conhecidos e glosados os casos de Nabuco e Eduardo Prado, o primeiro realizando a parte mais substanciosa da sua obra quando no ostracismo voluntário a que se voltou – "os dez anos de luto pela monarquia"; Prado entregando-se ao jornalismo de panfleto e de ensaio em que se realizou de modo quase definitivo com agudo sentido dos valores perenes.

(Eduardo Prado, Euclides da Cunha, Oliveira Lima), esses e mais outros continuam e completam a obra em comum encetada pela *Revista Brasileira* da segunda e terceira épocas, e que se tentou consolidar com a instituição da Academia de Letras.

UMA CAPITAL CIVILIZADA

Esse criticismo compreensivo dava margem, ao expandir-se, de um outro lado, da realidade meramente urbana da grande cidade: o desenfreado e ingênuo cosmopolitismo mundano do Rio, que atravessa um segundo e frenético civilizar-se.

O Rio civiliza-se! é a frase feita célebre para caracterizar a remodelação material dos costumes e da sociedade carioca. O grande cronista desse momento de inquietação superficial será Paulo Barreto. Com o pseudônimo coerente de João do Rio ele quer significar a sua intimidade com a cidade que se enfeita de tentacular, atingida também ela pelas taras moderníssimas das grandes capitais europeias.

Escritor de talento, a se dispersar numa literatura mais do que apressada se desejando vertiginosa, dono de um estilo que à primeira abordagem aparece construído apenas com os tiques e os cacoetes da moda, ele representa, divertido, consciente, a caricatura de um determinado grupo em situação. Retrato ironicamente retocado do *art nouveau* carioca – de que P. Lopes será o mais lídimo representante, mas numa dimensão ideal e quase angélica que afinal o aparenta a um Rousseau le Douanier –, árbitro das elegâncias intelectuais da época, além das muitas fórmulas que soube manusear como ninguém, foi escritor capaz de nos deixar uma *Alma encantadora das ruas*, ensaio descritivo de psicologia urbana que é pouco menos do que uma obra-prima.

No seu estilo compósito e funambulesco, esse cronista que não conseguia a fluência serena de Bilac, sucessor ao mesmo tempo de Eça e Machado, nem a graça espontânea e fácil de Artur Azevedo, que continuava o humorismo digerível de França Júnior, resumiu com aguda vivacidade, resumiu com malícia insuperável, um mito de que foi, afinal, o principal ator. Proust de um mundanismo sem aristocracia, em que dona Laurinda dos Santos Lobo foi ao mesmo tempo mme. de Guermantes e mme. Verdurin, mais do que ninguém ajudou a criar uma ilusão nacional de esnobismo *up to date*, do qual foi o melancólico repórter e o ironista de gênio.

"A ERA DAS CONFERÊNCIAS"

Ao lado da crônica e da reportagem[38] é cultivado também um outro gênero menor que, se gozara de algum prestígio nos meados do século anterior, empolga de modo mais completo agora o público do tempo: a "conferência literária". Documentando, do ponto de vista dos costumes, uma exuberante vida social, esse tipo de oração para ser recitada em sociedade participa ainda do campo do ensaio. Um ensaio quase sempre frívolo, variação palavrosa em torno de algum tema genérico, vago, efêmero. Recolhidas em livro após serem recitadas aqui e ali pelos autores (bem remunerados por esse trabalho, desde que as conferências são com entrada paga), representam fenômeno literário inseparável do período. Brito Broca propôs com justeza que elas fossem incluídas debaixo do designativo de "prosa parnasiana" que Otto Maria Carpeaux cunhara na *Pequena bibliografia crítica da literatura brasileira*.[39] Na verdade o gênero encartava-se do modo mais ortodoxo dentro da estética gratuita, ao mesmo tempo do conceito ornado e da frase alambicada, que as tornam autênticas peças em prosa correspondentes, pelo espírito,

---

[38]. "Com João do Rio, na primeira década do século, a crônica-folhetim, do modelo de Machado de Assis, que já ia perdendo o contorno clássico com Bilac, converte-se em reportagem. Era uma surpreendente inovação na época." Brito Broca, "Cronista de outrora", recorte sem indicação em *A Gazeta de São Paulo*.

[39]. "Não seria demais ver nas 'conferências literárias', nos moldes aludidos, uma expressão típica e triunfante dessa prosa. Faziam-se elas com material semelhante ao dos sonetos parnasianos, havia identidade de vocabulário entre uma e outros. Basta ver os títulos 'O mar', 'O espelho', 'A tentação' (Oscar Lopes, *Três conferências*),

aos sonetos da escola: polidos, sensíveis, encantadores, vazios. Decorativos e incômodos como o febril bricabraque esmagador das casas de então.

CONTUDO ALGUNS FRUTOS

Mas nada de exageros, anota ainda Brito Broca:

> É preciso considerar que apesar daquilo que podemos chamar a sua "perversão", a moda trouxe algumas vantagens, concorrendo para que fossem escritos alguns dos bons livros da literatura brasileira.
> O primeiro estudo de conjunto da obra de Machado de Assis daí provém: resultou das palestras pronunciadas por Alfredo Pujol na Sociedade de Cultura Artística de São Paulo, depois enfeixadas em volume. Também ali Afonso Arinos realizou um curso sobre lendas e tradições do Brasil, transformado em livro. Umas das melhores obras em prosa de Bilac são as *Conferências literárias*, nas quais encontramos a famosa exaltação de Dom Quixote, o estudo sobre Gonçalves Dias. E a conferência de Gilberto Amado, no salão do *Jornal do Commercio*, a 9 de agosto de 1913 sobre o tema "A chave de Salomão", legou-nos uma das páginas mais notáveis das nossas letras. Sem falar na série promovida por Manuel Cícero Peregrino em 1912, na Biblioteca Nacional.[40]

Com os seus lados contraditórios, foi tal a voga no gênero que os próprios ironistas que o satirizam – será o caso de João do Rio – nem por isso deixam de o praticar.

'A mulher' (Garcia Redondo, *Conferências*), que o são também de sonetos parnasianos." Em "A conferência literária e a prosa parnasiana", recorte sem indicação de *A Gazeta de São Paulo*. O texto foi reescrito e desenvolvido à p. 139 de *A vida literária no Brasil: 1900* (segunda edição). As observações de Carpeaux sobre a prosa parnasiana integram a p. 162 da 2 ed. da *Pequena bibliografia crítica da literatura brasileira*. Rio de Janeiro: Serviço de Documentação do MEC, 1955.
40. *A vida literária no Brasil: 1900, op. cit.*, 2 ed., p. 139.

OUTRAS PRESENÇAS

Mas João do Rio evidentemente não é o único figurante desse período contraditório. Os anos que precedem de pouco à Grande Guerra encontrarão além das vocações algo dispersivas que se dividem indiferentemente entre ficção e ensaio, e de que entre os menos idosos Alcides Maia e Xavier Marques são exemplos, os pendores fundamentalmente ensaísticos de Gilberto Amado e Antônio Torres. Diversos entre eles, como o são, resumem a inquietude mental dessa época. O primeiro todo voltado para problemas gerais, propostos numa prosa vibrante, dominada de modo muito seu pela ineludível vocação pedagógica de líder intelectual. O segundo, realizando-se na fluência elegante e segura de um escrever aprimorado, a se interessar pelos aspectos peculiares do dia a dia, a sua vocação de moralista modulada mais por um vago ideal de bom senso e de equilíbrio primordiais, quase sempre levados à deriva pelo temperamento passional do autor.

TORRES & AMADO

Paralelos, os ensaísmos de Torres e Amado completam-se em distintas áreas de inconformismo e espírito revisionista. O segundo circunscrevendo o primeiro, atravessarão toda a década de 1920 como figuras das mais representativas do gênero. Um no terreno das ideias literárias e políticas, outro no da sátira dos costumes e da atualidade jornalística. Ambos inequivocamente prolongando, no espírito *belle époque* que presidira a formação deste e daquele, os aspectos mais vivos e ardentes do revisionismo nacional que também se reflete de outro modo na *Revista do Brasil* de Monteiro Lobato. Desse modo a formação liberal de Gilberto Amado na Faculdade do Recife e a eclesiástica de Torres, no Seminário de Diamantina, completavam-se antiteticamente em meio ao cenário das letras do 1900 brasileiro, nesse meio em que o modernismo heroico representa como que o efervescente precipitado final, encerrando complicado processo químico realizado em cadeia.

UMA VONTADE DE CULTURA NACIONAL

Também a *Revista do Brasil*, sob a direção de Monteiro Lobato, e em certo período também Paulo Prado, representará de modo todo panorâmico a mentalidade brasileira profundamente insatisfeita com a realidade presente, pretendendo agir de modo concreto pelo menos dentro do campo cultural. Em luta contra todas as formas do espírito estagnado, não lhe repugna a colaboração das figuras independentes das gerações anteriores. Um João Ribeiro, um Martim Francisco, um Amadeu Amaral, um Nestor Vítor, um Alberto Faria, díscolos na geral arregimentação dos grupos estético-ideológicos, terão entrada franca na revista. Todos os talentos autênticos são aí acolhidos. Durante os dez anos de existência da revista, de 1916 a 1925, ela dará guarida a gregos e troianos, inclusive aos primeiros modernistas.

OS DE ENTÃO

Afrânio Peixoto, Humberto de Campos, Jackson de Figueiredo, Ronald de Carvalho, Tristão de Athayde, Sud Menucci, Plínio Barreto, José Maria Belo, Fernando de Azevedo destacam-se na prosa de não ficção deste período, em que continuam a produzir alguns dos grandes nomes que vêm do Segundo Reinado ou dos primórdios da República, que sobreviveram aos contemporâneos: Laet; Neto; Afonso Celso; Constâncio Alves; Medeiros e Albuquerque. Ensaístas diferentemente motivados, tendendo para a erudição pura, para o combate ideológico, para a crítica estética, sociológica ou sincrética, esse período que os contém a todos é dos mais fecundos para o gênero. O espírito essencialmente analítico e judicativo da época propicia um geral estabelecimento de critérios de apreciação da realidade, nas mais diversas áreas. Há alguma coisa no ar que ninguém pode dizer exatamente o que seja.

O ESTOURO

O modernismo sucederá de pouco ao aparecimento da *Revista do Brasil*, e se de maneira diferente dela busca uma reforma "radical" da literatura, ainda então praticada sob a égide da sensibilidade finissecular, representa ainda o mesmo estado de espírito de redescoberta do Brasil.

Neorromantismo, cujas brigadas de choque entrarão violentamente em cena, viria a receber a adesão de um Ronald de Carvalho e de um Graça Aranha, a simpatia irônica de um João Ribeiro, a compreensão defensiva de um Tristão de Athayde. Com os restantes polemicaria quase sem tréguas até a década de 1930

PROBLEMAS DE EXPRESSÃO

Encontrando entre os escritores jovens alheios ao movimento uma prosa amadurecida e cheia de recursos que segue determinados ideais, a oposição estilística e artesanal dos "futuristas" – Oswald de Andrade, Mário de Andrade, Antônio de Alcântara Machado – será muito fecunda no sentido da síntese que irão realizar, à procura de um discurso ricamente plástico, que vai se aproveitar das novas conquistas mas não deixará de utilizar a tradição.

Assim à prosa protestante, aforística, subjetivista, de um estilo às vezes telegráfico, de que Oswald e Mário de Andrade dão a senha, e Antônio de Alcântara Machado resolverá numa dimensão própria, inimitável, vai suceder uma busca de equilíbrio expositivo e estético na qual tanto aqueles diretamente ligados ao movimento como aqueles que se desenvolvem à margem do debate estético acabam por se beneficiar. Pedro Dantas, Sérgio Buarque de Holanda, Rodrigo M.F. de Andrade, Manuel Bandeira, Sérgio Milliet por um lado; Gilberto Freyre, Paulo Prado, Tasso da Silveira, Andrade Murici, Agripino Grieco, Fernando de Azevedo, Luís Delgado, Eduardo Frieiro, Olívio Montenegro, Octavio Tarquinio de outro lado representam, grosso modo, as posições principais em torno do ensaio crítico, interpretativo ou expositivo, e que transitam, dentro de distintas categorias de experimentação, para um pós-modernismo em que voltará a prevalecer o ideal da prosa equilibrada.

MODERNISMO E ESTILO

São sem número os problemas e as contradições dessa prosa ensaística – da qual não estamos fazendo a história mas apenas tentando esboçar o evolver através de século e meio de consciente vida literária nacional. Procurando ao mesmo tempo as possibilidades do "estilo moderno" como as do chamado "acadêmico", um grupo deveras excepcional de ensaístas levará conscientemente esse falso dilema a uma superação resolvida com o amadurecimento estético de cada artista, e a posterior depuração vocacional. O caso da prosa de Mário de Andrade, da prosa de ficção como da de ensaio, fornece o mais expressivo exemplo do que se pretendeu dizer: ela caminha da sua primitiva vontade de um formulado maneirismo para a fluência larga e pessoal do seu último escrever. Soluções igualmente pessoais, como a da cadência frasística de Gilberto Freyre, largamente enumerativa e dividindo-se em suborações independentes, adequadas à maravilha aos seus inventários proustianos, se se tornam irresistíveis aos imitadores, são impossíveis de ser transmitidas a mais ninguém. Os epígonos veem-se na ominosa condição de pastichar o mestre.

O Boletim de Ariel é o marco simbólico que anuncia uma nova geração de ensaístas, esta verdadeiramente notável: Lucia

Miguel Pereira, Augusto Meyer, Eugênio Gomes, Astrojildo Pereira, Afonso Arinos Sobrinho, Barreto Filho, Carlos Dante de Morais, Aires da Mata Machado Filho, Moisés Velinho. A ela se juntará pouco depois a de Álvaro Lins, Viana Moog, Cristiano Martins, Otto Maria Carpeaux (que a guerra e o exílio tornam escritor brasileiro), Afrânio Coutinho, Brito Broca, Temístocles Linhares, Adonias Filho, Aurélio Buarque de Holanda, Gustavo Corção. Todos eles, sem excetuar quase nenhum, prosadores que irão preferir como seu meio de expressão uma prosa tersa, quase neoclássica na sua maneira de ser discreta, à qual se pede, antes de mais nada, interfira o menos possível no jogo abstrato das ideias, e seja antes de tudo plástica e expressiva.

A TRADIÇÃO DA CRÔNICA

Único gênero, conforme já se fez notar, que acompanha o gosto do público sem perder a qualidade literária, e, ao contrário, em cada situação nova recria essa qualidade, a tradição brasileira do *familiar essay* persistia muito viva depois de João do Rio. Bilac, Raimundo Correia, Guimarães Passos, Artur Azevedo, Coelho Neto, nomes exponenciais na poesia e na prosa desse tempo, haviam-no cultivado até a época da morte de cada um deles – a de Coelho Neto ocorrida dez anos após a de Paulo Barreto. Mas se eram cronistas à maneira tradicional, contando com público certo, não acompanhavam de modo nenhum a inovação da reportagem lírica, essa grande contribuição de João do Rio ao gênero já então algo estafado.

Por essa época começa a crônica a evoluir a pouco e pouco para a forma que tomará em nossos dias. "Processou-se a transição gradativamente, de modo quase imperceptível, como cresce na natureza aquilo a que a força vital dá alento" – escreve Vivaldo Coaracy.[41]

41. "A crônica", in *91 crônicas escolhidas, op. cit.,* p. xv.

Nem por isso foram menos profundas e acentuadas as transformações. E a crônica assumiu novo aspecto e consistência, adquirindo, independente e livre, os foros de gênero literário definido e genuíno. Libertou-se o cronista das algemas da atualidade, proclamou-se independente da contingência do comentário oportuno ao "caso do dia". Em vez de procurar assunto no noticiário, passou a buscar inspiração nas impressões quaisquer recolhidas pelo seu espírito através da observação, da fantasia ou da reflexão. [...] Deixa de ser jornalista para se tornar escritor; troca o ofício pela arte, aceitando todas as suas responsabilidades e exigências.[42]

A CONTINUIDADE

O disputado bastão de cronista seria passado adiante, nesse período de busca, ora por um Lima Barreto (cujo profundo ressentimento social fará dele, ao lado de Torres, o mais ferino dos comentaristas); ora para o curioso diletantismo do segundo José do Patrocínio; ora ainda para o cosmopolitismo mais ou menos mundano de um Théo Filho ou de um Tomás Lopes; ora para a vacilante fluência de um Humberto de Campos.

E assim o gênero não sofre mutações profundas com o costumismo sentimental da geração seguinte, Ribeiro Couto, Manuel Bandeira, Peregrino Júnior, Vivaldo Coaraci, Álvaro Moreyra, autores de algumas páginas definitivas no gênero. Nem com eles, nem com o experimentalismo modernista (pois com Mário de Andrade e Antônio de Alcântara Machado são tentadas diferentes soluções para o gênero), a crônica sofre transformações essenciais. Sem nenhum caráter urgente estas serão propostas no entanto por um Rubem Braga, renovador do gênero, que aproveita do modo mais pessoal algumas sugestões intimistas já esboçadas tanto pelo poema em prosa dos anos 1910 e 1920 como pelo penumbrismo sentimental à Ribeiro

42. *Ibidem.*

Couto, reformando-os com o raro sentido íntimo do coloquial e do cotidiano mágico.

BALANÇO CRONIQUEIRO

A passagem da objetividade primitiva para um subjetivismo lírico mais ou menos radical corresponde a uma autêntica revolução nesse processo de focalizar a realidade. Isto é, uma revisão do gênero que toca nos seus próprios fundamentos. Próximo da poesia pelas muitas possibilidades do flagrante lírico, a mudança do ponto de vista exterior do cronista para o interior do sujeito, enriquecendo infinitamente as possibilidades do flagrante humano, depois de Manuel Bandeira voltou a tentar alguns dos maiores poetas do país, como Carlos Drummond de Andrade e Cecília Meireles, assim como outros mais jovens, como Lêdo Ivo e Paulo Mendes Campos, e ficcionistas como José Lins do Rego e Fernando Sabino. Hoje é sem dúvida o gênero mais popular do país, o único a manter um contato direto e cotidiano com o leitor através da imprensa.

DO ENSAIO REMEMORATIVO

O memorialismo assume uma posição especial dentro do campo do ensaio estético apenas quando ele aí realiza uma prosa que de modo consciente combine o narrativo, o descritivo e o interpretativo. Descendendo por um lado do ensaio personalista de Montaigne, cuja marca é visível em toda a tradição intimista do gênero – as *Recollections of Childhood*, de Steele, são um sinal da sua continuidade em pleno século 18 –, a autobiografia alcançaria o apogeu durante o romantismo. Escreve Mário Praz:

> Era natural que numa época menos voltada para os problemas de casuística, mas preocupada, pelo contrário, em registrar o nuançamento da própria sensibilidade (como é o caso do período romântico),

o ensaio devesse transformar-se num instrumento, o mais ágil e o mais eficaz, da autobiografia. O romantismo descobriu a autobiografia interpretando-a não no sentido de vida exemplar, mas de apaixonante documento humano. O criador do ensaio autobiográfico moderno foi Charles Lamb, num grupo de composições (*Recollections of Christ's Hospital, Dream Children, Old China*) em que o ensaísta pode ser definido como um lírico em prosa, preocupado em fixar certo ritmo demasiado sutil para o verso, e vivaz como o tagarelar de uma conversação.[43]

No Brasil, o memorialismo de categoria literária aparece tardiamente. Era natural que assim fosse numa cultura de formação recente, pouco afeita aos lazeres da rememoração. Assim, até o presente, o gênero existe entre nós do modo mais fragmentário e ocasional.

Cumpre-nos, antes de mais nada, colocar num segundo plano aquelas obras desta família que, ainda possuindo emoção, importam mais pelo seu conteúdo informativo do que pela contextura estética. Sejam elas escritas por coetâneos ilustres como as *Minhas recordações*, de Ferreira de Resende, as *Reminiscências da campanha do Paraguai*, de Dionísio Cerqueira, ou as *Coisas do meu tempo*, de Ernesto Matoso. Ou sejam obras de homens de letras, diferentes entre si como Taunay, Oliveira Lima, Medeiros e Albuquerque, Humberto de Campos, todos eles autores de memórias.

Entretanto, ainda que fragmentários e esparsos, já são peças de nível homogêneo o *Como e por que sou romancista*, de Alencar, *O velho Senado*, de Machado de Assis, *Cousas do meu tempo*, de Salvador de Mendonça, *Horas do bom tempo*, de Lúcio de Mendonça, *Minhas memórias dos outros*, de Rodrigo Octavio, o malogrado *O meu próprio romance*, de Graça Aranha, para só citar algumas.

O caso de Nabuco e de *Minha formação* – o mais intrinsecamente ensaístico de todo o nosso memorialismo, no sentido de ser análise compreensiva e intelectualizada de uma vida cheia de plenitude – inauguraria linhagem tão respeitável quanto

---

43. "Saggio", *op. cit.*

escassa em nossas letras. Se não pode ser continuada, conforme parecia lógico, pelas memórias de Graça Aranha, interrompidas pela morte, encontraria ela na exuberante rememoração de Gilberto Amado um livro prolongamento da sua maneira, ao mesmo tempo intelectiva e comovida. Dois poetas bastante diversos, Manuel Bandeira e Augusto Frederico Schmidt, parecem entrosar-se nessa família de rememoradores: o autor de *O galo branco* por uma certa qualidade maciça de sua prosa, curiosamente aparentada com a de Nabuco pelo torneio sensual; a do autor de *Itinerário de Pasárgada*, pela diferente capacidade de lucidez no compor uma *biographia litteraria* (agora no sentido mais exclusivamente coleridgiano de belas-letras), idêntica à de Nabuco pela riqueza da seiva humana e pela elegância formal e intelectual.

ALGUNS SIMPLES EXEMPLOS

Já o memorialismo de Graciliano Ramos e também o de Oswald de Andrade e o de José Lins do Rego tendem para uma narração que se crê e se quer fielmente objetiva tanto ao autor como à realidade circunstante. Enquanto que já pertencem ao território das mais legítimas "memórias sentimentais" as de Augusto Meyer (*Segredos da infância*) e Cyro dos Anjos (*Explorações no tempo*). Estes últimos, autênticos "líricos em prosa", entregam-se de modo voluntariamente estético aos jogos recorrentes da rememoração. Construindo uma língua sutil e cheia de tonalidade, encontram naquele mesmo sereno rigor o estilo conciso do autor de *Infância* e *Memórias do cárcere*.

    Idêntica a toda e qualquer literatura recente, a nossa não podia contar neste campo senão com diminuta produção de valor propriamente estético. Mas só o fato de o gênero continuar a ser versado no presente, e contar com diversas outras obras de valor na década de 1950-1960 (de que não trata este resumo), indica que o memorialismo de categoria intrinsecamente literária caminha para ocupar dentro do ensaísmo brasileiro um lugar dos mais decisivos.

PRESENÇA E PREMÊNCIA DO ENSAIO

Esse geral renascimento do ensaio debaixo de todas as suas formas é como que simultâneo à criação das primeiras faculdades de letras. O encaminhamento para a cultura universitária começa a fazer com que o gênero se apresente como problema estético e cultural. Começando a deixar o caráter intuitivo de filho ocasional da imprensa, que de modo genérico teve entre nós, ele chega à hierarquização das diversas categorias do gênero, do articulismo jornalístico ao ensaísmo propriamente dito. Parecíamos ter chegado ao limite de consciência indispensável para a plenitude dessa espécie literária.[44]

Para isso concorreu a crítica cheia de maturidade exercida por um Tristão de Athayde, um Mário de Andrade, um Álvaro Lins,

[44]. Os grupos culturais que a província reúne, dentro da instabilidade que lhe é própria – o Parnaso Maranhense, a Escola do Recife, a Padaria Espiritual, A Mina, os simbolistas de Curitiba – só poderiam ganhar conteúdo real e efetiva consistência após a criação das universidades regionais, fundadas depois de 1930. Até essa data entra o acaso de modo decisivo na sua composição, e os grupos se dissolvem por si mesmos ou são desmantelados pela irresistível atração que a capital exerce sobre os seus componentes de maior categoria.

A este respeito, muito características, pela quase total unanimidade, as respostas, no inquérito de João do Rio sobre *O momento literário*, ao quesito respeitante às então chamadas (quase sempre com ironia) "literaturas estaduais". Daí podermos dizer sem nenhum exagero que regionalismo consciente, adotado como atitude ética e estética, só consegue entre nós realmente não apenas existência, mas real motivação, a partir do estabelecimento de Gilberto Freyre no Recife. A exposição da sua ideologia coerente vem proposta no *Manifesto* de 1926.

Cumpre notar, contudo, que a proliferação das Academias de Letras provinciais nas duas primeiras décadas do presente século já indicava o compreender, acanhado que fosse, da ideia e do sentido de "região e tradição". Se nos estados mais subdesenvolvidos representa mimetismo desprovido de melhor sentido da realidade, em províncias mais progressistas coincide com o crescimento e uma ilusória consolidação do novo espírito federalista; seu reflexo no campo político se afirma de maneira todo-poderosa e mesquinha com a política "dos governadores". Seria talvez o caso da Academia Mineira, significativamente fundada no ano de 1909 em Juiz de Fora – na "Manchester mineira" e não em alguma das várias Atenas ou Coimbras provinciais. E que se transfere pouco depois para Belo Horizonte, após ter-se a "Cidade de Minas" firmado de vez como centro de inconteste prestígio político e econômico. Também o novo essor contemporâneo da literatura gaúcha de Porto Alegre, baseado sem dúvida numa matizada tradição local, coincide um Antonio Candido, este talvez o primeiro elemento formado pelas novéis faculdades de letras a ocupar um lugar destacado em nosso ensaísmo. Como o presente trabalho encerra-se voluntariamente em 1950 – portanto no limiar da carreira de vários nomes dez anos depois de prestígio nacional, M. Cavalcanti Proença, Wilson Martins, Décio de Almeida Prado, Fausto Cunha, Sábato Magaldi etc. –, encerramos nossa resenha num momento como esse, de inequívoca ascensão ensaística, quando começam a se delinear várias novas tendências do gênero.

CONCLUSÃO?

Nascendo com a imprensa e até hoje vivendo em grande parte dela, um levantamento geral do ensaio literário brasileiro, de 1800 a 1950, apresenta um saldo deveras positivo. A crônica, que é o nosso *familiar essay*, possui tradição de primeira ordem, cultivada, desde o amanhecer do periodismo nacional, pelos maiores poetas e prosistas da época – não será necessário citar aqui outros nomes além dos de José de Alencar, Machado de Assis, Carlos Drummond de Andrade. Seu vigor está comprovado ainda hoje pelos livros desse gênero que sem cessar saem dos prelos: recolhendo produções dispersas pelas revistas e pelos jornais, falam por si mesmos do real favor que gozam junto ao público.

O memorialismo, se até há pouco foi campo menos popular, depois de 1940 recebeu impulso fora do comum, tornando-se um daqueles mais cultivados pelos nossos escritores. De excepcional

---

fora de menor dúvida com o desenvolvimento do estado, inclusive com a fundação ali, nos anos 1920, de uma editora logo de importância nacional.
Exemplos a serem considerados, e dos mais expressivos, do problema da dicotomia cultural Corte-província, no complexo nacional brasileiro, são ainda os grupos de Fortaleza no fim do século, ou os de Maceió entre 1925 e 1935: o acaso e as condições especiais (inteligente mecenato, bem-estar relativo da classe média) parecem ter sido os motivos que possibilitaram a respectiva eclosão. Mas somente o trabalho continuado e modesto da universidade poderia firmar esse esforço de autêntico enraizamento cultural.

qualidade, algumas produções desse gênero já integram de modo definido a literatura brasileira. Entre descritivo, interpretativo e narrativo, pertencendo um pouco a cada uma dessas categorias, podemos juntar à autobiografia superiormente escrita aqueles ensaios que de modo parcelado descrevem, narram e interpretam, com sentido literário, a realidade íntima brasileira. Pertencem a tal família ilustre *Minha formação, Segredos da infância, Itinerário de Pasárgada*, mas não deixam também de certo modo de dela participarem "memórias coletivas" no gênero de um *Sobrados e mucambos* – embora de maneira menos metafórica participem elas mais propriamente da categoria seguinte.

Isso porque o ensaio crítico e interpretativo – tanto do fato literário específico como aquele de ideias gerais, concebido num teor de prosa artística – pode reivindicar a mais ilustre tradição. Num rol que seria ocioso repetir nesta última página, ele reúne os maiores nomes das nossas letras. Realmente, todos os grandes cultores da prosa de não ficção teriam de estar presentes a essa chamada geral. Basta que relacionemos, quase como homenagem, e um pouco ao acaso, alguns dos títulos fundamentais da nossa bibliografia: *Os sertões, História da literatura brasileira, Jornal de Crítica, Retrato do Brasil, Raízes do Brasil, Aspectos da literatura brasileira, Prata da casa, À sombra da estante, D. João VI no Brasil, Casa-grande & senzala, Estudos de literatura brasileira, O ocaso do Império, Capítulos de história colonial, À margem da história, A cultura brasileira, Um Estadista do Império, Interpretação do Brasil...*

Dessa forma, podemos concluir tratar-se o ensaio de uma das atividades mais ricas e complexas da literatura brasileira, malgrado possa parecer num primeiro momento uma província deserta, ou quase despovoada, das nossas letras. Voluntariamente incompleto, o resumo que aqui se encerra, mera tentativa de visão de conjunto do gênero – ele acredita realizado o seu fim se conseguiu lembrar ao leitor que, versado pelos melhores escritores, o ensaio afinal encerra a maioria das obras fundamentais da nossa cultura.

Que misterio es una dedicatoria, una entrega de símbolos!

Viagem à roda de uma dedicatória

Paulo Roberto Pires

Que misterio es una dedicatoria, una entrega de símbolos!
Jorge Luis Borges, *La cifra*

Em junho de 1978, Alexandre Eulalio deu de presente a Roberto Schwarz um exemplar de *Prosa de ficção – de 1870 a 1920*, o livro de Lucia Miguel Pereira que seria um dos volumes da *História da literatura brasileira* idealizada por Álvaro Lins e jamais realizada. Na folha de rosto, escreveu ao amigo:

> Para o Roberto
> este livro notável que, lido em 1950, ao mesmo tempo que o "Coelho Neto, romancista", de Brito Broca, me mostrou que o que eu queria fazer mesmo era ensaio brasileiro.
> com o abraço
> do Alexandre

Com estas 30 palavras, excluídas a saudação ao destinatário e a manifestação de afeto do remetente, Alexandre Eulalio escreveu um curioso microcapítulo da história do ensaio no Brasil. Episódio que pode ser lido literalmente à margem, num fac-símile escondido em meio a poemas, ensaios, resenhas e reportagens editados em 1993 na revista *Remate de Males*. A edição especial foi a forma de o departamento de teoria literária da Unicamp homenagear aquele que, ao morrer, em 1988, havia dedicado nove de seus 55 anos, os nove últimos, a ensinar naquela universidade – onde ingressou na condição de professor notório saber, ou seja, dispensado da formação superior regular.

À revista que revelou essa declaração íntima e despretensiosa, Maria Eugenia Boaventura e Carlos Augusto Calil, os organizadores, deram o título *Alexandre Eulalio – Diletante*. O epíteto é do próprio autor, que assim se denominou simulando um cartão de visita. Assumia com fina ironia, como se fosse profissão, médico ou advogado, um julgamento que muito rondou seu nome e nele muitas vezes foi colado. "Diletante" é, como sabemos, adjetivo com baixo teor de ambiguidade, pois diz menos da paixão do amador – que efetivamente traduz – do que insinua sobre a superficialidade e a ligeireza de seus múltiplos interesses, intelectuais e estéticos.

Mas, para quem declarou "ensaio brasileiro" como prática principal e meio de vida, "diletantismo" é mais honraria que demérito. Ou, dependendo do ponto de vista, um ônus inevitável. Poeta, jornalista, historiador, crítico de arte e literatura, cronista, cineasta e tradutor, Alexandre Eulalio tornou-se, essencialmente, o que grande parte dos intelectuais brasileiros só foi ou é como ramal auxiliar: ensaísta.

E o ensaísta nada mais é que um diletante profissional, curioso vocacional que faz desse impulso modo de vida, elaborando seu variado interesse em texto bem cuidado, às vezes próximo do literário e sempre tendo no horizonte o convite de uma conversa com o leitor. Culto – e, no melhor dos casos, desprovido de arrogância –, passeia despreocupado entre as fronteiras das disciplinas, prefere a dúvida à certeza e se realiza plenamente na forma breve, no tiro mais curto que um livro ou uma tese. E.B. White, um dos mestres do gênero, dizia ter orgulho de, na condição de ensaísta, ser um cidadão de segunda classe no mundo das letras. Vê-se que o preço da deriva é quase sempre alto e especialmente exorbitante numa vida intelectual que, como a brasileira, faz da especialização na pesquisa e do cultivo do jargão formas poderosas de distinção intelectual.

É da vocação de "ensaísta brasileiro", plenamente realizada por Eulalio, ponto final de sua mensagem a Schwarz, que parte esta viagem em torno de uma dedicatória. Do que ela pode revelar dos dois e, através deles, da definição do ensaísmo moderno no Brasil.

O RECADO DOS NOMES

O destino intelectual de Alexandre Eulalio é, em suas próprias palavras, decidido por Lucia Miguel Pereira, cuja obra escolhe, fisicamente até, para declarar a Schwarz sua admiração, e por Brito Broca, que o influenciou pelo que escreveu, mas também ou sobretudo pela convivência, amigos e colegas de trabalho que eram no Instituto Nacional do Livro. Mortos precocemente, ambos em acidentes trágicos – Lucia tinha acabado de fazer 58 anos quando o avião em que viajava caiu; Broca estava às vésperas dos 58 quando foi atropelado –, ambos ocupam, com o próprio Eulalio, lugares discretos e quase à margem no cânone ensaístico em que Schwarz tem hoje posição destacada.

Quando ganhou o livro de presente, Roberto Schwarz, nascido na Áustria em 1938, já era, ele sim, o perfil do intelectual que se consagraria como legítimo representante do "ensaio brasileiro". Como seu amigo, tinha se aventurado em diversas frentes: poesia (*Pássaro na gaveta*, 1959, e *Corações veteranos*, 1974), teatro (*A lata de lixo da história*, 1977) e tradução (Brecht, Georg Büchner, Marx e Adorno). Mas os alicerces de sua obra, desde sempre sólida, começavam a ser plantados com dois livros de ensaios: a coletânea *A sereia e o desconfiado* (1965), que trata de Mário de Andrade e Dostoiévski, Nathaniel Hawthorne e Clarice Lispector, e *Ao vencedor as batatas* (1977), tríptico temático que inaugura sua influente interpretação de Machado de Assis.

Pelo amplo espectro de interesses e a realização em linguagens diversas e temas variados, Schwarz poderia ser considerado tão diletante quanto o amigo – e seus dois ilustres antecessores. Mas a ele e a toda uma geração que a partir da década de 1960 elegeu o ensaio como plataforma, sobretudo na crítica literária, jamais se colou o rótulo do amadorismo. A carreira universitária já autorizava suas falas e legitimava suas hipóteses, dando ao tal "ensaio brasileiro" um lugar peculiar na tradição do gênero. Lugar que fica mais claro voltando para um pouco antes de 1978 – ano em que Alexandre Eulalio publicou seu único livro não póstumo, *A aventura brasileira de Blaise Cendrars*, narrativa de gênero indefinido que mescla análise, crônica, depoimentos e imagens para dar conta da convivência do poeta francês com os modernistas brasileiros.

FAIR PLAY **INTELECTUAL**

Ao prefaciar, em 1949, o volume *Ensaístas ingleses*, da coleção Clássicos Jackson, Lucia Miguel Pereira defendia que o ensaio é "antes atitude mental que propriamente gênero literário". Apontava, assim, para sua formação e carreira, uma e outra fora dos trilhos institucionais ou científicos, misturadas com a provisoriedade inerente ao jornalismo e, também, ignorando os limites de gênero literário. Além da sólida ensaística e das biografias – seu *Machado de Assis* é clássico na fortuna crítica do autor de *Esaú e Jacó* –, Lucia também publicou literatura infantil e romances que ela mesma reconhecia de importância menor.

"Filho tardio do Renascimento, a maior época do mundo ocidental, o ensaio representa, no plano literário, o mesmo impulso humanista e experimental de que resultaram a Reforma e o descobrimento da América", escreve Lucia, tomando o Novo Mundo como correlato metafórico dos horizontes que se abrem quando o "homem comum", o não especialista, põe-se a refletir sobre o mundo e a cultura numa "mistura de instinto com experiência". Em ótima definição, ela defende que o ensaio, antes de mais nada, é *fair play*, "luta sem violência nem crispação" do intelectual empenhado em decodificar porções do mundo, da literatura e de si mesmo.

Participar ativamente do debate intelectual era, para uma mulher brasileira na década de 1930, um inequívoco posicionamento político que tem a independência intelectual como força motriz. Ainda mais sendo ela uma autodidata que, inicialmente ligada a um grupo de intelectuais cristãos (reunidos em torno da revista *Ariel*), torna-se divorcista convicta e termina casando, fora do país, com um homem mais velho e separado, Octávio Tarquínio de Sousa – este, por sua vez, outro "diletante profissional", célebre advogado de carreira e historiador vocacional, autor da *História dos fundadores do Império do Brasil*, conjunto de dez biografias das quais a mais importante é *A vida de d. Pedro I*.

Não foi só a Alexandre Eulalio, então com 18 anos, que encantou *Prosa de ficção*. "Existem algumas páginas que eu ousaria situar, sem nenhuma hesitação, entre as maiores que já produziu a crítica literária entre nós", escreveu Sérgio Buarque de Holanda na *Folha da Manhã*, em 7 de junho de 1950. A resenha, entusiasmada, sublinha precisamente pontos que dizem respeito ao ensaio, praticado com brilhantismo pelo próprio Sérgio, que em 1936 publicara *Raízes do Brasil*.

O historiador destaca no livro a escrita que "não procura ser erudita e exaustiva, porém crítica e compreensiva", "a atenção dedicada pela autora a romancistas e contistas menores" e, finalmente, as "ideias nítidas e despretensiosas" que formam um "esqueleto invisível". Pois, como ele observa, "cada capítulo vem a ser uma constelação de ensaios", método possível de marcar a diferença em relação aos historiadores que, em suas palavras, "só tinham olhos para os grandes feitos políticos e guerreiros, ou para os heróis que os encarnaram".

Citando livremente Benedetto Croce e o E.M. Forster de *Aspectos do romance*, Lucia defende em *Prosa de ficção* que o "verdadeiro juízo sobre a obra de arte" deve partir de um ponto equidistante entre o historicismo e o esteticismo. Em sua formulação, trata-se de uma equação sempre variável entre as condições em que a obra foi criada, as doutrinas estéticas e "um elemento subjetivo frequentemente esquecido, e contudo indispensável, o gosto". Segundo esse ponto de vista, a obra em si determinaria a ênfase em um ou outro aspecto, sendo o crítico responsável pela dosagem certa de pesquisa e idiossincrasia, teoria e livre opinião – concepção certamente próxima do ensaísmo clássico e na qual o jovem Alexandre Eulalio enxergou o "ensaio brasileiro".

A MÃO CANHESTRA

Para que os personagens desta dedicatória estreitem ainda mais seus laços, é bom lembrar que foi Lucia Miguel Pereira quem indicou a Antonio Candido, seu primo, o nome de Brito Broca para o *Suplemento Literário* de *O Estado de S. Paulo*. Naquele 1956, o jornal paulista começaria a publicar o caderno projetado por Candido, que levava à grande imprensa os princípios editoriais da *Clima*. A revista literária, publicada entre 1941 e 1944, defendia uma crítica menos impressionista e mais meditada teoricamente, resultado da formação, na Universidade de São Paulo, de seus fundadores – além de Candido, Decio de Almeida Prado (que ficaria à frente do *Suplemento* do *Estadão*), Gilda de Mello e Souza, Paulo Emílio Sales Gomes, Rui Coelho e Lourival Gomes Machado.

No projeto do *Suplemento*, Brito Broca poderia ser visto como charmoso anacronismo. Recomendou Candido que ele se encarregasse da seção "Letras Francesas" por sua longa relação com a literatura daquele país. A propósito, veio de um autor francês, André Billy, a ideia de "vida literária" que marcaria sua trajetória a partir de seu livro mais importante. Em *Vida literária no Brasil – 1900*, discreta obra-prima lançada no mesmo ano em que o *Suplemento* começou a circular, Broca consolidaria o misto de história, crônica e ensaio em que procurava mostrar práticas, valores e comportamentos em torno da literatura que, a seu ver, são tão importantes quanto as obras em si para compreender determinado autor ou momento.

Paulista de Guaratinguetá, José Brito Broca vivia no Rio de Janeiro desde 1937, escrevendo para jornais, traduzindo e tendo trabalhado um período como redator da José Olympio Editora. O "Coelho Neto, romancista", ensaio que tanto impressionou o jovem Alexandre Eulalio, saiu pela primeira vez em 1941 na *Revista do Brasil*, então editada por Octávio Tarquínio.

Em 1954, aos 22 anos, Alexandre Eulalio conheceu Broca e, segundo lembrava, desde então passaram a manter um contato "quase diário". Em 1957, já trabalhando como redator da *Revista do Livro*, conseguiu que Broca, então com 54 anos e já consagrado, fosse contratado pela publicação. A relação de amizade e cumplicidade entre os dois resultou em um único texto a quatro mãos, "Os folhetins de Hop-Frog", ensaio publicado no número 14 da revista (1959) sobre a obra de Tomás Alves – autor, naturalmente, menor e "diletante", tão ao gosto da dupla.

Eulalio também tentava pôr ordem na produção dispersa e confusa de Broca, célebre pela desorganização pessoal. Sonhava com a edição de uma "obra reunida", que efetivamente iniciou em 1979, com a publicação de *Românticos, pré-românticos, ultrarrománticos: vida literária e romantismo brasileiro*. Dois anos mais tarde, sairia *Ensaios da mão canhestra*, mas os demais volumes só seriam publicados pela Unicamp na década de 1990, com adaptações pontuais no projeto original.

No prefácio a *Ensaios da mão canhestra* – título dado por Eulalio, já veremos por que –, Antonio Candido atenta para a singularidade de Broca, que a princípio e apressadamente poderia ser tomado como o perfeito antagonista da crítica praticada pelo próprio autor de *Formação da literatura brasileira*. Candido sustenta que Broca encarna um tipo "matizado" de cronista em que "a interpretação adere de modo indiscernível à descrição: quando está descrevendo, enumerando, detalhando, o cronista está ao mesmo tempo sugerindo, desvendando e analisando".

Considera-o não um "diletante" no sentido pejorativo, mas um "conhecedor", no sentido brasileiro e francês, "um sabedor preciso e um apreciador requintado de biografia, história, edições, estilos, miudezas". A eventual "omissão analítica" da qual Broca é frequentemente acusado, observa Candido, é largamente compensada por uma virtude nada desprezível e não por acaso fundamental para o ensaísmo: "Poder ser inovador justamente nos terrenos pisados".

Em raro depoimento sobre seu próprio trabalho crítico, Brito Broca explica como negociava suas convicções intelectuais com os ares do tempo em que viveu. "Sou visceralmente cético com relação à chamada *critique des vivants*", afirma em entrevista concedida ao *Jornal do Brasil* e cuja data se perdeu. "Não obstante, é preciso que os escritores sejam criticados pelos seus contemporâneos, embora, segundo me parece, só a perspectiva histórica os coloque no verdadeiro lugar."

Ruth Silver, a entrevistadora, era o pseudônimo usado pela jornalista Mary Ventura para escapar de perseguição política dentro do próprio jornal. A julgar por outras entrevistas com intelectuais feitas por ela para o *Suplemento Dominical do Jornal do Brasil* – há uma, famosa, com Mário Faustino, reproduzida no volume *De Anchieta aos concretos* –, a conversa com Broca aconteceu no final dos anos 1950. Broca reconhecia a mudança pronunciada do ambiente intelectual – "de uns dez anos para cá compreendi a necessidade de especialização" –, mas advogava uma separação: o lugar da chamada "crítica universitária" é livro e revista; no jornal, cairia melhor a chamada "crítica impressionista", demonizada pelas primeiras gerações de críticos em busca de parâmetros menos movediços para a análise de obras literárias.

Sublinhando uma distinção bem clara entre *informar* e *opinar* – para ele é obrigação de um crítico dar conta de seus contemporâneos e divulgá-los ao leitor na mesma medida em que deve mergulhar no passado e meditar para poder manifestar seu juízo sobre alguma obra ou autor –, Broca via no olhar histórico um terreno firme a percorrer: "Julguei ter encontrado na pesquisa o único caminho que me convinha".

Em deliberada indecisão entre jornalismo e história, crítica de rodapé e impressionismo, seguia o crítico da "mão canhestra", aquele título, um tanto derrisório, que Eulalio assim justificava: "Gostaria de haver captado um pouco da orgulhosa autoironia de Brito Broca, consciente por igual das limitações e do interesse daquilo que ia realizando, *na circunstância brasileira dele*, com vivacidade, argúcia e até mesmo algum ceticismo".

ENTOMOLOGIA DO *HOMO BRASILIENSIS*

Em 15 de dezembro de 1978, seis meses portanto depois da dedicatória reveladora, Alexandre Eulalio volta a se dirigir a Roberto Schwarz, desta vez publicamente. Na revista *Leia Livros*, publica "Pai de família, mas desconfiado", a pretexto do então recente lançamento de *O pai de família e outros estudos*, terceiro livro de ensaios do autor. Indiretamente, como convém, fala do livro para falar do ensaio, fala de Schwarz para falar de si mesmo.

Assim como em *A sereia e o desconfiado*, livro anterior de Schwarz ao qual o título da resenha também faz referência, trata-se de percurso variado formado pelo que Eulalio chama de "textos assimétricos": um perfil de Anatol Rosenfeld, estudos sobre *O amanuense Belmiro* e *Três mulheres de três pppês*, considerações sobre vanguarda, política e Kafka. O que não raro se reprova no ensaísmo como "ecletismo" ganha para o resenhista sentido preciso quando o conjunto é considerado como "revisão sem cerimônia de si mesmo dentro da pauta concreta do tempo – tal miscelânea na verdade indica, sem situação, um preciso itinerário que se completa pelos próprios descaminhos".

Tratado como "um dos raros momentos realmente altos do *ensaísmo interpretativo brasileiro*", o livro de Schwarz foge, segundo Eulalio, "ao campo específico da literatura" para aprofundar "o conhecimento entomológico do casmurro e massacrado *homo brasiliensis*". Eulalio atesta ainda que, "amadurecido, o crítico já não disputa com o ficcionista – irmão e inimigo – o predomínio intelectual; dispensando desferir a última palavra, *abandona o gosto do veredicto* para instaurar, muito mais vivo, ardente diálogo com o texto". Tudo isso, acrescenta, embebido em "ironia corrosiva (indispensável reagente químico anticonformista na farmácia Schwarz)", sintetizada por Eulalio numa imagem deliberadamente extravagante: "A Musa da Ironia de Roberto usa terninho de veludo preto sem blusa alguma, paletó generosamente desabotoado bem baixo, e em cada mão um tubo de vitríolo, modelo grande, desses de laboratório profissional".

O que este praticante do "ensaio brasileiro" vê em seu irmão, seu próximo, é, portanto, o intelectual onívoro que, fiel aos próprios interesses flutuantes, acaba constituindo uma coerência não regrada por matérias ou ortodoxias – ainda que seja sumamente importante em Schwarz o compromisso e a convicção ideológicos de esquerda, em tudo e por tudo tão distante do nem tão discreto monarquismo de Eulalio. Tal complexidade é expressa por uma escrita literária, provocativa e autoirônica na qual o gume afiado da não ficção jamais exclui a deriva da imaginação.

Ora, o que vale aqui para Roberto Schwarz vale para Alexandre Eulalio, tanto no geral quanto nos limites daquela resenha. Porque ele, como grande parte dos que se dedicam principalmente ao ensaio, volta e meia põe-se a falar de seu próprio lugar. Uma reflexão que pode brotar do imediato, no "hoje-já-meio-ontem" que é a temporalidade predominante do ensaio, ou mesmo transformar-se numa viagem de longo curso ao passado.

ENSAIO DE ORIGEM

Influenciado por Lucia Miguel Pereira e Brito Broca, Alexandre Eulalio descobriu cedo que queria fazer "ensaio brasileiro", pouco mais de uma década mais tarde iria tentar encontrar na história a origem da ambicionada filiação intelectual. "O ensaio literário no Brasil", assinado com o pseudônimo Capangueiro, venceu o Prêmio Brito Broca, promovido em 1962 pelo *Correio da Manhã* em homenagem a seu amigo, morto um ano antes. No júri, Otto Maria Carpeaux, Fausto Cunha e Augusto Meyer – todos dedicados principalmente ao ensaio e, também, autodidatas.

Aqui, mais uma vez, os detalhes interessam. "Capangueiro", explicou ele em entrevista a José Condé depois de receber a premiação, era o "antigo comprador de diamante, que ia pelas lavras afora escolhendo pedras nos garimpos". Tendo herdado a balança em que seu avô pesava o que recebia dos capangueiros, Eulalio transformou-a no brasão pessoal de uma "vontade de precisão diamantina: o ensaísta aprendiz de crítico a pesar letras e palavras na balança avoenga, e que não sabe se reconhecerá o *alef* de que fala Borges".

"O ensaio literário no Brasil" é ousada tentativa de compreender os tortuosos percursos do gênero na história literária brasileira entre os séculos 18 e 20, ou, como ele mesmo definiu naquela entrevista, "um panorama crítico evolutivo de 150 anos de nossa prosa de não ficção, portanto um panorama que, *grosso modo*, vai de Hipólito da Costa a Antonio Candido", ou seja, do início da imprensa livre no país, com o fundador do *Correio Braziliense*, até *Formação da literatura brasileira*.

A publicação do ensaio vencedor pela José Olympio era parte do Prêmio Brito Broca, mas esse precioso texto ficaria inédito até 1989, quando saiu pela primeira vez na revista *Língua e Literatura*, do Departamento de Letras da USP. Especula-se se ele não teria "postergado infinitamente" a publicação para estender e aprofundar as riquíssimas sugestões e caminhos possíveis ali indicados. Mas se, como escreve Eduardo Portella, o ensaio é sempre "menos do que pode e mais do que deve", o texto de Eulalio é modelar.

Comparando o ensaio literário a uma "península estética" que tem seus limites redefinidos constantemente por uma "maré muito variável", Eulalio procura mapear historicamente as ocorrências do que chama de prosa de não ficção dentro de uma "vida literária consciente" do Brasil. Por esta consciência, entenda-se a escrita intencional, refletida, "dentro de um critério mínimo de prosa literária cultivada". Critério que vingaria aqui tardiamente, já que o ensaio, que nasceu na França e cresceu na Inglaterra, ganhou o mundo sem passar, como gênero corrente, pela "área portuguesa" – seja na metrópole, onde a cultura permanecia "confinada à livraria do erudito ciumento", ou em suas colônias distantes.

Resultado do compromisso entre o livre juízo e o periodismo, o ensaio só se constituiria enquanto tal com a Independência. Mas na hipótese de Eulalio é possível identificar aqui e ali uma "índole ensaística" ou mesmo um "ensaísmo involuntário" – a primeira presente nos *Sermões* do padre Antônio Vieira; o segundo quando, em exemplo citado, José Bonifácio usa a forma de uma carta para dar seu recado político, embalando assim as ideias numa forma estrategicamente eleita.

O percurso proposto por Eulalio – pontuado por atalhos, digressões e potenciais pontos de partida para outros trabalhos – culmina estabelecendo a filiação do ensaio à crítica literária ("musa retardatária, matriculada por último num jardim do Parnaso cheio de mato"), à reflexão sobre a identidade nacional (com Mário de Andrade, Sérgio Buarque de Holanda e Gilberto Freyre) e à produção universitária. É aí, onde sua análise se interrompe voluntariamente, que o gênero, segundo ele, surge como "problema estético e cultural" e alcança "o limite de consciência indispensável para a plenitude dessa espécie literária".

UMA DIGRESSÃO: NA COMPANHIA DOS IMPUROS

Gilberto Freyre, cuja obra decisiva e controversa configura um dos tais problemas estéticos e culturais do ensaísmo, sobretudo no confronto com o conhecimento científico, escreveria em 1975 sobre a importância do gênero em sua formação intelectual: "Desde que li [Walter] Pater a primeira vez, ainda em Baylor, ele se tornou tão parte da minha vida quanto Charles Lamb, que eu supunha não pudesse ser excedido por nenhum outro escritor na arte do ensaio". Três anos mais tarde, reconheceria, no entanto, que, apesar de não ser "de todo pobre no gênero", a literatura em língua portuguesa foi pródiga sobretudo em ensaístas que praticavam esta forma literária "sem o saber".

Em raciocínio rigorosamente ensaístico, ou seja, libérrimo, Freyre defende, no prefácio a *Alhos & bugalhos – Ensaios sobre temas contraditórios: de Joyce à cachaça, de José Lins do Rego ao cartão-postal*, que o brasileiro teria uma disposição quase atávica para o gênero, ecoando sem o saber, a rica sugestão de uma "índole ensaística" feita por Alexandre Eulalio. Diz o autor de *Sobrados e mucambos* que o ensaio é "expressão literária em harmonia com o que, no brasileiro, é, em vários casos, misto de ânimo lírico e de gosto pela análise, pela observação, pela interpretação, pela crítica criadora sem deixar de ser objetiva".

De forma ainda mais interessante, Freyre defende o ensaísmo de duas acusações que lhe são frequentemente dirigidas do ponto de vista do trabalho intelectual institucionalizado: a "imperfeição" formal, que mistura procedimentos de gêneros literários distintos, e sua consequência direta, a "impureza". É "impuro", segundo Freyre, aquele escritor que não conhece a fronteira entre o literário e o não literário, ou seja, que escreve sem levar em conta as autorizações que pretendem organizar o conhecimento e a cultura. O escritor – e aí ele também não vê distinção entre ensaísta ou romancista – alcança tanto mais legitimidade quanto mais "acrescente ao que é literário, nos seus objetivos e na sua linguagem, elementos não literários".

Em outras latitudes, mas não menos significativamente, a linhagem dos impuros tem notável representante em Roland Barthes. Quem o disse foi o próprio e em situação que dramatiza os impasses do ensaio mesmo no país a que se atribui o surgimento do gênero e que, até excessivamente, preza os valores de sua literatura. Fenômeno acadêmico e popular na França dos anos 1970, Barthes percorreu tortuoso caminho até ser admitido no Collège de France. A instituição, como se sabe, difunde desde o século 16 um modelo livre de ensino – seus cursos não conferem grau e são permanentemente franqueados ao público –, ainda que sustentado por uma ideia perfeitamente hierárquica de autoridade: trata-se do mais alto posto de um professor na França.

Até proferir a célebre aula inaugural de 7 de janeiro de 1977, Barthes, que não tinha doutorado, teve sua candidatura escrutinada por intelectuais e professores pouco à vontade com sua variada obra. Até então, tinha se aventurado pela cultura de massa (*Mitologias* e *Sistema da moda*), analisado hereticamente monumentos literários (*Sobre Racine* e, no estudo *S/Z*, Balzac) e aproximado autores improváveis (Sade, Fourier, Loyola). Segundo Marie Gil, biógrafa de Barthes, Michel Foucault, teoricamente defensor de sua candidatura para o Collège, dizia horrores de sua obra e, na aula inaugural, demonstrou teatral enfado quando o novo professor proferiu a bombástica e célebre afirmação: "A língua é fascista". Mas, daquela aula, nos interessa aqui o início, revelador (com destaques meus):

> Se minha carreira foi universitária, não tenho entretanto os títulos que dão geralmente acesso a tal carreira. E se é verdade que, por longo tempo, quis inscrever meu trabalho no campo da ciência, literária, lexicológica ou sociológica, devo reconhecer que produzi tão somente ensaios, *gênero incerto* onde a escritura rivaliza com a análise.

E, mais adiante: "É, pois, um *sujeito impuro* que se acolhe numa casa onde reinam a ciência, o saber, o rigor e a invenção disciplinada".

Há, é claro, diferentes graus de impureza na linhagem do ensaísmo. E é Antonio Candido quem vai reforçar o vínculo de Alexandre Eulalio com essa estirpe. Na orelha que apresenta *Tempo reencontrado: ensaios sobre arte e literatura*, mais um "livro involuntário" de Eulalio organizado por Carlos Augusto Calil (coedição da 34 com o IMS), o professor faz o elogio do "nivelamento revelador", que desconsidera hierarquias consagradas entre obras e autores para, neste mergulho, encontrar novos caminhos. "Sua visada era *impura*, num bom sentido da palavra", escreve o crítico (e o destaque é dele), "pois ele não tinha o desejo formalista de especificidade e depuração, que estava na moda quando exerce a crítica".

UMA TERCEIRA MARGEM

Digressão feita, há no impuríssimo ensaio sobre o ensaio de Alexandre Eulalio ainda outro ponto que, à maneira de Montaigne, ele deixa em aberto para um futuro crítico. Concedendo, finalmente, que o gênero não é, afinal, "a província deserta, ou quase despovoada, de nossas letras", ele defende que, no encontro com a universidade, então produzindo fagulhas, pode estar uma oportunidade de depurar as diversas manifestações do ensaísmo brasileiro. Uma nova etapa que seu texto não contempla e que teria em Antonio Candido – novamente ele – um importante ponta de lança.

Aqui é preciso voltar a 1978 e ainda a uma outra dedicatória. Esta impressa, em *O pai de família e outros estudos*, o livro de Roberto Schwarz resenhado por Alexandre Eulalio:

> Ao meu mestre-açu Acê.

Com entonação macunaímica, o autor usa o tupi (*açu* é sufixo de magnitude, o "mestre-grande") e o jogo fonético (*Acê* refere-se às iniciais A e C) para saudar Antonio Candido. A ele Schwarz irá referir-se de diversas formas ao longo de sua carreira, mas superlativamente na menção que faz no prefácio de *Um mestre na periferia do capitalismo*. No livro, de 1990, afirma que o professor o "impregnou" a tal ponto que "as notas de pé de página não têm como refletir".

Em 1960, Schwarz era um insatisfeito estudante de sociologia. No terceiro ano, vivia um impasse diante do modelo de sociólogo que então se impunha, definido, em suas palavras, como um profissional dedicado à "pesquisa empírica, quantitativa, com metodologia norte-americana". Não por acaso decidiu aconselhar-se com Antonio Candido, que num outro estágio da vida também havia deixado a sociologia e, instalado na universidade de Assis, no interior de São Paulo, estruturava um departamento de teoria literária. "Fui até lá perguntar a ele o que achava da minha crise, que, mal comparando, já tinha sido a dele", lembra.

A crise à qual Schwarz se refere se dá, precisamente, depois da conclusão de *Os parceiros do Rio Bonito*, em 1954. Defendida na Faculdade de Filosofia, Letras e Ciências Humanas da Universidade de São Paulo, a tese de doutorado de Antonio Candido evidenciou a incompatibilidade do talho intelectual de seu autor – um crítico que, no domínio pleno do rigor conceitual, não abriria mão da liberdade especulativa e da abordagem transversal da cultura – com a obstinação metodológica que visava a instaurar padrões científicos nas ciências humanas. Por esses padrões, entendam-se a observação estrita dos limites disciplinares e o franco estímulo ao uso do jargão especializado, que tende a se sobrepor à escrita livre e de feição literária. A banca votou contra a nota máxima por entender que o trabalho filiava-se mais à antropologia que à sociologia.

Pode-se apressadamente ver aqui reflexo de uma suposta querela do cientificismo e do impressionismo, do disciplinamento enrijecido e da liberdade. Mas a figura única de Antonio Candido vai apontar para uma terceira margem, que no dizer de Schwarz firma "um padrão de ensaísmo inédito no Brasil" por meio de "escritos que abrem mão da terminologia e da exposição científicas, mas não da disciplina mental e dos conhecimentos correspondentes". Tal será a tônica tanto da obra de Candido dali em diante, incluindo a monumental *Formação da literatura brasileira*, quanto da de Schwarz, que trabalhará como seu assistente e, seguindo sua orientação, prosseguirá a própria formação nos EUA e na França, definitivamente mais próximo de um Alexandre Eulalio que de um Florestan Fernandes – este considerado, não sem razão (nem com menos importância), o pai da sociologia de matriz científica no Brasil.

Outro dos mais brilhantes alunos de Candido, Davi Arrigucci Jr., evidencia no próprio autor de *Literatura e sociedade* uma chave para sua marca crítica, que nem de longe se resume a uma solução formal. "Instrumento crítico por excelência", escreve Arrigucci em "Movimentos de um leitor", o ensaio por assim dizer solta o espírito, que, instigado pela imaginação, pode proceder por tentativas, experimentar por tateios. E assim a busca da verdade, posta entre a ciência e arte, pode caminhar por sondagem, aventurando-se no desconhecido. A procura de novos ângulos de desvendamento, avançando sobre o já dado, corresponde a um impulso ao mesmo tempo experimental e humanizador na demanda do conhecimento e constitui o movimento principal do leitor, a viagem em que se realiza o que provavelmente Antonio Candido concebe como *imaginação crítica*.

A ideia de uma *imaginação crítica* implica ainda dois pontos importantes. Vacina o crítico da assimilação indiscriminada de conceitos e métodos – sobretudo das "modas" – e representa uma permanente abertura ao diálogo com o leitor culto e não especialista. É como se as estratégias narrativas da crônica ou o cultivo da clareza de raciocínio dessem corpo e chão – sem nivelar pela mediania, bem entendido – ao que há de potencialmente autorreferente e exibicionista em raciocínios puramente teóricos. E, nesse mesmo movimento, alimentassem a escrita com o rigor e a meditação próprios dos raciocínios orientados pelo método. Trata-se de uma arte impura que pode unir diletantes e professores no que Lucia Miguel Pereira chamou de "atitude mental".

UMA ENTREGA DE SÍMBOLOS

Voltemos ao começo. Ao dedicar o livro ao professor, o diletante bem sabia que suas trajetórias estavam separadas – não em qualidade ou inquietação intelectuais, mas pelos lugares que ocupariam no debate intelectual brasileiro, lugares que já se delineavam naquele momento. Em duas frentes, traçava-se uma linha divisória perversa e incrivelmente resistente.

Por um lado, a profissionalização indiscriminada da carreira universitária, com a banalização das titulações, a burocratização das pesquisas e o adestramento das formas de expressão da produção acadêmica. Por outro, a redução progressiva, a teores mínimos, das ambições intelectuais dos periódicos não especializados, com a aposta, majoritária, no nivelamento de abordagens e temas.

Os partidários de um e de outro lado trabalham com afinco para tornar a barreira intransponível. Professores criticam duramente – e não sem razão, diga-se – a banalização das discussões intelectuais não especializadas. Intelectuais não institucionais atacam – também com seus motivos, destaque-se – o circuito autocongratulatório da academia, no qual o diálogo entre pares muitas vezes parece mais importante que o diálogo com a sociedade.

É certo que nem todo diletante é Alexandre Eulalio. E que nem todo professor é Roberto Schwarz. E só assim, pensando

219

sem reduzir a inteligência a essências, será possível escrever os capítulos que ficaram faltando no tropeçante e, como não poderia deixar de ser, errático percurso do ensaísmo brasileiro.

REFERÊNCIAS

Quando não identificadas diretamente, as referências são as que seguem, na ordem em que aparecem no texto.⁊ E.B. White assim se define na introdução a *Essays of E.B. White*, citado em *Essayists on the Essay*, organizado por Carl H. Klaus e Ned Stuckey-French.⁊ *A aventura brasileira de Blaise Cendrars* ganhou em 2000 uma segunda edição, ampliada e editada por Carlos Augusto Calil (Edusp/Imprensa Oficial).⁊ "Lucia Miguel Pereira e a historiografia literária" (revista *Exagium*, n. 9) e "Lucia Miguel Pereira e o ensaísmo" (revista *Línguas & Letras*, n. 12), ambos de Josoel Kovalski, bem como "Crítica de cultura no feminino", de Heloisa Pontes (revista *Maná*, n. 14, 2008), ajudam a traçar um retrato intelectual e biográfico da crítica carioca.⁊ A história do *Suplemento Literário* de *O Estado de S. Paulo* está em *Suplemento Literário: que falta ele faz!* (Imesp, 2007), de Elizabeth Lorenzotti, sendo a participação de Brito Broca detalhada em "Brito Broca no *Suplemento Literário* do jornal *O Estado de S. Paulo* – 1956-1961", de Nelson Luis Barbosa.⁊ Para entender melhor o Grupo Clima, há o fundamental *Destinos mistos* (Companhia das Letras, 1998), de Heloisa Pontes.⁊ As informações biográficas sobre Brito Broca constam do "Estudo biobibliográfico", assinado por Homero Senna no número 11 da revista *Remate de Males*, dedicada ao crítico.⁊ "Coelho Neto, romancista" foi lido por Alexandre Eulalio em 1954, quando republicado em *O romance brasileiro (de 1752 a 1930)*, volume organizado por Aurélio Buarque de Holanda para as Edições O Cruzeiro. Passou a integrar o volume *Ensaios da mão canhestra*.⁊ Além das citadas, as obras de Brito Broca passaram a ser publicadas pela Editora da Unicamp, em sete volumes, a maioria dos quais esgotada em 2012.⁊ A célebre entrevista de Brito Broca foi incluída, sem data, em *Escrita e vivência*, um dos volumes da obra reunida do autor. Em conversa em junho de 2012, Mary Ventura diz não se lembrar do encontro, mas acredita que tenha acontecido no final dos anos 1950. ⁋ A resenha de Alexandre Eulalio para *O pai de família e outros estudos* está em *Livro involuntário: literatura, história, matéria e memória* (Editora UFRJ, 1993), organizado por Carlos Augusto Calil e Maria Eugenia Boaventura. ⁋ "O ensaio literário no Brasil" é comentado pelo próprio Alexandre Eulalio em "Vida breve de Alexandre Eulalio", texto de Homero Senna no muitas vezes referido número da *Remate de Males* dedicado à sua obra. O ensaio em si, além da revista *Língua e Literatura*, foi incluído em *Escritos* (Unicamp/Unesp, 1992), coletânea organizada por Berta Waldman e Luiz Dantas. ⁋ As alusões de Gilberto Freyre a Walter Pater e Charles Lamb são citadas por Silvana Moreli Vicente em "Entre o inferno e o paraíso: o ensaio de Gilberto Freyre", na revista *Estudos Linguísticos,* n. 34, de 2005. A teoria do "escritor impuro" é defendida brevemente pelo sociólogo em *Heróis e vilões no romance brasileiro*, volume organizado por Edson Nery da Fonseca para Cultrix/ Edusp em 1979. ⁋ A citação de Roland Barthes vem de *Aula* (Cultrix, 1980), em tradução de Leyla Perrone-Moisés. *Roland Barthes: au lieu de la vie* é a biografia de Marie Gil, lançada em 2012 pela Flammarion. ⁋ Todas as falas de Roberto Schwarz sobre sua crise intelectual vêm de memorial acadêmico apresentado em 1990 na Unicamp e são citadas por Rodrigo Martins Ramassote na utilíssima dissertação de mestrado *A formação dos desconfiados: Antonio Candido e a crítica literária acadêmica (1961-1978)*, defendida na Unicamp, em 2006. ⁋ As referências de Schwarz ao ensaísmo de Candido estão em "Saudação *honoris causa*", publicado em *Sequências brasileiras* (Companhia das Letras, 1999). "Movimentos de um leitor", de Davi Arrigucci Jr., faz parte de *Outros achados e perdidos* (Companhia das Letras, 1999). ⁋ Agradeço a Elvia Bezerra, Katya de Moraes Perez e Fábio Frohwein, do Instituto Moreira Salles, e a Carla Rodrigues pela ajuda fundamental na bibliografia, bem como a Vera Lins pela preciosa dica de "O ensaio literário no Brasil". ⁋

variações

Retrato do ensaio como corpo de mulher

Cynthia Ozick

Ensaio é imaginação. Se existe alguma informação num ensaio, é sempre algo corriqueiro, e, se contém opiniões, não serão necessariamente confiáveis a longo prazo. Um verdadeiro ensaio não serve a propósitos educativos, polêmicos ou sociopolíticos: é o movimento de uma mente livre quando brinca. Embora escrito em prosa, está mais próximo da poesia do que de qualquer outro gênero. Como um poema, um verdadeiro ensaio se faz com linguagem, personagem, atmosfera, temperamento, garra e acasos.

E quando digo verdadeiro, é por haver tantos falsos ensaios. Aqui talvez se aplique o antiquado termo "poetastro", ainda que obliquamente. Como o poetastro está para o poeta – um aspirante menos talentoso –, o artigo está para o ensaio – uma cópia parecida que certamente não fica bem no corpo. Artigo é fofoca. Ensaio é reflexão e intuição. O artigo tem a vantagem temporária do calor da hora social – o que está acontecendo lá fora no exato momento. O calor do ensaio é interior. O artigo é datado, específico, ocupado dos assuntos e personalidades do momento; provavelmente estará mofado no final do mês. Em cinco anos, terá adquirido a aura de um telefone antigo de disco. O artigo é gêmeo siamês de sua data de nascimento. O ensaio desafia o próprio natalício, e o nosso também. (Explicação necessária: alguns ensaios genuínos são popularmente chamados de "artigos", mas isso é apenas um preguiçoso, ainda que persistente, vício de linguagem. Que importância tem o nome que se dê? Efêmero é efêmero. Duradouro é duradouro.)

Façamos um breve experimento histórico. Quais ensaístas clássicos nos vêm imediatamente à lembrança? Montaigne, obviamente. Entre os mestres britânicos do século 19, há uma longa lista: Hazlitt, Lamb, De Quincey, Stevenson, Carlyle, Ruskin, Newman, Arnold, Harriet Martineau. Entre os americanos, Emerson. Alguém há de dizer que hoje são autores lidos apenas por especialistas e acadêmicos da literatura, e por obrigação. Qualquer que seja a exatidão de tal afirmativa, é irrelevante para o experimento, todo ele dedicado aos inícios e desfechos. Aqui vão, portanto, algumas passagens introdutórias:

Uma das coisas mais agradáveis do mundo é viajar; mas gosto mesmo é de viajar sozinho. Sei desfrutar a sociedade entre quatro paredes; mas, quando saio, a natureza já me basta como companhia. Nunca estou menos sozinho do que quando estou só comigo.
William Hazlitt, *Sobre viajar*

Para adentrar a solidão, um homem precisa se retirar tanto de seus aposentos quanto da sociedade. Não estou solitário quando leio e escrevo, embora não haja mais ninguém ali comigo. Para um homem ficar só, basta que olhe as estrelas.
Ralph Waldo Emerson, *Natureza*

Muitas vezes me perguntam como me tornei um consumidor regular de ópio; e acabei sofrendo, muito injustamente, na opinião de meus conhecidos, com a reputação de ter ocasionado a mim mesmo todo esse sofrimento que deverei ainda por vezes relembrar, por meio de uma longa sucessão de recorrências em tal prática com o mero intuito de criar um estado artificial de excitação prazerosa. Isso, contudo, seria uma interpretação errônea do meu caso.
Thomas De Quincey, *Confissões de um comedor de ópio inglês*

A espécie humana, na melhor das hipóteses que consigo formular sobre ela, é composta de duas raças distintas: os homens que pedem emprestado e os homens que emprestam.
Charles Lamb, *As duas raças de homens*

Visitei dois haréns no Oriente; e seria um erro deixá-los passar em branco neste relato de minhas viagens; ainda que o tema seja pouco apropriado, como de resto todos os outros que eu venha a abordar. Até hoje não consigo pensar naquelas duas visitas diurnas sem sentir no coração um peso ainda maior do que ao sair de uma escola de surdos-mudos, de um manicômio ou mesmo de uma prisão.
Harriet Martineau, *Vida oriental*

O futuro da poesia é imenso, pois na poesia, quando ela é digna de seus elevados destinos, nossa raça, com o passar do tempo, encontrará um lugar eterno e mais seguro. Não há credo que não se abale, não há dogma em que se acredite que não possa mostrar-se questionável, nem tradição recebida que não ameace se dissolver. [...] Mas, para a poesia, a ideia é tudo; o resto é um mundo de ilusão, de divina ilusão.

Matthew Arnold, *O estudo da poesia*

As mudanças engendradas pela morte são por si mesmas tão agudas e definitivas, e tão terríveis e melancólicas as suas consequências, que a morte é única na experiência do homem, e não encontra paralelo sobre a terra. Ela supera todos os outros acidentes, pois é o último deles. Às vezes ela salta subitamente sobre suas vítimas, como um assassino; às vezes faz seu cerco regular e se arrasta até a cidadela ao longo de anos. E quando está feito o negócio, ocorre um estrago doloroso na vida dos outros, e tira-se um alfinete que mantinha várias amizades subsidiárias agregadas.

Robert Louis Stevenson, *Aes Triplex*

Dizem de algumas pessoas, como de Alexandre, o Grande, que seu suor, em consequência de alguma rara e extraordinária constituição, emitia um odor adocicado, cuja causa Plutarco e outros investigaram. Mas, de modo geral, com os corpos se dá o contrário: e a melhor condição que lhes cabe é a de serem isentos de odor. A própria doçura dos hálitos mais puros é tanto mais perfeita apenas por não ter nenhum odor ofensivo: como é o caso das crianças muito saudáveis.

Michel De Montaigne, *Das fragrâncias*

O que essa pequena antologia de aberturas revela? Primeiro, que a linguagem difere de uma época para a outra: há toques de arcaísmo aqui e ali, ainda que apenas de pontuação e cadência. Segundo, que esplêndidos intelectos podem se contradizer uns aos outros (fora de casa, Hazlitt nunca se sente só; Emerson defende o oposto). Terceiro, que o tema de um ensaio pode ser qualquer coisa debaixo do sol, por mais trivial (o cheiro do suor) ou excruciante (a percepção de nossa morte). Quarto, que o ensaio é uma forma bastante reconhecida e venerável – ou mesmo antiga. Em inglês, Addison e Steele no século 18; Bacon e Browne no 17; Lyly no 16; Beda, o Venerável, no século 8. E o Qohélet bíblico – o Eclesiastes –, que talvez seja o ensaio mais antigo a refletir sobre um dos mais velhos temas: o cansaço do mundo?

Pois então, o ensaio é antigo e variado, mas isso é um lugar-comum. Existe ainda outra coisa ainda mais impressionante: o poder do ensaio. Por "poder", entendo precisamente a capacidade de fazer o que a força sempre faz: forçar a concordância, coagir ao assentimento. Pouco importa que o formato e a inclinação de qualquer ensaio não condigam com a coerção ou o convencimento, tampouco que o ensaio proponha ou pretenda fazer você pensar como seu autor – pelo menos não às claras. Se um ensaio tem um "motivo", está mais ligado à casualidade e à oportunidade do que à vontade motivada. Um verdadeiro ensaio não é um tratado de doutrina, nem um esforço de propaganda, nem um ataque violento. *Do senso comum*, de Thomas Paine, e *J'accuse!*, de Émile Zola, são marcos heroicos; mas chamá-los de ensaios, embora lembrem sua forma, é um equívoco. O ensaio não se presta às barricadas: é um passeio pelos labirintos da mente de alguém. O que não significa que nunca tenham existido ensaístas moralmente empenhados em levantar uma discussão, ainda que obliquamente – George Orwell é um desses casos. Ao fim e ao cabo, o ensaio se revelou uma força conciliatória. Ele coopta acordos, corteja acordos, seduz para o acordo. Durante o tempo que lhe dedicamos, seguramente nos rendemos e nos convertemos a ele. E isso ocorrerá mesmo que intrinsecamente tendamos à resistência.

Ilustrando: posso não professar o emersonianismo como ideologia, mas Emerson – sua voz, sua linguagem, sua música – me convence. Quando procuramos superlativos, não é à toa que nos ocorre falar de uma prosa "imperiosa" ou "cativante". Qualquer um, seja racionalista cético ou bioquímico avançado, pode considerar (ou descartar) a ideia da alma como mero jato de vapor quente. Mas eis o que Emerson diz da alma: "Quando sopra através do intelecto, ela é o gênio; quando sopra através de sua vontade, é a virtude; quando jorra através de seu afeto, é o amor". E aí... bem, já me cativou, estou possuída – eu acredito nele.

O romance também tem seu poder de rendição. Suspende de tal modo nossa participação na sociedade cotidiana que, durante o tempo da leitura, nos esquecemos dela. Mas o ensaio não nos permite esquecer nossas sensações e opiniões costumeiras; ele faz algo ainda mais poderoso: nos faz negá-las. A autoridade de um mestre do ensaio – a autoridade da linguagem sublime e da observação íntima – é absoluta. Quando estou com Hazlitt, não conheço melhor companhia que a natureza. Quando estou com Emerson, não conheço solidão maior que na natureza.

E o mais estranho sobre o poder do ensaio de nos aliciar para seu covil é o modo como ele faz isso. Logo percebemos quando um comentarista de política nos assalta com um ponto de vista – da mesma forma como o gato é ciente do cão. Uma polêmica é um arauto completo, de penacho e clarim. Um trato pode ser uma arapuca. Alguns artigos de revistas exalam o cheiro de quanto custou cada palavra. O indiscutível é que todos eles estão mais ou menos na posição de um entomologista com sua rede: querem apanhar e espetar a borboleta. Estão concentrados na presa – nós. O verdadeiro ensaio, em contraste, nunca pensa em nós. O ensaio genuíno talvez seja a arena mais autocentrada (a expressão educada seria "subjetiva"), jamais inventada, do pensamento humano.

Ou, então, embora ainda sem ter você ou eu em mente (exceto talvez como exemplo do desvario geral), não seja nada autocentrado. Quando eu era menina, encontrei na biblioteca pública um livro que me encantou na época, e cuja ideia continuou me encantando para o resto da vida. Não me lembro nem do título, nem do autor – afinal, crianças pequenas raramente guardam o nome dos autores; as histórias, simples e magicamente, estão ali. As personagens eram, se bem me lembro, três ou quatro crianças e uma espécie de tia, uma deliciosa contadora de histórias, e o esquema era o seguinte: cada criança falava um elemento do conto – quase sempre um objeto –, e a contadora usava o que era oferecido (botas azuis, um rio, uma fada, um estojo de lápis) e fazia daquelas coisas aleatórias e improváveis e disparatadas um conto lógico e surpreendente. Um ensaio, a meu ver, pode ser construído de modo semelhante – se é que "construir" se aplica ao caso. A ensaísta, digamos, inesperadamente tropeça num par de botas azuis no canto da garagem e se lembra de quando as calçou pela última vez – há 20 anos, numa viagem a Paris, onde, às margens do Sena, ela parou para observar um velho que desenhava, com um estojo de lápis de cor ao lado. O lápis que rabisca sua folha é de um rosa cinzento, que reflete os fios de luz que puxam para oeste o sol poente, como renas da carruagem de uma fada... e assim por diante. Os meandros mentais, deslizando de uma impressão para a outra, da realidade para a lembrança, para a paisagem do sonho e de volta outra vez.

Da mesma forma, Montaigne, em nosso exemplo, ao contemplar o que desagrada no suor, termina com o hálito puro da criança. Ou Stevenson, começando com a mortalidade, fala primeiro de emboscadas, depois de guerra, e por fim de um alfinete fora do lugar. Ninguém é mais livre que o ensaísta – livre para saltar para fora, em qualquer direção, para pular de pensamento em pensamento, para começar com o fim e terminar com o meio, ou para se abster de começo e fim e manter apenas o meio. A maravilha do ensaio é que a partir desse aparente despropósito, dessa dispersão idiossincrática do ver e do contar, faz-se um mundo todo coeso. Coeso, pois, afinal, um ensaísta precisa ser artista, e todo artista, qualquer que seja sua arte, sabe obter no fim um quadro imaginativo sólido e singular – ou, por assim dizer, em escala menor, uma cosmogonia.

E é nesse quadro, nessa obra de arte, que tropeçamos feito bebês, e somos presos. O que nos prende ali afinal? A autoridade de uma voz, sim; o prazer – às vezes a ansiedade – de uma ideia nova, um ângulo jamais tentado, um trecho de reminiscência, a felicidade ali exposta ou o choque transmitido. O ensaio pode ser produto tanto do intelecto quanto da memória, do espírito leve ou sombrio, do bem-estar ou do desprazer. Mas há sempre uma certa quietude, às vezes uma espécie de alheamento. Furor e vingança, creio, pertencem à ficção. O ensaio é mais ameno. Por muitas vezes, suscita ações da memória e, apesar de suas encarnações mais alegres ou mais bizarras, o ensaio é sobretudo uma forma serena e melancólica. Mimetiza o zunido baixo da eletricidade, às vezes se avolumando a ponto de parecer a própria fala, aquilo que todos os seres humanos levam dentro da cabeça – uma vibração, um tagarelar algo indistinto, que jamais nos abandona enquanto estamos acordados. É o zunido do perpétuo perceber, a configuração das pálpebras ou do dente de alguém, das veias de uma mão, um fiapo de barbante preso num galho, palavras que sua professora da 4ª série disse um dia, há muito tempo, sobre a chuva, a vista de uma cobertura, uma calçada, um resto de queijo num prato. O dia inteiro esse zunido persiste, lembrando uma coisa depois da outra, indicando isso e aquilo e aquilo outro. Diz a lenda que Tito, o imperador de Roma, ficou louco por causa de um pernilongo que foi morar dentro de seu ouvido. Aparentemente, o pernilongo, voejando pelo mundo e depois voltando ao ninho, sussurrava o que tinha visto e sentido e aprendido lá fora. Mas um ensaísta tem mais recursos que um imperador e pode ser poupado desse ruído interno, ainda que apenas durante o tempo de registrar seus murmúrios. Capturar o zunido e diminuí-lo para que os outros ouçam é o gênio do ensaísta.

Trata-se de um gênio associado ao ócio, até ao luxo, se o luxo for medido em horas. Os limites do ensaio podem se encontrar em sua própria natureza reflexiva. Poemas já foram arrancados do inferno de catástrofes ou de guerras, assim como cartas do front: surtos espontâneos e ardores que o perigo excita. Mas a têmpera meditativa de um ensaio requer mesa, cadeira, reflexão e devaneio, uma conexão com um entorno civilizado. Ainda que o próprio tema seja a selva de leões e tigres, a questão é ruminar. O lugar do ensaio é junto à lareira, não na rebelião ou no safári.

Pode ser por isso que, quando nos perguntamos quem são os verdadeiros ensaístas – embora os romancistas possam de vez em quando escrever ensaios –, respondemos que o verdadeiro ensaísta raramente escreve romances. O ensaísta é uma espécie de metafísico: inquisitivo – além de analítico – com o mínimo grão do ser. Romancistas abordam a dura missão de casar e enterrar pessoas, ou as enviam para o mar, ou para a África, ou (pelo menos) para fora da cidade. O ensaísta em sua imobilidade pondera amor e morte. Provavelmente é ilusão que haja mais homens que mulheres ensaístas (especialmente porque, no passado, muitas vezes os ensaios de mulheres assumiram a forma da correspondência inédita). E aqui suponho que deva acrescentar uma nota sobre o masculino e o feminino como tema literário – o que popularmente se denomina "gênero", como se homens e mulheres fossem mesas e sofás franceses ou alemães. Eu deveria acrescentar tal nota – é a praxe, ou melhor, a expectativa ou obrigação de costume –, mas não há nada a dizer sobre o assunto. Homens escrevem ensaios. Mulheres escrevem ensaios. Isso é tudo o que há para ser dito. John Updike, num discurso brilhantemente seguro sobre a masculinidade (*The Disposable Rocket*), adota a visão – embora admita a mescla – de que "a noção masculina do espaço deve diferir da feminina, que possui um interessante, ativo e significativo espaço interno. O espaço que interessa aos homens é externo." Exceto, não percamos de vista, quando um homem escreve um ensaio: uma vez que só o espaço interno – interessante, ativo, significativo – é capaz de conceber e alimentar o ensaio, esse contemplativo. O "corpo feminino ideal", acrescenta Updike, "faz curvas em torno dos centros de repouso", e o ensaio ideal não poderia ser mais bem descrito – contudo as mulheres não dão ensaístas mais aptas que os homens. Ao promover a sentida saliência do sexo, Updike, não obstante, consegue marcar seu ponto como ensaísta. O ensaio, diferentemente do romance, emerge das sensações do eu. A ficção se insinua em corpos estranhos; o romancista pode habitar não só um sexo diferente do seu, mas também insetos e narizes e artistas da fome e nômades e animais; enquanto o ensaio é, digamos, pessoal.

E aqui vem a ironia: embora fosse minha intenção distinguir o cerne do ensaio do cerne da ficção, confesso que venho tentando ao mesmo tempo, de modo subliminar, falar do ensaio como se ele – ou ela – fosse uma personagem, de romance ou do teatro, temperamental, inconstante, dada a caprichos de mudar de roupa, ou de assunto; por vezes obstinada, com ideias próprias; ou nebulosa e leve; jamais previsível. Quero dizer, na medida em que ela se veste – e lhe dirigem a palavra – como faríamos a Becky Sharp, ou a Ofélia, ou a Elizabeth Bennet, ou à sra. Ramsay, ou à sra. Wilcox ou mesmo a Hester Prynne. Que fique claro que não faz sentido falar (como fiz diversas vezes, sempre a contragosto) em "o ensaio", "um ensaio", no masculino. Ensaio não é uma abstração; ela pode ter contornos reconhecíveis, mas é altamente colorida e individualizada; *ela* não é um tipo. *Ela* é fluida e escorregadia demais para ser uma categoria. Pode ser ousada, pode ser hesitante, pode se valer da beleza, ou da esperteza, do erotismo e do exotismo. Qualquer que seja a história, ela é a protagonista, a personificação do eu secreto. Quando batemos à sua porta, ela se abre para nós, é uma presença no umbral da porta, e nos leva de sala em sala. Então, por que não haveríamos de dizer "ela"? Em particular, ela pode ser indiferente a nós, mas pode-se dizer que é qualquer coisa, menos pouco hospitaleira. Acima de tudo, não é um princípio oculto ou uma tese ou um constructo: ela está lá, uma voz viva. E nos convida a entrar.

Tradução de Alexandre Barbosa de Souza

O ensaio
e seu tema

César
Aira

Uma diferença entre ensaio e romance é o lugar que o tema ocupa em um e no outro. No romance, o tema se revela no final, como uma figura desenhada pelo que se escreveu, uma figura que é independente das intenções do autor, se é que houve alguma intenção, e quase sempre a contradiz. Reconhecemos o que é literário no romance na postergação do tema e na alteração das intenções; quando o tema se antecipa ao romance e a intenção se realiza, desconfiamos com bons motivos de uma deliberação de tipo comercial ou mercenária.

No ensaio, é o contrário: o tema vem antes, e é esse lugar que garante o tom literário do resultado. A separação entre intenção e resultado, que a literatura realiza no romance, ocorre no ensaio por uma generalização do prévio; tudo se transporta ao dia antes de escrever, quando se escolhe o tema; se a escolha é acertada, o ensaio já está escrito antes de ser escrito; é isso que o objetiva em relação aos mecanismos psicológicos do autor e faz do ensaio algo mais que uma exposição de opiniões.

Quero falar da escolha do tema do ensaio a partir de uma estratégia particular, nada difícil de detectar, porque costuma ser declarada no título: estou me referindo a dois termos conjugados, A e B: *A muralha e os livros*, *As palavras e as coisas*, *A sociedade aberta e seus inimigos*. É um formato muito comum – e desconfio que não existe outro –, ainda que esteja dissimulado. Nos anos 1970, era quase obrigatório, a tal ponto que eu e uns amigos pensamos em oferecer às usinas editoriais de ensaios um procedimento simples para produzir títulos. Consistia em uma tabela feita a partir de duas linhas em ângulo reto, nas quais se escrevia duas vezes, na vertical e na horizontal, a mesma série de termos, extraídos do fundo comum de interesses da época; digamos: Libertação, Colonialismo, Classe Operária, Peronismo, Imperialismo, Inconsciente, Psicanálise, Estruturalismo, Sexo etc. Bastava pôr o dedo num dos quadrinhos assim formados, remeter-se à abscissa e à coordenada, e já havia um tema: Imperialismo e Psicanálise, Mais-valia e Luta Operária, ou o que quer que fosse. Naturalmente, era preciso tomar a precaução de não escolher uma casa da diagonal central, porque nesse caso podia sair algo como Capitalismo e Capitalismo. O que, pensando bem, teria lá sua originalidade.

Os anos 1970 foram os anos da não ficção. Uma não ficção que hoje pareceria um tanto selvagem. A monografia acadêmica ainda não havia irrompido nas livrarias; os que escreviam eram generalistas de formação mais ou menos marxista, e o faziam sobre um fundo de leituras quase inimagináveis hoje por sua amplidão e tenacidade. Era a idade de ouro das chamadas "ciências humanas", cuja difusão se fazia em termos políticos. Esse simples fato já exigia os dois termos. "Linguística", muito bem. Mas Linguística e mais o quê? Sozinha, não interessava a quase ninguém (só aos linguistas profissionais); tinha que estar em companhia da Literatura, da Sociedade, do Inconsciente, da Antropologia ou de qualquer outra coisa. E qualquer uma dessas outras coisas, por sua vez, também exigia companhia. A Linguística, sobretudo, sempre estava acompanhada de um "e", porque era o modelo com o qual se devia estudar o que nos importava de verdade. O que, para além do modelo epistemológico, impunha um modelo tático, e tudo terminava conjugado com outra coisa. O arquitítulo era, claro, *Marxismo e Psicanálise*; sob a sua sombra, estavam todos os demais pares da combinatória; creio que todos eles se tornaram realidade, se não em livros, pelo menos em artigos de revistas. Entre parênteses, hoje essa tabela poderia ser atualizada ampliando as coordenadas e acrescentando os mesmos termos com o prefixo "pós".

Há 30 ou 40 anos, esses títulos duplos correspondiam a uma circunstância histórica precisa. Fosse qual fosse o tema sobre o qual se quisesse discorrer, era necessário remetê-lo imediatamente a outro, porque a Revolução, que era o nosso horizonte, era isto: a passagem de um termo para outro, por obra de uma conjunção audaz. A totalização começava com um passo, e não podia começar de outra maneira. O passo já era a ação, e, se não o dávamos, ficávamos presos no devaneio intelectualista ou numa torre de marfim. Havia uma espécie de ansiedade, que hoje podemos olhar com um sorriso comovido, na pressa com que qualquer tema pulava para outro tema, numa deriva sem fim, sempre provisória, tal como eram provisórias as vidas revolucionárias. Enfim, tudo isso passou. A própria história se encarregou de dar-lhe um fim, porque a des-historização é um fenômeno tão histórico como qualquer outro.

Antes e depois, muitos ensaios foram escritos com o título em formato A e B. É um formato eterno, inerente ao ensaio, que perdura, por mais que mudem as determinações que o justificam a cada vez. Minha hipótese é que o tema do ensaio são dois temas. Pode-se dizer que um tema único não é um bom tema para um ensaio. Se é um tema só, não vale a pena escrevê-lo, porque alguém já o escreveu antes, e podemos apostar que o fez melhor do que nós poderíamos fazê-lo. Até mesmo o autor do primeiro ensaio do mundo teve que enfrentar esse problema. Com isso, voltamos em cheio à questão do prévio, que mencionei no início. O ensaio é a obra literária que se escreve antes de ser escrita, quando se encontra o tema. E esse encontro se dá no interior de uma combinatória: não é o encontro de um autor com um tema, mas de dois temas entre si.

Se uma combinatória se esgota ou se satura, temos apenas que esperar até que a história a renove. O tesouro coletivo de interesses está se transformando o tempo todo. Mas o interesse apenas, por mais atual e urgente que seja, nunca é suficiente para fazer arte, porque está comprometido demais com a sua funcionalidade biológica. O interesse é o fio de Ariadne com o qual nos orientamos para continuar vivos, e com isso não se brinca. Para haver arte tem que haver um desvio (uma perversão, pode-se dizer) do interesse, e a forma mais econômica de se obter esse desvio é casá-lo abruptamente com outro interesse. Por mais inócua que pareça, tal operação é radicalmente subversiva, porque o interesse se define por seu isolamento obsessivo, por ser único e não admitir concorrência. Na origem dessa subversão, está a origem da arte de fazer ou de pensar. Daí se poderia deduzir uma receita para fazer literatura. Se eu escrevo sobre corrupção, pode ser jornalismo ou sermão; se adiciono um segundo item, digamos arqueologia ou artrite, tem alguma possibilidade de ser literatura.

E tudo é assim. Se eu faço um vaso, por melhor que o faça, ele nunca vai deixar de ser artesanato decorativo banal; se o acoplo a um suplemento inesperado, como a genética ou a televisão, pode ser arte.

Mas não há razão para insistir tanto no ensaio como forma artística, porque o ensaio se apresenta mais como conteúdo. A forma é submetida às generalidades da lei de distorção das intenções, e sempre se admitiu que o melhor ensaio é aquele que presta menos atenção na forma e aposta na espontaneidade e numa elegância descuidada. Ao contrário do que ocorre no romance (e é o mesmo quiasmo que mencionei antes), no ensaio, o que se revela no final é a forma, o artístico, contradizendo as intenções, quase como uma surpresa.

A exigência de espontaneidade não é um capricho. Além de poder ser rastreada genealogicamente nas origens do ensaio como gênero, seja na Antiguidade como derivado da conversa ou da carta, ou nos ingleses do século 18, como leitura casual de jornais, o ensaio sempre foi julgado com parâmetros de imediatismo, de divagação reveladora, de instantâneo do pensamento. E no nascimento propriamente dito do ensaio, em Bacon ou Montaigne, esses parâmetros foram sistematizados como conjunção de um segundo tema, "Eu", o sujeito em busca de objetos, embarcando em todos os temas. A forma A e B, ainda que não esteja no título, é onipresente, porque, para que algo seja um ensaio, sempre tem que se tratar disso ou daquilo... e eu. Do contrário, é ciência ou filosofia.

Diferentemente do romancista, que enfrenta os temas do mundo interpondo um personagem, o ensaísta os encara diretamente. Isso não quer dizer que não exista um personagem, ou que o ensaísta realize a sua atividade antes da irrupção do personagem. Eu diria, ao contrário, que o faz depois. Para começar um ensaio, é necessária uma operação específica, e bastante delicada, que é a extirpação do personagem. Uma cirurgia perigosa, de alta tecnologia, porque é preciso ao mesmo tempo subsumir o eu na conjunção com o segundo tema e deixar no vazio os rastros do prévio. É como se cada ensaio tivesse como premissa tácita um episódio anulado, que poderia se formular nestes termos: "Acabei de assassinar a minha esposa. Não suportava mais o seu mau gênio e suas exigências desmedidas. Eu a estrangulei, num acesso de raiva. Depois que passou a comoção do crime, fui tomado por uma estranha calma e uma lucidez singular, graças à qual pude decidir que é inútil tentar fugir do castigo que mereço. Para que embarcar nos tediosos procedimentos convencionais de esconder o cadáver, arranjar um álibi, mentir, representar, se o sagaz detetive vai me descobrir no final? Também se pode ser feliz na prisão, com bons livros e tempo livre para lê-los. Portanto, chamei a polícia e me sentei para esperá-los. Enquanto não chegam, comecei a pensar na relação conflituosa entre marxismo e psicanálise..." etc.

Esconder o cadáver e arranjar um álibi, quer dizer, dispor o espaço e o tempo, são os "procedimentos tediosos" da ficção, que fica para trás. Temos que nos resignar a fazer isso, ou aceitar o castigo por não ter feito, e se abre à nossa frente o extenso campo gratificante da não ficção. Para ampliar um pouco mais a metáfora, devemos dizer que a vítima tem como destino voltar como fantasma.

Qualquer pessoa que tenha se educado lendo romances policiais sabe que a espontaneidade é um atributo do ator. Usá-lo bem é pôr a espontaneidade para trabalhar como mediadora da qualidade sob a qual vale a pena que o autor se revele: a inteligência. Essa é a qualidade própria do ensaio. O contista deve conhecer o seu ofício, o poeta deve ser original, o romancista deve transmudar a experiência... e o ensaísta deve ser inteligente. Um resultado da falta de mediação é que a inteligência não é atribuída tanto ao texto como a quem o escreve. Desapareceu a tela de objetivação onde podem se manifestar a perícia, a originalidade, a experiência. A subjetividade direta se justifica como inteligência, e esta encontra na espontaneidade a única forma de não se tornar ofensiva.

O ofensivo, o perigo sempre latente, é fazer o papel de sabe-tudo. Esse mecanismo de subjetivação se torna verossímil, na realidade dos fatos, com uma exigência de elegância. Na verdade, o ensaio sempre funcionou no sistema literário como um paradigma ou pedra de toque, não tanto da inteligência, mas de sua elegância. O ensaísta deve ser inteligente, mas não muito, deve ser original, mas não muito, deve dizer alguma coisa nova, mas fazendo-a passar por velha.

239

O ensaio possui algo de enunciação, algo que o narrador moderno tem todo o trabalho do mundo para anular. Formulações antiquadas, como "havíamos deixado o nosso herói em tal ou qual situação..." ou "mas os leitores devem estar se perguntando...", que não se usam mais, persistiram no ensaio porque são inerentes ao gênero. O vínculo imediato do autor com seu tema impõe os protocolos da enunciação. Na ficção, o personagem serve para anular ou neutralizar a enunciação, tornando tudo enunciado. Ao se livrar dessas ancoragens na comédia do discurso, o romance adota, com um esnobismo berrante de *parvenu*, todas as inovações e vanguardismos; enquanto isso, o ensaio, gênero dândi, prefere esse tom aristocrático alheio às modas.

A chave para obter tal elegância espontânea é o prévio. Para não revelar o esforço, é preciso que este já tenha ficado para trás. Tudo o que é importante aconteceu antes; o ensaísta pode estabelecer certa distância em relação à sua matéria; costuma-se dizer que a chave das boas maneiras à mesa é não ter fome; as boas maneiras do ensaísta dependem de ele não ter muito afinco na busca da verdade.

É bom lembrar que o ensaísta autêntico, aquele que não é um pregador nem um publicitário, tem que descobrir, antes, qual verdade dizer. Então há mais de uma? E isso não será contraditório com a definição de verdade, seja ela qual for? No campo do prévio, acontece que há uma verdade para cada objeto, porque, no prévio, o objeto ainda não está determinado. Pois bem, nós chamamos esse objeto de "tema" e dissemos que todo o trabalho do ensaísta se resume a encontrar o tema antes de começar a escrever.

Mas, justamente, são necessários dois termos para fazer um tema. Um termo único parece não ser tema para um ensaio, a julgar pela proliferação de títulos bimembres. Sendo um termo só, é preciso escrevê-lo, fazer esse esforço, e a elegância corre perigo. Com um termo só, o ensaio ficará próximo demais da verdade, de uma verdade já dada que tiraria do autor o mérito da novidade. É como se todos os ensaios com um tema único já tivessem sido escritos por outro. De fato, o ensaio é um gênero histórico, que começou um dia, embora haja discordâncias sobre quando foi. E se começou, logo no primeiro momento, no momento em que seu inventor o dominou, necessariamente se esgotou. Esse inventor, mítico ou real, não tinha por que parar no meio do caminho para dizer a verdade final sobre algumas coisas e não sobre outras. Podemos supor tranquilamente que ele disse toda a verdade a respeito de todas as coisas sobre as quais valia a pena dizer a verdade. Esse esgotamento liberou de compromissos os ensaístas que vieram depois, isto é, todos os ensaístas.

Aqui devo dizer que o prévio em literatura tem duas faces: uma boa, que nos poupa do trabalho de escrever, outra má, que torna inútil o que se escreve ao banhá-lo na luz lívida da redundância. Em sua face boa, o prévio contém toda a felicidade que a literatura pode nos dar. Nesse sentido, o ensaio é o gênero mais feliz. A felicidade existe na razão direta da liberdade que nos é dada exercer em determinado momento. Não sendo obrigatória, afortunadamente, a literatura tem na sua origem uma livre escolha. Depois, a margem de liberdade se estreita. Quem escreve por um período longo verá inevitavelmente sua liberdade ser muitíssimo reduzida. Mas aí está o ensaio para nos devolver a felicidade das origens, ao dar-se no campo da escolha prévia, onde está o tema. (Entre parênteses, acho que na verdade não se escolhe o tema, mas o contrário: onde ainda há tema continua havendo escolha e, portanto, liberdade.)

Um convidado de última hora, a esta altura, é o crítico. Mas ele não esteve ausente de tudo o que eu disse, porque o crítico é essencialmente um ensaísta. O crítico que quiser ir além da descrição e compreender de onde saíram os livros que leu tem que retroceder à sociedade e à história que os produziram. E a regra a que obedece a felicidade do nosso ofício quer que, toda vez que se volta ao prévio na literatura, seja escrevendo ensaios.

Tradução de Paulina Wacht e Ari Roitman

A ensaificação de tudo

Christy Wampole

É notável que, nos últimos tempos, uma série de artigos e livros venha abordando o ensaio como uma forma literária flexível e mais humana. Dentre os artigos estão uma resenha recente de livros de ensaios,[1] e as reflexões de Phillip Lopate sobre a relação entre ensaio e dúvida;[2] dentre os livros, se destacam *Como viver*, de Sarah Bakewell, elegante retrato de Montaigne, o patriarca do gênero no século 16, e a antologia *Essayists on the Essay: Montaigne to Our Time*, organizada por Carl H. Klaus e Ned Stuckey-French.

É como se, mesmo diante da proliferação de novas formas de comunicação e escrita, o ensaio tivesse se transformado num talismã de nosso tempo. O que explica nossa atração por ele? Teria o ensaio propriedades terapêuticas? Será porque ele proporciona delicados prazeres para autor e leitor? Ou porque ele é pequeno o suficiente para caber no bolso, portátil como nossas próprias experiências?

Acredito que a longevidade do ensaio hoje se deva principalmente a este fato: o gênero e seu espírito são uma alternativa ao pensamento dogmático que domina grande parte da vida política e social na América contemporânea. Na verdade, eu defendo uma aplicação consciente e mais reflexiva do espírito do ensaio a todos os aspectos da vida como uma resistência à zelosa limitação das cabeças fechadas. A essa aplicação, chamarei "ensaificação de tudo".

O que quero dizer com essa expressão?

Comecemos pela origem do gênero. *Essai*, a palavra que Michel de Montaigne escolheu para descrever suas ruminações em prosa publicadas em 1580, significava naquele tempo simplesmente "tentativa", uma vez que o gênero literário ainda não havia sido codificado. Esta etimologia é significativa, pois aponta para a natureza experimental da escrita ensaística: envolve o processo

---

1. Pahrul Segal, "The Wayward Essay", *New York Times*, 28.12.2012. Disponível em: nyti.ms/2sP2kQo.
2. Phillip Lopate, "The Essay, an Exercise in Doubt", *New York Times*, 16.02.2013. Disponível em: opinionator.blogs.nytimes.com/2013/02/16/the-essay-an-exercise-in-doubt/.

nuançado de tentar produzir algo. Mais tarde, no final do século 16, Francis Bacon importou o termo para o inglês como título de sua prosa mais quadrada e solene. Foi então selado o acordo: o que eles faziam era ensaio e assim continuaria a ser chamado.

Havia apenas um problema: a discrepância em estilo e substância entre os textos de Michel e Francis era, como o canal da Mancha que os separava, profunda o suficiente para que alguém se afogasse. Sempre torci pelo Time Michel, aquele cara que provavelmente perderia as estribeiras, te contaria umas piadas pesadas e perguntaria o que você acha da morte. Imagino, talvez equivocadamente, que o Time Francis tenda a atrair uns torcedores mais pretensiosos e empertigados, com frases como "aquele que tem mulher e filhos entregou reféns ao destino; é que eles são um obstáculo aos grandes empreendimentos" e outros babilaques.

Diante de progenitores tão díspares, o ensaio nunca se recuperou de sua indecidibilidade crônica. Enquanto gênero surgido para acomodar as necessidades de expressão do Homem da Renascença, o ensaio tem que lançar mão de todas as ferramentas e habilidades disponíveis. O ensaísta sampleia mais do que um DJ: um *loop* de épico aqui, um curto *replay* da voz ali, um *break* polivocal e citações de um passado glorioso, tudo isso encimado por um *scratch* bem pessoal.

Certamente não há um consenso em torno da questão hesitante sobre o que pode ou não ser considerado ensaio. Para cada regra que consigo estabelecer para o ensaio, geralmente surge uma dúzia de exceções. Recentemente dei um curso sobre o tema na pós-graduação. No fim das aulas, todos nós, armados com nossa panóplia de teorias canônicas sobre o ensaio e nossas próprias conjecturas, fomos forçados a admitir que, diante da pergunta "o que podemos dizer sobre o ensaio com absoluta certeza?", nossa resposta é: "Quase nada". Esta é, no entanto, a força do ensaio: ele o leva a encarar aquilo sobre o que não se pode ter certeza. Ele exige que você esteja confortável com a ambivalência.

Quando digo "ensaio", falo de uma prosa de não ficção curta, com um tema meditativo em seu centro e uma tendência a se afastar da certeza. Muito do que hoje se considera "ensaio" ou "parecido com ensaio" é tudo menos ensaio. Esses textos incluem o tipo de escrita esperado em provas de acesso à universidade, em *papers*, dissertações, na crítica profissional e em outras formas acadêmicas; ou são ainda textos politicamente engajados ou outras formas peremptórias que insistem em seus argumentos e não dão espaço para a incerteza; ou outras formas breves de prosa em que a subjetividade do autor é propositalmente apagada ou disfarçada. O que esses textos têm em comum é, em primeiro lugar, o ocultamento consciente do "eu" sob o manto de objetividade. Pretende-se que as opiniões e conclusões de alguém tenham emanado de uma espécie de departamento da mais alta verdade, um escritório chefiado pelo rigor e pela ciência.

Em segundo lugar, esses textos não têm nada de experimental: eles sabem o que querem dizer antes de começar, constroem furtivamente seu ponto de vista, antecipando qualquer objeção, almejando o hermetismo. Esses textos não são tentativas, são obstinações. São fortalezas. Ao deixar o leitor de fora desta espécie de encontro no texto, o autor deixa claro que ele, o leitor, deve se conformar em beber sozinho.

Mas o que talvez seja mais interessante sobre o ensaio é o que acontece quando ele não pode ser contido em suas fronteiras genéricas, transbordando da prosa breve para outros formatos, como, por exemplo, o romance ensaístico, o filme-ensaio, a fotografia--ensaio e até mesmo para a vida em si. Em seu romance inacabado, *O homem sem qualidades*, Robert Musil, o escritor austríaco do início do século 20, cunha um termo para esse transbordamento. Ele o chama de "ensaísmo" (*Essayismus* em alemão) e, aqueles que o praticam, de "possibilitários" (*Möglichkeitsmenschen*). Este comportamento é definido pela contingência e pela digressão, seguindo este ou aquele caminho que se bifurca, vivendo a vida sem uma ambição específica: não se trata de descobrir, conquistar ou provar alguma coisa, mas simplesmente experimentar.

O possibilitário é um virtuose do hipotético. Thomas Harrison, um de meus orientadores, escreveu um belo livro sobre o tema.

Em *Essayism: Conrad, Musil and Pirandello*, ele observa que o ensaísmo descrito por Musil era uma "solução na ausência de uma solução", uma espécie de resposta à precariedade da Europa ao longo dos anos em que o escritor trabalhou em sua obra-prima inconclusa. Eu diria que muitos de nós, na América de hoje, cultivamos esta inclinação para o ensaísmo sob diversos disfarces, mas sempre no espírito de uma cabeça fechada e com sérias reservas em se comprometer, seja lá com o que for.

O ensaísmo consiste em um egoísmo em relação à vida, exercitando o que Theodor Adorno chama de "a intenção tateante do ensaio", abordando tudo de forma experimental e com pouca atenção, fazendo analogias entre o particular e o universal. Fenômenos banais e cotidianos – aquilo que comemos, coisas com que topamos, coisas que postamos no Pinterest – se acotovelam implicitamente com as Grandes Questões: quais são as implicações da experiência humana? Qual o sentido da vida? Por que existe algo ao invés de nada? Assim como o Pai do Ensaio, deixamos a cabeça e o corpo pular de coisa em coisa, navegando de um hiperlink mental para o outro: se Montaigne fosse vivo, talvez ele também fosse diagnosticado com transtorno de déficit de atenção.

O ensaísta está interessando em pensar sobre si mesmo pensando sobre as coisas. Acreditamos na grande importância de nossas opiniões sobre tudo, de política a pizzaria. O que explica nossa generosidade em oferecê-las a completos estranhos. E assim como a cultura do faça você mesmo encontra hoje sua linguagem própria, podemos reconhecê-la no preceito de Arthur Benson, de 1922, segundo o qual "um ensaio é uma coisa que alguém faz por conta própria".

Em italiano, a palavra para ensaio é *saggio* e tem a mesma raiz do termo *assaggiare*, que significa provar, experimentar ou beliscar comida. Hoje nós gostamos de provar, experimentar ou beliscar experiências: encontros amorosos marcados na internet, encontros de *speed dating*, compras online e consumo "*buy-and--try*", *mash-ups* e *samples* digitais, a garantia do dinheiro de volta, a tatuagem temporária, o *test drive*, o *shareware*. Se você não estiver satisfeito com seu produto, sua escrita, seu marido, você pode devolvê-lo/deletá-lo/divorciar-se. O ensaio, como muitos de nós, é notoriamente avesso a se comprometer.

Não estou dizendo, é claro, que ninguém se comprometa nos dias de hoje; bastam poucos momentos de exposição ao discurso político americano contemporâneo para entender a extensão do comprometimento dogmático com este ou aquele partido, com esta ou aquela plataforma. No entanto, a certeza com que os dogmáticos fazem seus pronunciamentos parece para muitos cada vez mais um enfadonho vestígio do passado. Podemos nos aferrar a categorias em dissolução ou deixar que a ambivalência nos inunde, permitindo que sua maré nos conduza para novas configurações da vida que seriam inconcebíveis há apenas 20 anos. Quando imaginado como uma visão construtiva da existência, o ensaísmo é uma espécie de capa conscientemente atada sobre o mundo.

O ensaísmo pressupõe pelo menos três coisas: estabilidade pessoal, estabilidade tecnocrática e instabilidade social.

Montaigne certamente tinha a primeira. Cresceu em uma família privilegiada, aprendeu latim antes do francês e teve meios educacionais, financeiros e sociais para levar uma vida de engajamento cívico e literário. Ainda que a maioria de nós provavelmente não tenha sido fluente em latim quando criança (e nem chegue a ser um dia) e não tenha a qualificação para ser um funcionário de alto escalão, vivemos hoje em um mundo com um índice relativamente alto de alfabetização e um nível de acesso sem precedentes a tecnologias de comunicação e reservas de conhecimento. Além do mais, como uma espécie de contranarrativa ao nosso suposto estado de atarefação, há indícios de que tenhamos em mãos um considerável tempo ocioso. Apesar de buscarmos qualquer tipo de distração, essas horas desocupadas nos dão tempo para contemplar as dificuldades da vida contemporânea. Uma vez encontrados os meios favoráveis, as ideias simplesmente fluem.

No que diz respeito à tecnocracia, o amadurecimento da cultura impressa durante o Renascimento possibilitou que os grandes textos da Antiguidade e outras novidades filosóficas, literárias e científicas alcançassem um público mais amplo, ainda que formado principalmente pelos mais privilegiados. Os especialistas em ciência e tecnologia daquela época foram os condutores de parte do poder até então monopolizado pela Igreja e pela Coroa. Pode-se fazer uma analogia com os dias de hoje, quando o Silicon Valley e todo um universo de negócios tecnocrático acaba forçando a Igreja e o Estado a dividir parte de seu poder cultural. É nessas condições que o ensaio prospera.

Quanto à instabilidade social, a vida fora do castelo de Montaigne não era um mar de rosas: as guerras religiosas entre católicos e protestantes grassavam na França desde a década de 1560. Tumulto e incerteza, dogmatismo e sangue: tais circunstâncias podem levar à reflexão sobre o sentido da vida, mas às vezes é difícil demais encarar esse tipo de questão. Em vez disso, há quem prefira refletir obliquamente, divagando sobre as pequenas coisas que constituem a experiência humana. Hoje, questões ainda não resolvidas de classe, raça, gênero, orientação sexual, filiação política e de outros tipos criaram uma dinâmica social volátil que, impulsionada pela atual instabilidade econômica, faz parecer arriscado a muitos de nós o engajamento sincero em uma ideia ou empreendimento em particular. Finalmente, as sangrentas guerras de religião e ideologia continuam a se espalhar em nossa época. No início do século 20, quando o escritor francês André Malraux previu que o século 21 seria um século de renovado misticismo, ele talvez não tenha imaginado que a busca de Deus assumiria uma forma política de tamanha volatilidade.

O ensaísmo, como uma forma de expressão e um estilo de vida, acomoda nossas inseguranças, nosso egoísmo, nossos prazeres simples, nossas questões mais sensíveis e a necessidade de comparar e dividir nossas experiências com outras pessoas. Eu argumentaria que o elemento mais fraco no ensaísmo não textual de hoje é sua deficiência meditativa. Sem o aspecto meditativo, o ensaísmo tende ao egotismo vazio e à falta de vontade ou à incapacidade de comprometimento, um tímido adiamento do momento de escolha. Nossa rapidez, frequentemente irrefletida, significa que pouco tempo é gasto interrogando coisas que nos tocaram. As experiências são vividas e depois abandonadas. O verdadeiro ensaísta prefere uma abordagem mais cumulativa; jamais algo é realmente descartado, apenas posto de lado temporariamente até que sua mente digressiva convoque-o de novo, use-o desta forma e a uma luz diferente, vendo que sentido ele assume. O ensaísta oferece um modelo de humanismo que nada tem a ver com lucro ou progresso e não propõe uma solução para a vida, mas antes formula incontáveis perguntas.

Temos que dar uma resposta convincente ao renovado dogmatismo da paisagem política e social. Nossa atração intuitiva pelo ensaio talvez esteja nos conduzindo em direção a ele e seu espírito como uma solução provisória. Esta tendência ensaística de hoje – uma série de tentativas frequentemente superficiais e destituídas de pensamento – não faz jus à sua corrente iteração. Uma versão *à la* Montaigne, mais meditativa e calculada, nos empurraria para uma percepção da vida mais tranquila, livre do reflexo instintivo de estar inabalavelmente certo. A ensaificação de tudo significa transformar a vida em si em uma prolongada tentativa.

O ensaio, como este aqui, é uma forma de experimentar o que até agora não foi tentado. Seu espírito resiste ao pensamento hierárquico e finalista e encoraja tanto o escritor quanto o leitor a adiar seu veredito sobre a vida. Trata-se de um convite a manter a elasticidade da mente e sentir-se confortável com a ambivalência inerente ao mundo. E, o mais importante, é um ensaio imaginativo daquilo que não é, mas poderia ser.

Tradução de Paulo Roberto Pires

biografias

Autodidata de sólida formação humanista, **Alexandre Eulalio** (1932-1988) foi dos raros intelectuais brasileiros a sustentar o ponto de vista livre e independente do ensaísmo, da colaboração intensa na imprensa à atividade de professor no Departamento de Teoria Literária da Unicamp. Das artes visuais à literatura, passando pelo cinema, deixou produção vasta e dispersa, tendo publicado em vida apenas o inclassificável *A aventura brasileira de Blaise Cendrars* (1978). Em 2017, foi lançada a mais recente das coletâneas póstumas que vêm difundindo sua obra, *Os brilhos todos* (Companhia das Letras), organizada por Carlos Augusto Calil. "O ensaio literário no Brasil" foi o vencedor do Concurso Brito Broca, promovido em 1962 pelo *Correio da Manhã* em homenagem ao grande amigo e mentor de Eulalio. Publicado pela primeira vez um ano depois da morte do autor, na revista *Língua e Literatura*, da USP, e incluído em *Escritos* (Unicamp/Unesp), volume organizado por Berta Waldman e Luiz Dantas em 1992, foi reeditado na **serrote**#14.

César Aira (1949) está entre os principais nomes da literatura argentina. Prolífico, publicou mais de 100 livros, entre romances, novelas, contos e ensaios. Dentre os títulos editados no Brasil, estão *Um acontecimento na vida do pintor-viajante* (Nova Fronteira), *Como me tornei freira* e *Os fantasmas* (ambos pela Rocco). "O ensaio e seu tema" foi publicado originalmente no livro *Evasión y otros ensayos* (2017) e na **serrote**#30.

Christy Wampole (1977) é professora-assistente de língua francesa na Universidade de Princeton. Sua pesquisa tem como principal foco a literatura e o pensamento francês e italiano dos séculos 20 e 21. É autora de *The Other Serious: Essays for the New American Generation* e *Rootedness: The Ramifications of a Metaphor*.

"A ensaificação de tudo" foi publicado originalmente no blog Opinionator, do *New York Times*, em 26 de maio de 2013, e traduzido no site da **serrote** (www.revistaserrote.com.br).

Cynthia Ozick (1928) é romancista, poeta e ensaísta. Filha de imigrantes judeus russos, nascida no Bronx, estreou na literatura na década de 1950 e, em 1966, publicou seu primeiro romance, *Trust*. Venceu quatro vezes o Prêmio O. Henry para contos e foi finalista do Pulitzer e do Man Booker. *O xale*, volume que reúne dois contos, e o romance *Vagalumes e parasitas* foram traduzidos pela Companhia das Letras. Continua inédita no Brasil sua obra ensaística, reunida em livros como *Quarrel and Quandary* (2000), no qual "Retrato do ensaio como corpo de mulher", da **serrote**#9, foi publicado originalmente.

A reflexão sobre a identidade latino-americana marcou a extensa e variada obra do colombiano **Germán Arciniegas** (1900-1999). Advogado de formação, encarnou o clássico intelectual cosmopolita do continente, mantendo em paralelo carreiras literária e diplomática, além de ter atuado como parlamentar e ter sido ministro da Educação de seu país. *Biografía del Caribe* e *Entre la libertad y el miedo* estão entre os 68 livros que publicou, todos inéditos no Brasil. Concebido como discurso para marcar a premiação de um concurso de ensaios promovido pela série Cuadernos de Cultura Latinoamericana, da Universidade do México, "Nossa América é um ensaio" saiu em 1979 nos "Cuadernos", e na **serrote**#25.

O húngaro **György Lukács** (1885-1971) fez de seu nome um dos sinônimos de marxismo, pela condução de uma obra filosófica em profunda sintonia com a militância política no Partido Comunista da União Soviética e de seu país. A adesão ao stalinismo e a posterior autocrítica são inseparáveis, portanto, de clássicos como *Para uma ontologia do ser social* (2012), *O romance histórico* (2011) e *Lênin* (2012) – todos publicados pela Boitempo – e *A teoria* *do romance* (Editora 34, 2000). "Sobre a essência e a forma do ensaio", referência onipresente nas discussões sobre o ensaísmo, é parte de *A alma e as formas* (Autêntica) e da ***serrote***#18.

Jean Starobinski (1920) nasceu e vive em Genebra. Formado em psiquiatria e literatura clássica, tem vasta obra ensaística que dá conta dos mais variados interesses, passando pela filosofia, história da arte e música. É autor de *Montaigne em movimento*, *Jean-Jacques Rousseau – A transparência e o obstáculo* (ambos pela Companhia das Letras), *Ação e reação* e *As encantatrizes* (Civilização Brasileira). Originalmente concebido como discurso de agradecimento pelo Prêmio Europeu do Ensaio Charles Veillon de 1982, "É possível definir o ensaio?" é parte da edição dedicada a Starobinski dos *Cahiers pour un Temps*, publicação hoje extinta do Centre Georges Pompidou, e saiu na ***serrote***#10.

John Jeremiah Sullivan (1974) é um dos principais nomes do ensaísmo americano contemporâneo e apontado com um dos renovadores do gênero. Alguns dos melhores exemplos de sua originalidade ao unir reportagem, história e literatura estão em *Pulphead – O outro lado da América*, coletânea lançada em 2013 pela Companhia das Letras. Dele, a ***serrote***#11 publicou, "Michael", um perfil do cantor e compositor de "Thriller". "*Essai, essay*, ensaio", publicado na ***serrote***#19, é a introdução à edição de 2014 da prestigiada série *The Best American Essays*, que teve Sullivan como editor convidado.

Ensaísta e romancista, **Lucia Miguel Pereira** (1901-1959) teve trajetória complexa e singular na vida intelectual brasileira. Autodidata, ganhou proeminência num meio predominantemente masculino com seu *Machado de Assis* (1936), até hoje uma das melhores biografias críticas do escritor, e teve sua importância e prestígio consolidados com o ensaio *Prosa de ficção – De 1870 a 1920* (1950). Desde 1990, o ensaísmo inédito em livro vem sendo reunido nos volumes *A leitora e seus personagens*, *Escritos da* *maturidade* e *O século de Camus*, lançados pela Graphia. "Sobre os ensaístas ingleses" foi escrito como prefácio ao volume *Ensaístas ingleses* da coleção Clássicos Jackson, em 1949, e republicado na *serrote*#22.

Max Bense (1910-1990) fez confluir física, matemática, semiologia e estética em sua obra. Foi um dos principais professores da Escola de Ulm, referência para os estudos do design, sobretudo entre as décadas de 1950 e 1960. Manteve intensas relações intelectuais com o Brasil, onde deu aulas em temporadas que inspiraram o ensaio *Inteligência brasileira* (Cosac Naify). É autor de *Pequena estética* (Perspectiva). Inédito em português, "O ensaio e sua prosa" foi publicado pela primeira vez em 1947 na revista *Merkur*, número 3, e, em versão modificada, integra a coletânea *Plakatwelt. Vier Essays* (Deutsche Verlagsanstalt), de 1952. Faz parte da *serrote*#16.

Paulo Roberto Pires (1967) é editor da *serrote*. Professor da Escola de Comunicação da UFRJ, é autor do romance *Se um de nós dois morrer* (Alfaguara, 2011) e da biografia *A marca do Z – A vida e o tempo do editor Jorge Zahar* (Zahar). "Viagem à roda de uma dedicatória", publicado na *serrote*#12, é parte de *O fantasma de Montaigne – Ensaio e vida intelectual no Brasil*, tese de doutorado ainda inédita.

William Hazlitt (1778-1830) é tido como o grande mestre do ensaísmo inglês. Homem de imprensa, teve boa parte de sua obra dispersa em publicações as mais diversas. As coletâneas *The Round Table* (1817), escrita em parceria com o amigo e ensaísta Leigh Hunt, *Table-Talk* (1821) e *The Plain-Speaker* (1826) reúnem o fundamental de seus escritos – desta última, a *serrote*#9 traduziu o clássico "Sobre o prazer de odiar". Hazlitt também ministrou três cursos de literatura inglesa que apareceram na sequência em livro. Entre eles, *Lectures on the English Comic Writers* (1818), em que "Sobre os ensaístas de periódico", inédito em português até a *serrote*#22, foi originalmente publicado.

Instituto Moreira Salles

FUNDADOR
Walther Moreira Salles (1912-2001)

DIRETORIA EXECUTIVA

PRESIDENTE
João Moreira Salles
VICE-PRESIDENTE
Gabriel Jorge Ferreira
DIRETORES EXECUTIVOS
Mauro Agonilha, Raul Manuel Alves

CONSELHO DE ADMINISTRAÇÃO

PRESIDENTE
João Moreira Salles
VICE-PRESIDENTE
Fernando Roberto Moreira Salles
CONSELHEIROS
Gabriel Jorge Ferreira, Pedro Moreira Salles e Walther Moreira Salles Junior

ADMINISTRAÇÃO

SUPERINTENDENTE EXECUTIVO
Flávio Pinheiro
CURADOR DE PROGRAMAÇÃO E EVENTOS
Lorenzo Mammì
COORDENADORES EXECUTIVOS
Samuel Titan Jr., Jânio Gomes
COORDENADORA EXECUTIVA DE APOIO
Odette J.C. Vieira
COORDENADOR | INTERNET
Alfredo Ribeiro
COORDENADORA | MÚSICA
Bia Paes Leme
COORDENADORA | EDUCAÇÃO
Denise Grinspum
COORDENADORA | LITERATURA
Elvia Bezerra
GESTOR DE ACERVOS
Gabriel Moore Forell Bevilacqua
COORDENADORA | ARTES
Heloisa Espada
COORDENADORA | ICONOGRAFIA
Julia Kovensky
COORDENADORA | COMUNICAÇÃO
Marília Scalzo
COORDENADOR | FOTOGRAFIA
Sergio Burgi
COORDENADOR | FOTOGRAFIA CONTEMPORÂNEA
Thyago Nogueira
COORDENADORES | CENTROS CULTURAIS
Elizabeth Pessoa, Haroldo Paes Gessoni e Joana Reiss Fernandes

*Doze ensaios sobre
o ensaio: antologia serrote*
© Instituto Moreira Salles, 2018

ORGANIZAÇÃO
Paulo Roberto Pires

COORDENAÇÃO EDITORIAL
Samuel Titan Jr.

EDITOR-ASSISTENTE
Guilherme Freitas

ASSISTENTES EDITORIAIS
Denise Pádua
e Flávio Cintra do Amaral

REVISÃO DE TEXTOS
Juliana Miasso e Livia Deorsola

PROJETO GRÁFICO
Daniel Trench

COMPOSIÇÃO
Julia Stabel

PRODUÇÃO GRÁFICA
Acássia Correia

AGRADECIMENTOS
Alexandre Eulalio Almeida Pimenta; César Aira; Christy Wampole; Editora Autêntica; Gabriel Fonseca; Gabriela Arciniegas; Jean Starobinski.

CRÉDITOS
© Jean Starobinski, publicado originalmente em *Pour un temps/ Jean Starobinski*, Paris: Centre Georges Pompidou, coleção Cahier pour un Temps, 1985; © 2014, John Jeremiah Sullivan, publicado com permissão de The Wylie Agency (UK); © Lucia Miguel Pereira; © Espólio de György Lukács, 1911, tradução © 2015 Autêntica Editora; © Max Bense; © Germán Arciniegas; © Alexandre Eulalio; © Paulo Roberto Pires; © Cynthia Ozick, 1998; © César Aira; © Christy Wampole.

Dados Internacionais de Catalogação
na Publicação (CIP)
(Câmara Brasileira do Livro, SP, Brasil)

Doze ensaios sobre o ensaio :
antologia *serrote* / Paulo Roberto
Pires (organizador). – São Paulo :
IMS, 2018.
256 pp.
ISBN 978-85-8346-049-7

1. Ensaios. 2. Ensaio – Antologia.
3. Ensaio – Crítica e interpretação.
4. Serrote (revista). I. Pires, Paulo
Roberto (org.).

CDD 801.904

IMPRESSÃO Ipsis Gráfica e Editora
TIRAGEM 1.000 exemplares
TIPOGRAFIA Amalia
PAPEL Munken Print Cream 80 g/m²

Primeira reimpressão,
dezembro de 2020